2017年第2卷　总第14期

文化发展论丛
CULTURE DEVELOPMENT REVIEW (2017 No.2) Vol.14

湖北大学高等人文研究院
中华文化发展湖北省协同创新中心 / 编
湖北文化建设研究院

主　编 / 江　畅
执行主编 / 聂运伟
副　主　编 / 强以华　吴成国　周海春

社会科学文献出版社
SOCIAL SCIENCES ACADEMIC PRESS (CHINA)

《文化发展论丛》编辑委员会

顾　问

　　陶德麟　冯天瑜　李景源　万俊人　谢寿光
　　唐凯麟　郭齐勇　邓晓芒　熊召政　刘玉堂

主　任

　　熊健民　江　畅

副主任

　　杨鲜兰　戴茂堂　吴成国

编　委（以姓氏笔画为序）

　　万明明　王忠欣　王泽应　邓晓红　冯　军
　　刘川鄂　刘文祥　刘　刚　刘　勇　江国志
　　江　畅　阮　航　孙伟平　杨鲜兰　李义天
　　李荣娟　李家莲　吴成国　吴向东　余卫东
　　沈壮海　张庆宗　张建军　陈少峰　陈　俊
　　陈道德　陈焱光　周海春　胡文臻　姚才刚
　　秦　宣　聂运伟　徐方平　高乐田　郭康松
　　郭熙煌　舒红跃　强以华　靖国平　廖声武
　　戴木才　戴茂堂

卷首语

把文化传播与交流作为本辑的主题词，曾引来一些朋友的担心，认为主题没有限定性的聚焦点，文章的议题恐怕难以集中，会使全辑缺失整体性。编者曰：不必担心。编者走的是定向约稿的路径，熟悉各位撰稿人的学术路数，对撰稿人的唯一要求，就是在多年研究的领域里寻找一些文化传播与交流的案例，做出本专业的分析。这么做的好处是不以主观设定的编辑理念去限定撰稿人的写作自由。任何学者都有自己苦心经营的一亩三分地，品种引自何方，产品如何进入流通，他们当然最有发言权。所以，听听他们的研究体会，比一味宣讲抽象的文化传播理论，感受会更生动、更具体，认知亦会更清晰。更重要的是，学者的使命不是为某些抽象的理论寻找"学术"的例证，相反，是让既有的理论在历史的逻辑面前暴露出自身的破绽。

文章陆续发来，或讨论再三，或反复修改，编者与撰稿者在键盘的敲击声中互致问候，切磋学问，精神愉悦之外，自有诸多感受，值得一说。

如何从文化史的层面解说文化的传播与交流，编者多次前往医院，向武汉大学人文社会科学资深教授、武汉大学中国传统文化研究中心主任冯天瑜先生求教，写出了《兼容并包　新生转进——冯天瑜先生访谈录》一文。冯先生所议所论，贯通古今中外，层层揭示文化传播与交流的要义；尤其是对全球化背景下文化传播交流症候的理论反思，对近代以来中西文化交流史的深层叩问，发人深省："一个民族、一个国度文化的进步离不开同外部文化的交流。没有交流的文化系统是没有生命力的静态系统；断绝与外来文化信息交流的民族不可能是朝气蓬勃的民族。犹如江河之于细流，拒之则成死水，纳之则诸流并进，相激相荡，永葆活力。"

北京大学《马藏》编纂与研究中心特聘研究员田子渝先生，是马克思主义传播史研究的专家，其撰写的《马克思主义在"五四"前后传播的阶段向度研究》一文，多方稽考文献，研究马克思主义在中国"五四"前后的早期传播。这一研究的新视角，不仅揭示了马克思主义在中国早期传播的基本特征、渠道与内容，而且由此透视出中西文化重构的漫长、动态、曲折而又辉煌的历史过程。张黔先生亦在《现代主义建筑在现代德国的命运》一文里，从历史—民族的维度，分析了德国的建筑设计即使是广义的现代主义，也与无国界、无民族、无历史的极端现代主义保持着距离，这也导致我们在看到德国（包括格罗皮乌斯）的现代主义建筑时不会简单地将其与法国或美国的现代主义建筑等同起来。究其原因，作者认为，在文化传播演化的深层结构里，"民族文化的根性"总在扮演一个调适的角色。

文明对话是文化传播的基本内容，是异文化之间沟通的桥梁。日本福冈国际大学国际关系学院院长、教授海村惟一先生在《汉字文化圈中的日本汉诗诞生》一文里，从"汉字文化圈"的视角，采用或更新最前沿的研究成果，实证和精解《怀风藻》如何扬弃中国古典文学，同时考察 7~8 世纪通过"遣隋使、遣唐使"的"使者、书籍、物流"等的体感、交流、对话所产生的大陆（中华）文化的人文精神对列岛（日本）文化的人文精神的影响。周璇先生撰写的《天目、禅茶与侘寂》一文，通过考察天目与禅茶在宋元时期作为一种极具影响力的文化标志进入日本的传播历程，"成了地域文化、茶文化、中日文化交流和影响的承载与象征"。何红一先生长期致力于中国传统民俗文化的研究，曾在美国国会图书馆做过中国少数民族文化的演说，其《在传统中发展创新的美国剪纸艺术》一文介绍了美国的剪纸艺术，其饶有趣味的叙述让我们对中美两国民间文化的交流与融合感同身受。郭硕博先生在《存在主义与道家思想互通的艺术样式》一文里以高兹沃斯为例，发掘西方存在主义哲思与东方道家自然观之间的契合与互通，认为两者的同一性在于："超越自身在自然之中感到的无家可归与无根性，寻找一条重返存在之家园的道路。"在人类文化传播与交流的漫长行程里,有鲜花,也有荆棘,融合中有矛盾和冲突,前行中又弥漫着无尽的回顾和深切的反思。舒红跃先生在《海德格尔"座架"式技术观探究》一文里,就全面介绍了海德格尔对现代技术文化的反思:由于市场化和商业化的驱使,现代技术对生活世界中的各种存在进行限制、降格和缩减,试图把它们变成只是对人有用的材料和能源。技术(人造物)本质上是天、地、神、人的"会集地",是生活世界各因素相互关系的"联结点",是一种相对于特定时空中的人造物的"多于",可现代技术的倾向是对事物进行限制、降格和缩减,最后只剩一个未知的"X"。龚举善先生的《视觉崇拜·图像修辞·身体偶像》,在认同当代视觉审美文化转型的正当性与合理性的同时,指出必须"自觉抵御视觉中心主义以及由此而来的图像通胀和视觉暴力倾向,警惕非理性视觉快感对于人类审美惰性的默许和纵容,谨防庸俗身体唯物主义和低俗消费欲望的侵蚀"。

文化传播是信息的越界,也是精神的越界。廖全京先生《精神的越界》一文,在全球化的大背景下,以具体的作家作品为例,翔实分析了新时期以来川剧艺术内容和形式上的嬗变——艺术样式越界、戏剧观念越界、人文思想越界,他认为,新时期川剧艺术革新鼎故的过程,就是"越过民族文化艺术的既定边界,走向东西方文化艺术的碰撞、融合的过程"。廖全京先生是湖北大学 1980 年代毕业的首届研究生,毕业后一直致力于中国戏剧史的研究,成果斐然,年逾七十仍然笔耕不辍,生动有趣的川剧研究里浸透着一股开放执着的文化情怀:"在无可逆转的全球化现实面前,新时期的中国川剧用开放的思维与改革的实践写下了一份精神越界的时代报告。这份报告不只是与戏曲有关,还与文明有关——川剧的精神的越界,实际上是在给世界提供一种特殊的文明态度。因此,不妨将时代之风催生的新时期川剧视为彼时彼地的中国的缩影。"信息的越界和精神的越界,往往会带来文化载体的多重变异,或者说,文化载体的变异又折射出对文化本源的叛逆性,从而彰显出文化传播过程中文化意义的新生。李家莲先生的《情感启蒙:英国资本主义获胜前的文化运动》,另辟蹊径,认为:英国资本主义之所以第一次在历史舞台上取得了全面胜利,并在后来的历史中迅速扩张,其深层原因不仅仅在于利益对情感的掌控,还在于18世纪的英国发动了一场以情感为核心的启蒙运动。从文化矛盾、碰撞——文化传播与对话的激烈形式看,"这场启蒙运动在彻底改变旧有文化的同时,给人类历史提供了一种全新的文化范式"。倪胜先生的《后现代文化思潮下的文献戏剧》,娄宇、谢立君的《从神圣到世俗:观音形象的变性历程探究》,赵战、刘宁先生的《文化空间的争夺——涂鸦是怎样变成一门艺术的》,这三篇文章,研究视域、对象各不相同,但在对具体问题的探讨、论述中,又分明蕴含着一个共同的思考:文化传播中载体的变异及意义。因此,在倪胜先生看来,1920年代产生的文献戏剧之所以在1960年代后成了后现代戏剧的重要部分,是因为文献戏剧就是将文化赖以传播的诸多文献材料,如电影、投影、录音、扩音器、机器、多元播放器等直接搬用到舞台上,形成了一种新的文化传播媒介:"它试图揭示真相,尤其站在反抗权威和主流观点的立场上,为民众说话并进行启蒙。这一点符合后现代对一切元叙事都进行怀疑和颠覆的精神。"娄宇、谢立君则依据佛教经典、观音文化和历代观音造像,从历史学、宗教学、哲学、美学、艺术学、美术学等多学科出发,对观音形象变性历程进行了系统研究,认为:"从古印度到中国,观音神圣性逐渐减弱,世俗性不断加强,其变性历程是观音信仰逐渐深入民心的过程,是中外文化不断融合的历史见证,也是佛教中国化的一个缩影,更是佛教造像艺术在中国的必然归宿。"赵战、刘宁先生通过对波及全球的涂鸦艺术的有趣审视,发现涂鸦"与其说是一门艺术,倒不如说是一场文化运动,一场发端于底层青少年、反叛公序良俗的文化运动。涂鸦艺术的发展历史,甚至就可以看成是涂鸦艺术这个反叛者与公序良俗之间的一场文化空间争夺史"。俞晓康先生的《论西方合唱文化之本源精神》,谈的是西方合唱的本源问题:"西方合唱自身是一个复杂的对立矛盾体,是规定与颠覆的复合体,因为合唱形式的初身就是矛盾抗力的产物。它不是表现在颠覆者将规定者踩在脚下,也不是规定者镇压了颠覆者,而是两者同时存在于一个时空中,不是你死我活,也不是合二为一,而是保持抗力和引力的平衡。异质的,常常是相互敌对的因素与力量不得不相互和解，最终是为了服务于普遍一致的教化或宗教崇拜之目的。所以，不妥协的差异化抗力平衡与融合就是合唱的起源精神。"读之，不无文化哲学的启示。

怀特海有一句被广泛引用的名言：西方两千年来的哲学史都是柏拉图的一系列注脚。在文化传播的意义上，任何民族的文化史都宛如一部阐释经典的历史。返古开新之所以是文化史前行的常见路径，是因为文化经典永远具有与当下对话的智慧。法国学者安若澜先生在《亚里士多德论政治学意义上的自然》一文里，对亚里士多德《政治学》中"人类是，就自然而言，政治的动物"的名言的反复辩证，旨在论证：律法到底是自然的、约定的或是两者皆非？显然，面对人类社会所有规约的合法性依据的无休止的争论，都迫使我们不得不重返经典，检视经典阐释史中的种种误读。于江霞先生的《"灵魂的医生"与身体》，同样是借助对柏拉图和苏格拉底的重新解读，匡正身体与灵魂间由来已久的分裂："基于人性的弱点，大多数人都需要不时地运用德性来面对和解决身体与灵魂之间，以及其代表的生活方式之间的冲突。哲学家，通过持续的哲学实践，将会更少地与身体以及身体之事所接触，而在俗世生活中进行一种神性的生存。"陈斯一先生的《从"权杖"到"树床"：荷马史诗中的自然与习俗问题》，从阿基里斯和阿伽门农的权杖之争到奥德修斯的树床，诗人荷马通过希腊英雄征战特洛伊和战胜归乡的故事，展现了自然与习俗、人性与政治的冲突和融合。

叶圣陶先生在《略读指导举偶》中说："序文的性质常常是全书的提要或批评，先看一遍，至少对于全书有个概括的印象或衡量的标准；然后阅读全书，就不会茫无头绪。"编者的卷首语是否做到了这一点，实在不敢自诩。好在宋人吕祖谦有言："凡序文籍，当序作者之意。"编者借此聊以自慰。

编　者

2017年5月

高端访谈

兼容并包　新生转进

——冯天瑜先生访谈录 …………………… 冯天瑜　聂运伟 / 3

人文思潮

马克思主义在"五四"前后传播的阶段向度研究 ………… 田子渝 / 31

海德格尔"座架"式技术观探究 ………………………… 舒红跃 / 46

汉字文化圈中的日本汉诗诞生

——以《怀风藻》的"明德"与"天真"为例 …… 〔日〕海村惟一

海村佳惟　译 / 62

情感启蒙：英国资本主义获胜前的文化运动 ……………… 李家莲 / 78

经典阐释

亚里士多德论政治学意义上的自然 ………………… 〔法〕安若澜　著

曾　怡　译 / 95

"灵魂的医生"与身体

——再论苏格拉底的临终之言 …………………………… 于江霞 / 111

从"权杖"到"树床":荷马史诗中的自然与习俗问题 …… 陈斯一 / 128

症候分析

精神的越界
　　——西潮中的新时期川剧艺术 …………………… 廖全京 / 145
现代主义建筑在现代德国的命运 ……………………… 张　黔 / 162
后现代文化思潮下的文献戏剧 ………………………… 倪　胜 / 175

热点聚焦

视觉崇拜·图像修辞·身体偶像
　　——当代视觉审美文化转型的基点、机理与指归 …… 龚举善 / 187
存在主义与道家思想互通的艺术样式
　　——以高兹沃斯的大地艺术为例 ………………… 郭硕博 / 206
文化空间的争夺
　　——涂鸦是怎样变成一门艺术的 …………… 赵　战　刘　宁 / 215

七纵八横

在传统中发展创新的美国剪纸艺术
　　——美国剪纸社团的运作与剪纸活动启示 ………… 何红一 / 233
从神圣到世俗:观音形象的变性历程探究 ……… 娄　宇　谢立君 / 245
天目、禅茶与侘寂
　　——中国陶瓷对日本的跨文化影响 ………………… 周　璇 / 273
论西方合唱文化之本源精神 ……………………………… 俞晓康 / 282

CONTENTS

High – end Interview

Incorporating Things of Diverse Culture and Regenerating Bravely: An Interview with Prof. Feng Tianyu　　　　　*Feng Tianyu, Nie Yunwei* / 3

Humanism Ideological Trend

Research on the Spread of Marxism Based on the Dimension of Stages in the May 4th Movement Period　　　　　*Tian Ziyu* / 31

Research on Heidegger's "Ges – tell" Technical View　　*Shu Hongyue* / 46

The Birth of Nippon Kansi in Kanji Culture Circles: A Case Study of "Mei Tuku" and "Ten Sin" in *Kaifūsō*
　　　　　Yuiji Amamura, trans. by Kai Amamura / 62

Emotional Enlightenment: The Cultural Movement before the Victory of Britain Capitalism　　　　　*Li Jialian* / 78

The Classics Interpretation

Aristotle's View on Nature in Political Science　　　　　*Zeng Yi* / 95

"The Physician of the Soul" and Body: Rediscussion on the Last Words of Socrates'　　　　　*Yu Jiangxia* / 111

From "Scepter" to "Tree – bed": On the Relationship between
　　Phusis and Nomos in Homeric Epics　　　　　　　*Chen Siyi* / 128

Cultural Phenomena and Symptoms

Spirit Crossing the Border: The New Era of Sichuan Operaart in
　　Western Tides　　　　　　　　　　　　　*Liao Quanjing* / 145

The Destiny of Modernist Architectures in Modern Germany　*Zhang Qian* / 162

The Documentary Theatre Affected by the Post – modern Culture
　　　　　　　　　　　　　　　　　　　　　　Ni Sheng / 175

Hot Cultural Topics

Visual Worship, Image Rhetoric and Body Obsession: The Basis,
　　Mechanism and Implication of Cultural Transformation in
　　Contemporary Visual Aesthetic　　　　　　　*Gong Jushan* / 187

The Artistic Style that Interflows between Existentialism and Taoism:
　　Take the Land Art of Goldsworthy as an Example　　*Guo Shuobo* / 206

Competition for Cultural Space: How Graffiti Becomes an Art
　　　　　　　　　　　　　　　　　　Zhao Zhan, Liu Ning / 215

Other Cultural Issues

American Paper – Cutting Art: Creativity within Traditions:
　　The Operation and Enlightenment of American Paper – Cutting
　　Organizations and Activities　　　　　　　　*He Hongyi* / 233

From Holiness to Secularization: A Study on the Process of
　　the Change of Avalokitesvara Image　　　*Lou Yu　Xie Lijun* / 245

Tenmoku, Zen Tea and Wabi – Sabi: The Cross – Cultural

 Influence of Chinese Ceramics on Japan   *Zhou Xuan* / 273

The Original Spirit of Western Chorus Culture   *Yu Xiaokang* / 282

高端访谈

兼容并包　新生转进

——冯天瑜先生访谈录

冯天瑜　聂运伟[*]

【摘　要】人类文化史亦即文化传播与交流的历史。在全球化的背景下，文化传播与交流的历程虽有和谐融合的篇章，但更多的则是冲突和矛盾的展开。如何从文化史的角度厘清上述问题的来龙去脉，并在现实的语境中探讨中国文化发展的诸多问题，《文化发展论丛》编辑部再次访谈了武汉大学人文社会科学资深教授、武汉大学中国传统文化研究中心主任冯天瑜先生。冯先生认为，从人类文化史的角度看，一个民族、一个国度文化的进步离不开同外部文化的交流。没有交流的文化系统是没有生命力的静态系统，断绝与外来文化信息交流的民族不可能是朝气蓬勃的民族；从全球化的进程看，现代中国不仅要"拿来"西方文化，还要向外部世界提供我们的文化创造，以实现双向对流。而异文化间的"请进来"与"走出去"，达

---

[*] 冯天瑜（1942~），武汉大学人文社会科学资深教授，武汉大学中国传统文化研究中心主任。著有《明清文化史散论》《辛亥武昌首义史》《张之洞评传》《晚清经世实学》《解构专制——明末清初"新民本"思想研究》《"千岁丸"上海行——日本人1862年的中国观察》《新语探源——中西日文化互动与近代术语生成》《中华元典精神》《"封建"考论》《中国文化生成史》等著作。论著曾获中国图书奖、教育部人文社会科学优秀成果奖、湖北省哲学社会科学优秀成果奖，多种论著被译为英文、日文、西班牙文、韩文。电子邮箱：tyfeng@whu.edu.cn。聂运伟（1955~），湖北大学文学院教授，研究方向为美学、文学理论、思想史。著有《爱因斯坦传》《思想的力量》等。电子邮箱：nieyw_55@126.com。

成健康的"互动",正是文化"一"与"多"辩证统一的进路,也是中国文化的发展方向。

【关键词】 传播与交流　文明对话　兼容并包　新生转进

聂运伟：冯老师,春去夏来,万物勃发。您在医院里和病魔搏击了几百个日日夜夜,我代表《文化发展论丛》编辑部祝您早日康复。

冯天瑜：谢谢大家。这一年来,各方朋友的多次探访和关心,不仅给了我战胜疾病的信心,也为我带来了各种各样的丰富信息,让我的思考和世界的发展、变化还保持着同步。也许正是得益于文化信息的交流,我的身体虽困在病房,但头脑里依然在不断思考文化研究的话题,故精神状态尚佳。

聂运伟：今年年初一次来医院,正好碰到日本爱知大学的刘柏林先生及其夫人,还有国家图书馆的李强先生专程从日本和北京来看望您,大家聊及东亚同文书院档案整理研究和出版诸事时,您不无感叹地说:"尽管英国历史学家 E.H. 卡尔在《历史是什么》一书里说'最好的历史学家是最有偏见的历史学家',但他也承认尽可能地穷尽信息仍然是历史研究工作的必要条件。在信息化时代,尤其如此。"我记得您在《中国文化生成史》的手稿本里,曾在开篇的"题解"里引用了明末清初方以智的一句话:"我得以坐集千古之智,折中其间,岂不幸乎!"我想,您当初设想把这句话置于全书之首,一定是有道理的。

冯天瑜：4年前,我在做《中国文化生成史》定稿时,也是在医院里,边输液,边工作,不免想到电脑的便利,更有感于当下文化信息的丰富和信息传播的迅捷,故联想到方以智面对时代变革所发出的慨叹。今天,较之近古方以智,当下的我们身处愈益纷繁错综的古今中西文化交会胜境,其"幸"更甚,似乎更有条件"坐集千古之智,折中其间",追究文化生成的始末及其规律。后来在定稿时,我把方以智的这句话挪移到全书的导论部分,这部分是全书之枢纽,也是我对文化史书写的一个基本向度:文化生成是一个从自在到自觉的过程。

聂运伟：我注意到您在导论部分引述了费孝通先生的一段话,即

"文化自觉是一个艰巨的过程，只有在认识自己的文化，理解并接触到多种文化的基础上，才有条件在这个正在形成的多元文化的世界里确立自己的位置，然后经过自主的适应，和其他文化一起，取长补短，共同建立一个有共同认可的基本秩序和一套多种文化都能和平共处、各抒所长、连手发展的共处原则"。（费孝通，1997）从方以智放眼古今的文化睿智到费孝通"各美其美，美人之美，美美与共，天下大同"的文化构想，皆为文化自觉的妙论。我以为要解其中之"妙"，必须清醒地认识到，人类文化的发展历程，或者说从自在到自为的文化生成史的过程，其实就是文化传播与交流的过程。基于这个认识，《文化发展论丛》2017年第2期预设的约稿主题是：文化的传播与交流。在和多位撰稿人数次切磋文章的具体写作构思时，我发现一个很有意思的现象：10多位撰稿人各自东西，年龄、经历、兴趣和研究领域自然多有不同，但聊及文化的传播与交流，大家都认为，这个看似被不断重复的话题，绝非旧话重说，而是在日新月异的语境里，总会由旧话翻出新说。拜读大家发来的文章后，逐渐形成一个强烈的感受，我引用您的一段话概括如下：

> 一个民族、一个国度文化的进步离不开同外部文化的交流。没有交流的文化系统是没有生命力的静态系统；断绝与外来文化信息交流的民族不可能是朝气蓬勃的民族。犹如江河之于细流，拒之则成死水，纳之则诸流并进，相激相荡，永葆活力。（冯天瑜，2013a：112~113）

冯天瑜：人类历史的进步，与文化传播关系甚大。对于任何一个民族文化而言，传播机制（包括"文化转出"与"文化接受"两个方面）好比是绿色植物吸收二氧化碳、水分、无机盐，通过叶绿素实现光合作用，释放氧气，累积有机物的过程。一个繁荣的、生机勃勃的文化，必须拥有健全的传出—接受机制，方能获取文化补偿，赢得空间上的拓宽和时间上的延展。我之所以认同费孝通先生所说的"文化自觉是一个艰巨的过程"，是因为人类文化在不断传播、交流的行程里，总会留下种种或显或隐的踪迹,指示着未来的去向。人们对这一行程的认知,经历着从"自在"到"自觉"的迁衍,同时,文化自觉还必须反复、多次进行,古代的文化自觉不能代替现代的文化自觉,更不能代替当代的文化自觉,这是因为,文化自觉赖以产生的对自己文化和外来文化及其相互关系的认识,都会不断更新、提升与深化。我们正在亲历的当代文化自觉,更需要借鉴前车,而其直接先导是现代文化自觉,它是在"现代性"这一坐标下展开的。

聂运伟:您在《中国文化生成史》里,就为"现代性"一词专门做了一个注释。您认为:"作为一个从西方引入的概念,'现代性'是指启蒙时代以来的'新的'世界体系生成的时代,一种持续进步、合目的性的、不可逆转的发展的时间概念。"(冯天瑜,2013a:13)在《德意志意识形态》中,马克思、恩格斯第一次使用了"世界历史"这个概念。他们指出:"历史向世界历史的转变,不是'自我意识'、宇宙精神或某个形而上学怪影的某种抽象行为,而是纯物质的,可以经过经验来确定的事实。"(马克思、恩格斯,1995:277)唯物史观的创始人高度重视资本主义生产方式对人类历史的划时代影响,在《共产党宣言》里,他们进一步阐明:"各个相互影响的活动范围在这个发展过程中愈来愈扩大,各民族的原始闭关自守状态则由于日益完善的生产方式、交往以及因此自发地发展起来的各民族之间的分工而消灭得愈来愈彻底,历史就在愈来愈大的程度上成为全世界的历史。"(马克思、恩格斯,1995:88)西方学者认为这些论述开启了全球化理论的先河。我个人以为,唯物史观与20世纪兴起的全球化理论尽管在学术理路、实践面向上有着巨大的差异,它们共同陈述了一个毋庸置疑的事实:各民族和国家的封闭状态一去不复返了,不管愿意不愿意,我们都处在"世界历史"之中,全球化的潮流席卷了整个世界,我们无法预知"世界历史"的未来,但它的现存方式深刻地改变着每一个国家、民族、群体乃至每个人生存和发展的条件和方式。

冯天瑜:从文化传播学的角度看,唯物史观的创始人对"世界历史"的判断,根据之一就是各民族"原始闭关自守状态"被频繁交往、互通有无所替代。所以：

> 现代性的获得，是一项世界性成就，并非一隅之地的封闭性独创。即使以原发性著称的西欧现代化，除自备条件外，也广为吸纳异域成就（如中国的四大发明等器物文化和考选文官制等制度文化），方全面赢得现代性要素；而在高级农耕文明固有轨道内运行的中国，19世纪中叶以后，因西力东渐的激发，前进因素觉醒，进入现代性巨变阶段，更是内外因素汇聚的产物。（冯天瑜，2013a：14）

聂运伟：这段话也是您在《中国文化生成史》定稿时新增加的，给了我许多启示。东方社会是否对发轫于西欧的现代化进程提供了某些原初的元素，这或许是一个值得深入研究的问题，或者说，是需要用大量历史细节予以证实的理论假说。但这个理论假说对于突破"欧洲中心论"的历史观而言，显然具有方法论上的特定意味，正如您所说："现代化与西方化互有缠绕，必须惕戒其间的认识陷阱。现代性并非专属西方，现代化不等于西方化，我们所讨论的现代性，是包容中西现代化实践与理论的现代性。"（冯天瑜，2013a：14）西方史学界同样也有这样的理论假说，如英国社会人类学家、历史学家杰克·古迪（Jack Goody），就撰写了《西方中的东方》一书，从文化传播的角度对资本主义起源的传统观点提出了尖锐的挑战，他重新评估了欧洲许多历史和社会理论所认为的东方是"停滞的"或"落后的"观点，认为东西方的发展是交替性的。杰克·古迪是剑桥大学圣约翰学院资深研究员，1973~1984年任剑桥大学社会人类学教授，1976年当选为英国社会科学院院士，1980年成为美国国家艺术与科学院荣誉院士。因其对人类学的贡献，被英国女王授予爵士爵位。我并不完全赞成他的观点，如资本主义诞生在欧洲是一个偶然事件，不能做必然性的解释。但这位声名显赫的历史学家对传统历史叙述逻辑的颠覆同样不无方法论上的启迪意义。从文化传播与交流的层面看，他的如下论述很有趣："我们确实得要解释这一事实:16世纪时天平开始倾斜,欧洲在某些方面开始领先。但是,在我看来,我们的解释不能落入那样一种套路,声称某个社会是停滞僵化的,而另外一个则充满活力。我们要记得,在某种意义上,工业革命在某种程度上是想要仿制亚洲制造的产品,并且大规模地来生产它们。曼彻斯特的棉布是对于印度纺织品和中国丝绸的进口替代品,而韦奇伍德和德尔福特的工业则是在仿制中国陶瓷。"(帕拉蕾丝-伯克,2006:8)对此,您怎么看?

冯天瑜:说"现代性的获得,是一项世界性成就,并非一隅之地的封闭性独创",这是历史的确切证明。人类在历史进程中做出过多种创造发明,就古代而言,最具战略意义的几项,17世纪的英国科学家培根在《新工具》中列举了火药、指南针、印刷术,19世纪的马克思承袭其说,高度评价这三大发明对于文明的近代转换发挥的革命性作用。但培根和马克思都没有说明哪国人做出的此三项发明。19世纪末,来华传教士艾约瑟(Joseph Edkins,1823~1905)补入造纸术,与火药、指南针、印刷术并称"四大发明",但仍没有明确指出它们是中国的发明。直至20世纪50年代,英国人、科学史家李约瑟在《中国科学技术史》中首先提出,造纸术、火药、活字印刷、指南针这"四大发明"系中国人的创造。以印刷术为例,它经过复杂的中介传入欧洲,经欧洲人完善后,活字印刷得以普及,把学术、教育从基督教修道院中解放了出来。印刷术的发明以及商业发展的迫切需要,改变了只有僧侣才能读书写字、接受较高教育的状况。从此,欧洲的学术中心由修道院转移到了各地的大学。印刷术的出现为欧洲的宗教改革运动和反封建斗争提供了有力的武器,对于资本主义生产方式的确立和思想文化的交流传播起了巨大作用。在这一点上,我同意杰克·古迪的观点。至于资本主义的起源问题,当然是一个非常复杂的话题。我不赞成杰克·古迪的"偶然说",就历史发展的长时段看,东西方的发展是交替性的,但交替性的原因,总体上看,应该有着先进引领落后的主旋律,这是人类文化发展的规律,也就是必然性。如你所说,杰克·古迪的研究趣向,可能给我们提供了一种启示,即以周正的态度认识文化的古今转换与中外对接,看待东亚智慧与西方智慧各自的优长与缺失,把握其同中之异与异中之同,努力谋求二者在各种不同层面的互补互动,达成整合与涵化,方有可能创造健全的新文明。而进行文化反省、赢得文化自觉、树立文化自信,皆有赖于对中国文化历史进程的真切认识,这正是我们研讨中国文化生成史的出发点与落脚点。

聂运伟: 如何以周正的态度审视人类文明的"同中之异"与"异中之同",似乎是一个老大难的问题。在策划本辑选题时,我本想请德国柏林-布兰登堡科学院莱布尼茨著作编辑部主任李文潮先生撰文谈谈这个问题,遗憾的是,李先生因家事未能写出文章。李先生是研究莱布尼茨的专家,对莱布尼茨档案中的"中国文献"有深入的研究和独到的解读。他认为,在莱布尼茨生活的时代,"当时欧洲不少人对中国感兴趣,但他们看到的往往只是一个问题,一个方面,似乎只有莱布尼茨一人试图全面了解这个古老的国度与文化,他涉及了上面提到的所有范围,同时又力争将它们综合起来,作为背景与欧洲进行比较,进而从概念上把二者融会贯通。在这一过程中,莱布尼茨试图坚持以下原则:友善、普遍、求同求通求一、多样性、交流与相对。莱布尼茨生活在 300 多年前的欧洲,但其在政治、哲学、法律、逻辑、语言学等领域内提出的观点、思路与设想却显示了惊人的超前性或者说现实性。这应该说是近年来在世界范围内莱布尼茨研究能够持续展开,引起各个国家的学者的兴趣,受到学界及政界普遍重视的一个重要原因"。李先生进而把莱布尼茨的跨文化诠释构想概括为一种"建立在理性之上的宽容",因为"人是会思考的动物,理性的其中一个重要内涵则是思维是按照一定的思维规律而进行的精神活动,这是保证人与人、文化与文化之间能够沟通对话的先决条件,同时假设了每个文化中皆有合乎理性的思想;以此为基础而提出的宽容则不仅是对对方的尊重,而更是对自己的观点以及自身文化的怀疑"。(李文潮,2010)我以为,尊重他者,反省自身,是当下跨文化诠释的基本原则,亦是您说的"周正的态度"的要义。问题在于,自我中心论的文化史观却长期流行于史学界。

冯天瑜: 自从人类超越蒙昧时代和野蛮时代,跨入文明门槛,诸文明族类因囿于视野,都曾自认是世界的中心,古代出现过的埃及中心论、希腊—罗马中心论、华夏中心论便是典型。"西方中心主义"虽然与"希腊—罗马中心论"有着某种历史联系,但西方中心主义毕竟是近代产物:16世纪以降,西方人(首先是南欧人,继之是西欧人)率先突破自然经济和区域隔绝的束缚,开辟统一市场,创建工业文明,世界历史由分散走向整合。西方是人类历史由中古向近代转型的倡导者和动力源,非西方世界的近代化是在西方影响下发生的。因而在一个相当长的时期内,"近代化"与"西方化"被认为是同一概念。这一切促成并助长了西方中心主义,而19世纪可以说是这一主义的极盛期。黑格尔所著的具有宏阔全球眼光的《历史哲学》,便将西方中心主义(或曰欧洲中心主义)发挥得淋漓尽致。时至20世纪,西方中心主义仍有广泛影响。然而,随着西方自身矛盾向纵深发展(两次世界大战是其突出表现),同时也由于若干非西方文明历经"凤凰涅槃"式的转型,这构成了与西方文明既相联系又相区别的另成格调的近代文明形态。日本以及继起的东亚"四小龙"是令人瞩目的代表。这两类事态的刺激,使得一些富于远见的西方学者逐渐突破"西方中心主义",并以"多元文明论"与之对峙。德国浪漫主义哲学家斯宾格勒身历第一次世界大战,对西方文明深为失望,于是撰写了《西方的没落》一书;他还针对"文明线性进化统一论"的偏颇,提出"区域文明观"。这里所谓的"文明",是指封闭自足的,都分别经历着生成、成熟和死亡阶段的,不可重复的文化机体。斯宾格勒把这种文明分为8个。继承其学说的英国历史学家汤因比在《历史研究》中,一再批评以西方为唯一可辨识的文明品种的"一元文明论",进一步申述"多元文明论",并把文明分为21类或26类,认为今日世界还存在其中的5类,即西方文明、东正教文明、伊斯兰教文明、印度教文明、远东文明。

聂运伟:塞缪尔·亨廷顿在《文明的冲突》一书中认为,冷战后,世界格局的决定因素表现为7大或8大文明,即中华文明、日本文明、印度文明、伊斯兰文明、西方文明、东正教文明、拉美文明,还有可能存在的非洲文明。冷战后的世界,冲突的基本根源不再是意识形态,而是文化方面的差异，主宰全球的将是"文明的冲突"。因为 Every civilization sees itself as the center of the world and writes its history as the central drama of human history.（每一种文明都将自己视为世界的中心，在书写自家的历史时，都仿佛在编写人类历史的核心剧本）对此，您做何评价？

冯天瑜：亨氏"文明冲突决定论"的前提是，承认西方中心地位的失落，诸多非西方文明再度崛起，与西方文明分庭抗礼，一个多元化的世界正应运而生。亨氏观照全球的战略估量，无疑抓住了当代世界矛盾运动的一个重要特征。这是西方人自己出来修正"西方中心主义"的新一轮努力。亨氏《文明的冲突》一文大体沿袭斯宾格勒、汤因比的观点，不过因时势变迁而有所损益。如果说斯氏承一战后西方世界的颓势，汤氏面对美苏两霸抗衡的"冷战"格局，那么，亨氏则处于"冷战"结束后的多元时代。这些渐次推进的时势，愈益强劲地摧毁着"西方中心主义"的根基。亨廷顿教授试图对这一多元时代的世界性冲突做出估量。他认为，"文明的冲突是近代世界冲突演化的最新阶段"，此前相继发生的君主间冲突、民族国家间冲突、意识形态间冲突"基本上是西方文明的内部冲突，而冷战结束后，国际政治已迈出西方阶段，重心转到西方与非西方文明，以及非西方文明彼此间的相互作用上"。亨氏还提出，"非西方文明不再是西方殖民主义下的历史客体，而像西方一样成为推动、塑造历史的力量"。由此，亨氏主张区分现代化与西方化，认为现代化不等同于西方化。亨氏对"精神分裂国家"的分析也颇有警世作用，告诫人们：民族国家与文明归属的定位是发展中国家尤其值得注意的问题。这些结论是 20 世纪初叶开其端绪的"多元文明论"的进展，反映了新的世界格局的新特点，这也正是《文明的冲突》一书的价值之所在。

聂运伟：您对亨廷顿"多元文明论"的评价，既肯定了其对"西方中心主义"的修正，但同时也指出，他由文明的多元性推导出来的"文明冲突决定论"是错误的，为什么？

冯天瑜：亨廷顿在揭示文明多元性的同时，进而指出，西方、儒家、日本、伊斯兰、印度教、斯拉夫－东正教、拉丁美洲、非洲等8种文明之间的互助关系将决定世界形态。文明内部的认同高于民族国家和意识形态认同，文明间的差异将愈益扩大和强化。亨氏列举6条理由，论证当代及未来的文明冲突必将加剧。这些分析有一定历史及现实依据，包含若干局部合理性，但就整体而言，亨氏在考察诸文明交互关系时，陷入了片面强调"冲突"而忽视"融会"的怪圈。这是斯宾格勒将文明视作封闭自足体系观念的延伸。斯氏的观念本来便不尽符合历史实际，经亨氏发展，更显示出偏误性。

聂运伟：随着世界距离拉得愈来愈近，民族间的互动日趋频繁，亨廷顿认为诸文明都在"加强彼此的差异性与内部的共通性"，"由此激发彼此的差异和仇恨"。从现实世界频繁的文化冲突来看，亨廷顿"文明冲突决定论"也不算是空穴来风。

冯天瑜：从纷繁错综的现实世界找到当代民族偏执主义、文明排他主义的事例是毫不困难的，但这只是问题的一个方面，诸文明间互动的愈益强劲，除引起冲突外，还必将导致诸文明间的相互了解和彼此渗透。因此，全球性的现代化进程既有可能激起新的冲突，也有助于缩小差异、消弭仇恨。土耳其在20世纪初叶由凯末尔领导的现代化运动，击退了英国支持的希腊军的入侵，捍卫了民族独立，维系了国家及文明的认同，但土耳其并未因此走上对外部世界一味仇恨的道路。"凯末尔主义"的内容之一，是俗世主义，政教分离，摆脱伊斯兰教封建神权对国家政治和社会生活的束缚，使土耳其成为较现代化，又保持着文明认同的伊斯兰国家。近20年来，伊斯兰世界勃发"原教旨主义"，与西方的矛盾冲突有尖锐化态势。但尚不能断言，原教旨主义将风靡整个伊斯兰世界。土耳其、埃及等国仍然坚持政教分离和俗世主义，代表着伊斯兰文明的另一走向。伊斯兰世界今后这两个走向大约会长期并存，一时间可能彼消此长，却不至于全然偏向一极。中国自80年代初以来实行改革开放政策，也没有使国人变得更为偏执，去"仇恨"域外文明，而是增进了对外部世界的了解和对域外文明的吸取，从而加速了自身的进步。在这一过程中，中国人愈益清楚地认识到，我们既是"中国人"，也是"世界人"，不能自外于世界文明大道；中华文明的认同，应当与中华文明接纳外来文明、走向外部世界相统一。

聂运伟："文明冲突决定论"在对世界文化危机的诊断上，实际上是把社会文化转型的原因（动力）归结为不同文明之间不可调和的矛盾，这依然是流行已久的"文化决定论"的老调重弹。此论全然遮蔽了世界文化史是"多元文明既相冲突又融会的矛盾统一体"的客观进程，您说过："对于西欧而言，发端于 15 世纪的现代转型是从中世纪母胎内自然孕育而成的，可以称之为'内发自生型'，对于所有其他地区（包括易北河以东的欧洲诸国）而言，现代化过程则是在世界历史已经走向整体化之际逐步实现的，也即在西欧现代文明强有力的影响下发生的，因而其现代化呈'外发次生型'。"（冯天瑜，1996）把全球现代化进程中"内发自生型"模式和"外发次生型"模式间错综复杂的矛盾任意简化为"文明冲突"，只会为狭隘民族主义思潮的再度兴起提供理论支撑。

冯天瑜：平心而论，当今世界以及未来世界的矛盾冲突，其决定性要素仍然是经济利益。与此相关联的政治意识形态冲突虽然因"冷战"结束而有所淡化，也并未烟消云散。经济利益直接关系着各民族、国家和人群集体的生存与发展，并构成文明的物质基础。现代化的进程非但没有消弭人类对经济利益的追求，反而使之更为炽烈和强劲，这是不容争辩的事实。经济利益的冲突，导致多组矛盾的长期并存，诸如南北间、东西间、西方国家间、发展中国家间的矛盾，等等。另外，考之以近期发生的局部战争，如长达 8 年的两伊战争、震撼全球的海湾战争、波黑战争，也很难用"文明冲突"解释。两伊战争发生在两个伊斯兰军事强国之间，海湾战争开端于两个阿拉伯国家之间，略考其缘故，前者因争夺海湾控制权而战，后者因巨型油田的归宿而战，均与经济利益直接相关。而以美国为首的西方国家介入海湾战争，也是为了保障海湾石油供应，这仍然是经济利益在起决定作用。再比如波黑战争，发生在亨氏所描绘的"文明断层线"上，但也无法证实亨氏的"文明冲突决定论"，因为这场战争并不是发生在基督教文明和东正教—伊斯兰教文明之间，倒是信仰东正教的塞族与信仰伊斯兰教的穆族火拼，信仰基督教的克族则参与混战。略考其缘故，也难以归结成宗教冲突、文明冲突，显然是原南斯拉夫解体后，波黑地区三族为争夺生存空间、交通线、出海口而发生的争斗，说到底，仍然是利益之战。今后可能发生的局部战争，大约也只能作如是观。所以，文明间的冲突曾经长期存在，今后将继续存在，但这类冲突只会是经济、政治冲突的伴生物，而不至于"彼可取而代之"。

聂运伟：在研究古今文化冲突时，您又特别关注文明的对话，您说：

"文明对话"从时间向度而论，是古今文明"对话"；从空间向度而论，是诸文明（尤其是东西文明）"对话"。

就空间意义上的"文明对话"而言，略指多极世界各具特色的文明彼此交流沟通，其间既有冲突激荡，又有吸纳融会，达成你中有我、我中有你的"涵化"结果。西方文明便是多种文明"对话"的产物。希腊—罗马传统，来自中东的基督教，包括"四大发明"、科举制度在内的东亚文明，都参与了对话，成为西方文明的构成要素。作为西方文明核心内容之一的基督教，是亚、非、欧三大洲几种文明会通、整合的结果。今日"西方文明"是多元复合物以至有些论者不承认现在还有一个首尾一贯的西方文明存在。

东亚文明的持续发展也是诸文明"对话"的产物。汉唐以降千余年间，其文化主体——中国化的佛教（禅宗、天台宗、华严宗）和吸收佛学新成果的新儒学（宋明理学），便是中外文化对话、相互涵化的结果。至于19世纪末叶以来的中国现代文化，又在融合儒、释、道的基础上，与西学对话，走上一条以中华文化为基本，中、印、西涵化的路线。（冯天瑜，2013b：886）

冯天瑜：这段话是我在《中国文化生成史》的结语中所说的，这个结语从初稿到定稿，我反复修改过，其要旨即文明在"对话"中持续发展。对话就是涵化，指不同文化群体因持久地相互接触，彼此间相互适应、借用，其结果使一方或双方原有的文化模式发生变迁或部分渗透。

涵化是异文化间横向影响的过程。今天这么说，可能已无太多异议。但在100年前，是人们争论不休的问题。如发端于1915年的东西方文化论战。这一论战的第一阶段是从《新青年》创刊到五四运动爆发，主要讨论、比较东西方文化的优劣；五四运动爆发，则进入论战第二阶段，转而讨论东西方文化相互融通的可能性和必要性；而梁任公的《欧游心影录》和梁漱溟的《东西文化及其哲学》的出版，则将论战推向第三阶段，梁漱溟和梁任公一样，认为西方文明已经破产，"不怕他不走孔子的路"，当时柳诒徵撰文对梁漱溟表示支持，而曾经支持章士钊"中西方文化调和论"的陈嘉异，也转而支持梁漱溟，认为东方文化远优于西方文化，万万不可与之"融合"。如何评论百年前的文化论战，我们后面再说。就文化心态而言，或许今天还是有了更多的宽容。

聂运伟： 宽容是一种自尊而尊人的、理性的文化心态，有此，方能大度地兼容并包，进而实现各民族文化的新生转进。如杜维明先生所说："现在不管你属于哪个文明，你对其他的文明非要有所了解。比如你属于基督教文明，你对印度教文明、伊斯兰教文明不作了解，那将来基督教文明的发展就不太可能；或者儒家的文明，对其他的文明不理解，要想进一步发展也是不可能的；佛教也一样。以前各大文明所造成的影响现在进入新的时代，各种文明处在一种交往的过程中，这是新的情况，以前没有的。通过文明对话，我们将学会最大限度地欣赏他者的独特性。我们将真正理解，一个由不同的人和文化融合而成的绝妙的多样性整体性能够丰富关于自我的认识。对话推动我们努力实现一个真正包含所有人的共同体。"（杜维明，2016：116）

冯天瑜： 杜维明先生长期致力儒家与基督教、佛教、伊斯兰教的"文明对话"。他认为各种文明形态和文化传统之间相互尊重、彼此了解、平等交往以及应有的宽容与互信，是合适合理的共处之道，是解决世界各种矛盾和纷争的根本办法。杜氏揭示文明对话的时代内涵，借助雅斯贝斯"轴心时代"理论，通过对启蒙反思和多元现代性论域的开展，论证"新轴心时代"文明对话的可能性和必要性，指出其中的一些基本假设。你刚才引述的一段话正是他关于现代文明对话的基本观点，我个人是比较认同的。如果说诸文明间的对话在古代进展缓慢，往往需要几个世纪方见端倪，如儒学与佛学由冲突走向融会，便历经两汉、魏晋、隋唐乃至两宋，才大体完成，历时千年之久。那么，时至世界统一市场建立的近现代，资讯日渐发达，世界"缩小"成一个"地球村"，诸文明间的联系愈益增强，彼此间对话、发现同中之异与异中之同更为便捷，诸文明间互动的力度与速度，不可同日而语。

聂运伟：您和杜维明先生关于文明对话的诸多论述，既有应对当下文明冲突的现实意义，同时，也是重新梳理人类文化交流史的理论导向。比如，谈及中外文化交流史，特别是明清时期的中西文化的交流，1949年之后的史学界曾长期视之为西方帝国主义侵华史的产物，比如在评述以利玛窦为代表的耶稣会士的在华活动时，多称之为"欧洲殖民主义海盗的急先锋""西方侵略者的矛头和工具"。与这种评述相反，早在20世纪初叶，梁启超则对利玛窦等耶稣会士的学术活动给予了积极的评价。他说："明末有一场大公案，为中国学术史上应该大笔特书者，曰，欧洲历算学之输入。""中国智识线和外国智识线相接触，晋唐间的佛学为第一次，明末的历算学便是第二次。"（梁启超，1999a：4431、4432）1979年，您就撰文提及梁启超的见解，提醒学界走出教条主义意识形态的迷雾，认为"利玛窦等耶稣会士在中国的活动，是一个相当复杂的问题，只有将其提到一定的历史范围内，具体地分析具体的情况，才有可能得到比较科学的结论，引出有益的教训"，并说"中外文化的这第二次接触，比第一次有价值得多"。（冯天瑜，1979）

冯天瑜：中国文化线与外国文化线接触，第一次是东汉、魏晋、隋唐时印度佛教文化的进入，它与中国传统文化相结合的产物便是宋明理学，第二次是明末清初利玛窦、汤若望等欧洲耶稣会士的东来。这次文化交流的意义在于，中国人第一次直接了解到水平已超过自己的外来文化。不过，由于耶稣会士政治上的保守性，他们未向中国人介绍欧洲文艺复兴时期人文主义的社会学说和文学艺术，所以当时中国士人从耶稣会士那里只了解到欧洲的数学、历法、地理、水利、军火制造等科技知识和宗教思想，但这些科技知识，特别是近代的世界观念，打开了部分中国士人的眼界。徐光启、李之藻、方以智、黄宗羲、顾炎武、王夫之、梅文鼎、王锡阐以及康熙皇帝，都在不同程度上得益于外来的科技知识。近代科学思维的重要特点是实证道路和数学语言，徐光启、方以智等人通过接触西洋近代科技知识，重视"质测之学"和数学语言的广泛应用，已初步显示了近代科学思维的风貌，这与中古学者思维方式的直观性、模糊性和思辨性相较，已大进了一步。明末清初，西欧耶稣会士东来，与徐光启、李之藻、王徵等中国士人协同译介西方文化成就（《几何原本》《同文算指》《坤舆万国全图》《远西奇器图说》等），又向西方译介中国经典及社情，成为17、18世纪中西文化史上的盛事。鉴于清廷和罗马教廷两方面的原因，这种东西文化互动在清代雍正、乾隆前后中断百余年。清末以降，伴随西力东侵，丁韪良、傅兰雅等欧美新教传教士来华，在宗教殖民的同时传播西方近代文化，李善兰、徐寿、华蘅芳等中国士人有辅译之功。严复等启蒙思想家会通中西之学，使"西学东渐"在更高层面和更广范围得以展开，进化论、民约论、民权论、自治论及科学技术传入中国，激起波澜，学堂、报纸、图书馆等近代文化设施如雨后春笋般涌现，新文学艺术、自然科学、社会科学得以专科发展，知识分子取代士大夫成为文化人主体。王国维把"西洋之思想"比拟为"第二之佛教"，并预言对中国学术文化做出创造性贡献的，必是中西之学的"会通""化合"者。新学取代旧学似成一不可逆转之势，然被统称"旧学"的传统文化自有其深巨潜力，在近现代文化进程中发挥了无可替代的作用。中西文化激荡（既有冲突又相融汇）构成晚清的重要景观，戊戌变法前后展开的中西古今的体用之辩（此辩一直延伸到今天），从形上层面透露了中西会通的广度与深度。

聂运伟：但这一进程又格外曲折。晚明、盛清时期，国人初次接触西方的世界图像之前，就如井蛙观天。中国人的天下观，从地理空间上说，是以中华为中心，周边有四裔，并纳入朝贡体系。此外，就是遥远的"绝域"或者叫"绝国"。至于这个绝域何在，完全是一片混沌。明朝末年，先是利玛窦携"万国舆图"（世界地图）展示给国人，后有艾儒略的《职方外纪》，展现15世纪以来地理大发现的成果。晚明一批先进的知识分子坦然接受了西来的科学地理知识，如瞿式榖《职方外纪小言》说，邹子九州之说，说者以为闳大不经。彼其言未足尽非也。天地之际，赤县神州之外，何只有九！"中国居亚细亚十之一，亚细亚又居天下五之一，则自赤县神州而外，如赤县神州者且十其九！"自以为中土即天下，此外尽斥为蛮夷，"得无纷井蛙之诮乎！"瞿式榖明确指斥传统地理观有如坐井观天，称中国不过是亚洲之一角，亚洲则只是天下五大洲之一。到了清代，《职方外纪》虽被收入乾隆年间编纂的《四库全书》，但纪晓岚总纂的《总目提要》云："所纪皆绝域风土，为自古舆图所不载，故曰《职方外纪》。"在介绍了各卷内容后，又说："所述多奇异不可究诘，似不免多所夸饰。然天地之大，何所不有，录而存之，亦足以广异闻也。"后来张廷玉的《皇朝文献通考》对《职方外纪》的评价是："意大利人所称天下为五大洲，盖沿于战国邹衍裨海之说。夫以千余里之地名之为一洲，而以中国数万里之地为一洲，矛盾虚妄，不攻自破矣。其所述外国风土物情政教，反有非中华所及者！荒远偏僻，水土奇异，人性质朴，似或有之。所谓五洲之说，纯粹荒诞不经！"如此看来，一本书可以影响一些先进的中国人，但是要想改变国人的世界观，还是很有难度的。

冯天瑜：这是因为到了18世纪，由于宗法皇权制度渐趋没落，统治集团中锐意进取、乐于吸收外来文化的精神亦随之衰微，抱残守缺、夜郎自大、故步自封的思想则有所发展。如乾隆帝在给英王的敕书中声称天朝"无所不有""从不贵奇巧"。乾隆时代的著名学者俞正燮认为，西方科学技术不过是"鬼工"而已，他讥讽"知识在脑不在心"的说法是西方人"心窍不开"的产物。鸦片战争前后，视西方科学技术为"奇技淫巧"，把"翻夷书，刺夷情"说成"坐以通番"，已成为社会流行的公论。抗拒外来文化，"但肯受害，不肯受益"的自我封闭心理，使"西学东渐"的进程在雍正以后戛然中止，而断绝与外来文化系统信息交流的大清帝国，只能在与外界隔绝的状态中维系生存。

聂运伟：世界第一代文明中，唯中国文化绵延不断、延续至今，究其原因，兼容并包、新生转进的文化生成路径当居功至伟，如您所说：

华夏文化从诞生之日起,便决非自我禁锢的系统。以迁徙、聚合、民族战争为中介,华夏族及以后的汉族与周边民族继续交往、融合,不断吸收新鲜血液,历数千年,方构成今日气象恢宏的中华文化。(冯天瑜,2013a:94)

冯天瑜:中国文化不仅在内部各族文化的相互融汇、相互渗透中得到发展,而且在与境外世界的接触中,先后接受了中亚游牧文化、波斯文化、印度佛教文化、阿拉伯文化、欧洲文化、日本文化。中国文化系统或以外来文化做补充,或以外来文化做复壮剂,使机体保持旺盛的生命力。鲁迅在谈到文学创作的规律时曾说:"因为摄取民间文学或外国文学而起一个新的转变,这例子是常见于文学史上的。"(鲁迅,1981:95)吸取外来成分从而获得新的生机,也是整个文化生成史的通例。先秦民族文化融合中有一个典型事例,即赵武灵王"胡服骑射"。赵武灵王在位期间,战国七雄争相变法,赵武灵王为了强兵救国,主张采用胡人的衣冠和军事技术。公子成竭力反对赵武灵王的主张,他认为,中原文化是最优秀的文化,圆满无缺,无须外求,舍弃华夏文化而学习胡人文化就是"变古之数,易古之道,逆人之心"。赵武灵王针锋相对地指出:文化的主要功用是"利其民而厚其国""果可以利其国,不一其用;果可以便其事,不同其礼"。因此,无论是华夏文化还是夷狄文化,只要有利于国家,都可以采用。经过激烈的论争,赵武灵王获胜。他下达胡服骑射之令,又聘请擅长骑兵战术的匈奴军官为赵国训练军队,使用铁链制成或皮制小扣串成的盔甲,以取代从前用犀牛皮制成的硬重甲胄。赵武灵王凭借这支改革后的武装力量,消灭了中山国,出兵攻打楼烦、林胡,扩充赵国领土,"北至燕、代,西至云中、九原"。赵武灵王的胡服骑射改革尽管属于军事范畴,但在文化史上自有其深远意蕴。首先,赵武灵王的行为表明,在北方游牧民族的巨大压力下,中原文化开始自觉地吸收异系统的文化成分,以增强本系统的生命力,"胡服骑射"实际上是"习胡人之长技以制胡",与19世纪"习西夷之长技以制夷"的运动有着共通的意义;其次,赵武灵王与公子成的论争实质上是开放的文化观与文化本位主义的论战，这样的论战在往后的中国历史上一再出现。

聂运伟：您说的"开放的文化观与文化本位主义的论战"在中国历史上一再出现，有哪些重要的论题呢？

冯天瑜：一是文化的"中外之辨"，也即文化的民族性比较与交会，这是一个贯穿古今的问题。现世中国的"中外之辨"与古中国久已进行的"华夷之辨"有某种近似性，却又大异其趣。"华夷之辨"所包蕴的内容，是处于"高势位"的华夏汉族的农耕文明与处于"低势位"的周边诸族的游牧或半农半牧文明之间的比较、冲突与融合。在这一过程中，华夏汉人可能在军事上受到"夷狄"的威胁，然而文化上的优胜地位却从未被动摇过，即使在军事上被"夷狄"所征服，结果却迟早会发生文化上的"征服者被征服"。在这一意义上，古代中国的"华夷之辨"并没有给华夏汉人造成真正的文化危机，因而其"内夏外夷""以尊临卑"的心态一以贯之。如果说古代中国文化是在东亚大陆内部发生、发展的，即或有来自西亚、南亚文化的影响，其强度也较为有限；那么，进入近代，中国文化则日渐被纳入世界文化体系，直接承受着"高势位"的外来工业文明的挑战，历来的优胜地位发生动摇。这在固守"文化本位"的论者看来似乎是灭顶之灾，而对于一个有着雄健的包容精神和消化能力的民族来说，实则是文化跃进的契机，诚如王国维所指出的，"外界之势力之影响于学术"，是刺激、促进学术革新的有利因素，历史上"佛教之东适"对我国文化曾产生启迪作用，现在的"西学东渐"也是打破我国学术沉滞局面的一大转机，因而他把西学称为"第二佛教"，给予积极的评判。

二是古今之辨。中华文化在近世经历的"古今之辨"与"中外之辨"，彼此间有相贯通之处，"近代玄奘"严复较早悟出了个中机关。作为亲历西方的中国士子，他发现西方文化已完成由"古学"向"新学"的转化，而中国仍然停留在古学阶段。元明以前，西方"新学未出"，人们论及物理人事，都崇奉"雅里氏"（即亚里士多德），与中国尊信孔子无异，这时西学与中学没有多大差距。明中叶后，"柏庚（即培根）

起于英,特嘉尔(即笛卡儿)起于法",奈端(即牛顿)、嘉里列倭(即伽利略)继起,新学方兴,"而古学之失日著",因此,中国人在现代接触到的"西学"实为西方的"新学",中西之辨,也就是新旧之辨、古今之辨。"中之人好古而忽今,西之人力今以胜古"(严复,1986:1),便成为中西差异的关节点。严复洞察到文化上的中西之争,是处于不同发展阶段的两种文化间的冲突。王国维更确认,"学问之事本无中西""学术之所争只有是非真伪之别",而不应"以国家、人种、宗教之见杂之"(王国维,2007:12)。陈独秀则高倡"学术为吾人类公有之利器"。这些精辟之论,其意都在突破文化的民族狭隘性和独断性,正视文化的客观真理性和时代性,由此也肯定了学习外部世界的先进文化的合理性和必要性,从而与"深闭固拒"的文化保守主义划清界限。以后,冯友兰等人进一步强调,中西文化的差异主要是时代的差异,或发展阶段的差异,"一般人心目所有中西之分大部分都是古今之异"。(冯友兰,2001:239)然而,文化的"中外之辨"又不等同于"古今之辨"。因为,中外之间毕竟还包含着民族性差异。中华文化在数千年间形成的传统,早已渗透入中华民族的生活方式与思维方式,成为其安身立命的基地和接纳外来文化的母本或接受屏幕。陈寅恪曾揭示了文化史上一个"虽似相反,而实足以相成"的通则——中华民族对外来文化"无不尽量吸收,然仍不忘其本来民族之地位"。(陈寅恪,1980:252)中国自两汉、六朝至唐宋,对于从印度传入的佛教文化便是吸收中有改造、论争中有融合,结果形成了富于生命力的文化复合体:汲纳《中庸》的天台宗、《周易》的华严宗、《孟子》的禅宗等中国化佛教创立,采纳佛学内容的新儒学——理学产生并壮大。这些立足中华文化土壤,又兼采外域英华的流派,在中国传之久远、影响深广,而强调外来文化"原版性"的流派却难以繁荣生发,如唐玄奘及其弟子窥基创立的刻意追逐"天竺化"(即印度化)的法相唯识宗,成为中国佛教宗派中短命的一支。在现代,先进的中国人向西方寻求真理,进而构筑思想体系时,也没有忘却自己的民族文化之根。康有为申明,他的学说是参合中西哲理、穷究天人之变的产物。孙中山说:"余之谋中国革命,其所持主义,有因袭吾国固有之思想者，有规抚欧洲之学说事迹者，有吾所独见而创获者。"（孙中山，1986：60）此说颇有代表性，凡是在中国现代发生较深影响的思想流派，莫不植根传统，而又接纳外域，兼以自己的综合创新。反之，那些一味充当外人传声筒的流派则没有生命力，教条主义者生搬硬套外国模式，必遭到历史的淘汰。概而言之，现代中国不仅要"拿来"西方文化，还要向外部世界提供我们的文化创造，以实现双向对流。而异文化间的"请进来"与"走出去"，达成健康的"互动"，正是文化"一"与"多"辩证统一的进路。

聂运伟：梁启超曾说过："吾中国不受外学则已，苟既受之，则必能尽吸其所长以自营养，而且变其质，神其用，别造成一种我国之新文明，青青于蓝，冰寒于水。"（梁启超，2001：83）梁先生"笔端常带感情"，对近代以来会通中西的"新文明"期待多多，但往往又不自觉地把这种新文明中的中国元素与西方文化对立起来："我们可爱的青年啊！立正！开步走！大海对岸那边有好几万万人，愁着物质文明破产，哀哀欲绝的喊救命，等着你来超拔他哩。我们在天的祖宗三大圣和许多前辈，眼巴巴盼望你完成它的事业，正在拿他的精神来保佑你哩。"（梁启超，1999b：2987）读这样的文字，是否给人一种不合时宜的孤芳自赏的味道？

冯天瑜：梁启超1904年撰写《新大陆游记》，揭露中国传统社会及文化的种种病态，1920年撰写《欧游心影录》，又发出以中国传统智慧挽救现世文明的论断。梁氏在短短10年间发表两种极端之论，确实给人前后矛盾的"大跳跃"印象，他自己也曾以"流质多变""太无成见"自嘲。其实，对传统文化先后持两种极端之论，梁氏并非个例，在其他近代文化大师那里也有类似表现，如严复、胡适等。我们今天对于此种现象的认识，不能停留于对这些前哲矛盾性思维的一般批评，不应止于"早年激进、晚年保守"的皮相之议。否定与赞扬中国传统文化的两种极端之论集于一人，是近代中国面对多层级变革交会的一种反映。西方世界几百年间实现工业化与克服工业化弊端这两大先后呈现的历时性课题，都共时性地摆到了近代中国人面前。所以，梁启超于20世纪初叶的两种极端之论是试交的双重答案：对东亚社会及文化的批判否定，是一种"现代化诉求"；呼唤以东亚智慧拯救西方，拯救现代文明，其着眼点则是"后现代思考"。当然，他未能将两种历时性的论题加以必要的厘清与整合，留下思维的教训。我们今日讨论中国传统文化的现代价值，不应重蹈前辈的故辙，在"一味贬斥"与"高度褒扬"的两极间摆动，而理当历史地考察传统文化的生成机制和内在特质，既首肯东亚智慧创造辉煌古典文明的既往事实，又研讨东亚智慧未能导引出现代文明的因由，还要深思东亚智慧对疗治现代病的启示意义。在展开这些思考时，应当把握历史向度，而不能做超时空的漫议，同时还必须真切把握西方智慧这一参照系，克服夜郎自大的东方主义和心醉西风的西化主义这两种偏颇。

聂运伟：任何民族的文化都有自己的独特性、独有的元素，在全球化的背景下，如何言说"中华元素"，还是一个值得深思的问题。我很赞成您的如下说法：

> "中华元素"并非凝固不变、自我封闭的系统，它具有历史承袭性、稳定性，因而是经典的；具有随时推衍的变异性、革命性，因而又是时代的；中华元素是在世界视野观照下、在与外域元素（如英国元素、印度元素、印第安元素、日本元素等）相比较中得以昭显的，故是民族的也是国际的。（冯天瑜，2013a：218）

冯天瑜：我这段话还是就中国文化与域外文化的交流融合而说的，其实就中国文化本身而言，其生成的历程同样是多种文化元素相互传播、交流的过程。所以，历史地理学家谭其骧指出："自五四以来以至近今讨论中国文化，把中国文化看成一种亘古不变且广被于全国的以儒学为核心的文化，而忽视了中国文化既有时代差异，又有其他地域差异，这对于深刻理解中国文化当然极为不利。因为正是中国存在地域性的差异从而促使了中国文化的巨大的包容性，中国在一个国家里，汉族在一个民族里，一贯对待不同文化采取容许共存共荣的态度，不论是统治阶级还是被统治阶级都是如此,因此儒佛道三教得以长期并存,进一步又互相渗透,同时又能接受伊斯兰教、基督教等其他宗教,尽管在朝廷上发生过几次佛道之争,却从没有发生过宗教战争,即使最高统治者皇帝非常虔诚地信仰某一种宗教,却从没有强迫过他统治下的任何一民族一地区的人民改变信仰。尽管有一些和尚道士受到统治者备极尊崇的礼遇,也曾参与治政,却从没有搞过政教合一。这种早已形成,长期坚持的兼收并蓄的文化开放传统,使整部中国史只能出现政治上的封建集权大一统,任何时期都做不到思想文化的统一。秦始皇不慨汉武帝不能,唐宗、宋祖、成吉思汗、朱元璋也不可能。这些帝王不是不想做,但做不到。"(谭其骧,1986)谭先生的论说显然是有感而发的,因为笼统地界定中国文化,已是一种司空见惯的做法,此类做法有碍于人们从共相与殊相辩证统一的高度把握中国文化,不利于开掘中国文化无比丰厚的内蕴。要想获得对中国文化的深刻理解,必须纠正空泛、粗疏的学风,多做具体分析和实证研究,方能为综合与抽象提供坚实的基础。而此类工作的一个重要方面,便是对中国文化加以区分考析。中国土广民众,文明传统悠久深厚,其文化的时代性演进和地域性展开均呈现婀娜多姿的状貌,切忌做简单化的描述与概括。

聂运伟:谢谢冯老师的指教!

参考文献

[1]《马克思恩格斯选集》第1卷,人民出版社,1995。

[2]〔英〕玛丽亚·露西娅·帕拉蕾丝-伯克编《新史学:自白与对话》,彭刚译,北京大学出版社,2006。

[3] 陈寅恪:《冯友兰中国哲学史下册审查报告》,载《金明馆丛稿二编》,上海古籍出版社,1980。

[4] 杜维明:《文明对话中的儒家》,北京大学出版社,2016。

[5] 费孝通:《反思对话文化自觉》,《北京大学学报》,1997(3)。

[6] 冯天瑜:《利玛窦等耶稣会士的在华学术活动》,《江汉论坛》,1979(4)。

[7] 冯天瑜:《中国文化现代转型刍议》,《理论月刊》,1996(1)。

［8］冯天瑜：《中国文化生成史》（上），武汉大学出版社，2013a。

［9］冯天瑜：《中国文化生成史》（下），武汉大学出版社，2013b。

［10］冯友兰：《新事论·说家国》，载《三松堂全集》第4卷，河南人民出版社，2001。

［11］李文潮：《莱布尼茨档案中的"中国文献"》，《现代哲学》，2010（3）。

［12］梁启超：《中国近三百年学术史》，载张品兴主编《梁启超全集》第15卷，北京出版社，1999a。

［13］梁启超：《欧游心影录》，载张品兴主编《梁启超全集》第10卷，北京出版社，1999b。

［14］梁启超：《论中国学术思想变迁之大势》，上海古籍出版社，2001。

［15］鲁迅：《且介亭杂文·门外文谈》，载《鲁迅全集》第6卷，人民文学出版社，1981。

［16］《孙中山全集》第7卷，中华书局，1986。

［17］谭其骧：《中国地域文化的时代差异和地区差异》，《复旦大学学报》，1986（2）。

［18］王国维：《奏定经学科大学文学科大学章程书后》，载姚淦铭、王燕编《王国维文集》（下），中国文史出版社，2007。

［19］严复：《论世变之亟》，载《严复集》第1册，中华书局，1986。

Incorporating Things of Diverse Culture and Regenerating Bravely: An Interview with Prof. Feng Tianyu

Feng Tianyu, Nie Yunwei

Abstract: The cultural history of human beings is the history of cultural spread and communication. In the context of globalization, although the process of cultural spread and communication has harmonious elements, there still exists more conflicts. In order to clarify the cause and effects of those conflicts from the perspective of cultural history, and to discuss the relevant issues in China's cultural development in the realistic context, The Editorial Department of "Culture Development Review" has taken another interview with Professor Feng Tianyu, Senior Professor of Humanity and Social Sciences in

Wuhan University and Head of Research Center of Traditional Chinese Cultural Studies in Wuhan University. Prof. Feng Tianyu believes that the progress of a nation and a country needs the communication with the external culture from the perspective of human beings' cultural history. The cultural system without communication is a static system without vitality, so a nation without communicating with the external culture cannot be vigorous. Based on the process of globalization, modern China not only needs to take advantage of western culture, but also should offer our cultural innovations to the world so as to realize two - way communication. Only learning from other cultures and promoting our own culture can it realize the healthy interaction, which is the appropriate way for incorporating things of diverse culture as well as the development direction of Chinese culture.

Keywords: Spread and Communication; Dialogue between Civilizations; Incorporating Things of Diverse Cultures; Regenerating Bravely

About the Author: Feng Tianyu (1942 -), Senior Professor of Humanity and Social Sciences in Wuhan University, Head of Research Center of Traditional Chinese Cultural Studies in Wuhan University. Magnum opuses: *The Cultural History of Ming and Qing Dynasty*, *The History of Wuchang Revolt in the* 1911 *Revolution*, *Critical Biography of Zhang Zhidong*, *Practical Ideology in Late Qing Dynasty*, *Deconstructing Autarchy*: *A Study of the "New People - first" Idea in Late Ming and Early Qing Dynasty*, *Qian Suiwan's Tour in Shanghai*: *Observing China in 1962 from Japanese's Eyes*, *The Origins of the New Expressions*: *the Cultural Interaction among China, Japan and Western Countries and the Terminology in Modern Times*, *The Spirits of Chinese Ancient Classics*, *A Study on Feudalism*, *Outline of Chinese Cultural History*, etc. The published works have been awarded China's National Book Award, Outstanding Achievement Award of Humanity and Social Sciences by the Ministry of Education, Outstanding Achievement Award of Philosophy and Social Sciences by Hubei Provincial Department of Education. Besides, many his published works have been translated into English,

Japanese, Spanish and Korean. E – mail: tyfeng@ whu. edu. cn.

Nie Yunwei (1955 –), Professor of Chinese Language and Literature, Hubei University. Research interests and specialties: aesthetics, literature theory, and ideological history. Magnum opuses: *Biography of Einstein*, *The Power of Ideas*, etc. E – mail: nieyw_ 55@ 126. com.

人文思潮

马克思主义在"五四"前后传播的阶段向度研究[*]

田子渝[**]

【摘　要】 本文从阶段向度的角度将马克思主义在"五四"前后的传播分为三个阶段：先进知识分子自发、自觉的阶段，中国共产党有组织传播阶段，有选择地传播列宁主义阶段。这三个阶段十分鲜明地彰显出了马克思主义早期传播的基本特征、渠道与内容等，彼此之间具有逻辑的连贯性，前一阶段向度是后一阶段向度的逻辑起点，后一阶段向度是前一阶段向度的质的跨越，清晰地记录了早期传播由自发到有组织传播，再到"早期马克思主义理论中国化"的历史演绎。

【关键词】 马克思主义　"五四"前后　传播　阶段向度

任何事物都有向度，所谓向度就是角度或趋势。马克思主义在我国的传播是漫长、动态、曲折而又辉煌的中西文化重构的历史过程，从向

---

[*] 本文为国家社会科学基金一般项目"《新青年》与早期马克思主义中国化"（12BKS013）。
[**] 田子渝（1946~），湖北大学马克思主义学院教授，兼职华中师范大学、南京师范大学博士生导师，嘉兴学院特聘教授，北京大学《马藏》编纂与研究中心特聘研究员。研究方向为中共党史、马克思主义传播史、武汉近代地方史，主要著述有《湖北通史·民国卷》《武汉五四运动史》《马克思主义在中国初期传播史》等，电子邮箱：3304427056@qq.com。

度的角度来研究早期传播,无疑开辟了研究的新视角。早期传播的阶段向度十分鲜明地彰显出了马克思主义早期传播的基本特征、渠道与内容等,对其深入研究,无疑将推动马克思主义早期中国化研究的纵深发展。

马克思主义在我国的早期传播[①]呈现阶段性,这是早期传播一个突出的特点,它经历了三个印记清晰的阶段。

第一阶段是1917～1920年8月,为以具有初步共产主义思想的知识分子为主的先进人士自发、自觉传播的阶段。1917年十月革命,开辟了世界无产阶级解放的新时代。第二年,就有先进的中国人认识到十月革命的世界性,号召中国人走俄国革命的道路,以追赶世界现代潮流。1918年,李大钊在《新青年》上发表《法俄革命之比较观》《庶民的胜利》《BOLSHEVISM的胜利》,纵情欢呼十月革命,指出俄国革命是20世纪世界革命的先声,社会主义革命彰显了世界人类社会发展的趋势,我们只能顺应这个潮流,不可抗拒。李汉俊翻译了日本社会主义者山川菊荣的《世界思潮之方向》,指出十月革命成为人类历史的分水岭,革命的知识分子与劳工运动相结合,成为世界思潮之方向。中国是世界的一部分,也必然要随着世界思潮之方向发展。

这个阶段传播队伍的主体是具有初步共产主义思想的知识分子群体。李大钊是领军人物,1918年他就表示了走苏俄式社会主义道路的初心。第二年他发表了《我的马克思主义观》,比较全面地介绍了马克思主义的理论体系,揭开了马克思主义在中国真正有意义传播的序幕。陈独秀是新文化运动的旗手,1919～1920年将其主持的"一代名刊"《新青年》转型,由宣传民主与科学改变成以宣传马克思主义为主,以《新青年》第8卷第1号开辟"俄罗斯研究"专栏为标志,刊物成为我国传播马克思主义的引航媒体。在这一号上,陈独秀发表了《谈政治》这一重要文章。该文不仅是陈独秀由激进民主主义者转变成马克思主义的标志,也是第一篇旗帜鲜明运用唯物史观探索中国革命出路的文章。接着,陈独

---

① 马克思主义在中国早期传播的起止时间是一个仁智相见的问题,本文将其时间定为1917～1927年。

秀发表了《社会主义批评》《劳动专政》《马克思学说》等文章，投身到马克思主义传播的洪流中。几乎与《我的马克思主义观》发表的同时，杨匏安在广州《广东中华新报》上发表长文《马克思主义——称科学的社会主义》，形成"北李南杨"传播马克思主义的阵势。与此同时，李汉俊、李达、施存统、周佛海、李季、袁振英、毛泽东、周恩来等一批先进青年汇入传播之河。

国民党人士是早期传播的重要力量。孙中山是中国最早宣传社会主义的思想家。有资料显示，他是最早接触《资本论》《共产党宣言》的中国人。早在1895年欧洲之行时，他就主动与第二国际社会党国际局联系，要求参加。他一直坚持说自己的民生主义就是社会主义。受他的影响，他的同志朱执信、冯自由、戴季陶、胡汉民、沈玄庐、林云陔等相继发表文章，宣传社会主义。中国同盟会成立后，它的机关报《民报》发表《德意志社会革命家小传》《万国社会党大会史略》《社会主义史大纲》等文章。朱执信在《德意志社会革命家小传》中，第一次将《共产党宣言》章节摘译成中文。孙中山的秘书冯自由撰写的《社会主义与中国》（1919年）是第一本从社会主义的角度来议论中国前途的著作。五四时期，国民党创办的《建设》，与上海《民国日报》《星期评论》成为传播马克思主义的主要刊物。1919年国民党人士发表的《孟子与社会主义》《从经济上观察中国的乱源》《中国哲学之唯物的研究》《革命！何故？为何？》等文章，开了运用唯物史观探索中国问题之先河。同年12月胡汉民在《建设》第1卷第5号上发表了《唯物史观批评之批评》，用2.1万字的篇幅，从7个方面批驳对唯物史观的非难，捍卫了唯物史观的尊严。有学者指出："胡汉民的文章，有破有立，旁征博引，反映他对马克思主义理论确有较深的了解，代表五四时期中国人研究马克思主义的最高水平。"（庄福龄，1988：97）国民党人士对传播马克思经济学也着力不小，他们翻译诠释《资本论》经典本《卡尔·马克思的经济学说》，以"马克斯资本论解说"的书名出版。毛泽东曾指出，以前有人如梁启超、朱执信曾提过马克思主义，"朱执信是国民党员，这样看来，讲马克思主义倒还是国民党在先"。（毛泽东，2000：5）

一批激进知识分子也是传播大军的生力军。张西曼早年留学俄国,是五四时期稀有精通俄文的人。他第一个将俄文版的《俄国共产党党纲》介绍到中国。邵飘萍编著的《劳农政府与中国》(1920年6月)与《新俄国之研究》(1920年8月)是我国最早反映苏俄革命与建设的图书。福建闽侯人陈溥贤(笔名渊泉)早年留学日本,以后又担任北京《晨报》驻日记者,接触社会主义、马克思主义。五四时期主持《晨报》副刊,翻译介绍了《近世社会主义鼻祖马克思之奋斗生涯》《人类三大基本之权利》《马克思的唯物史观》等文,又翻译出版了《马克思经济学说》(1920年9月),是早期马克思主义传播的明星。陈溥贤参加的共学社于1920年4月26日在《时事新报》上刊登广告,称:"在近代思想界占很重要的位置。现在更是他发展的时代。凡是留心世界思潮的人。都应该研究的。但是此项材料。我国尚少输入。本社为此。特地撰择研究马克思的重要著作。译成丛书。"共学社拟翻译出版《空想的与科学的社会主义》《唯物史观的解说》《马克思派的社会主义》等书。

五四时期,马克思主义就是在这三种类型的进步知识分子的"合力"努力下,形成了"一年以来,社会主义底思潮在中国可以算得风起云涌了。报章杂志底上,东也是研究马克思主义,西也是讨论鲍尔希维主义(今译布尔什维克主义);这里是阐明社会主义底理论,那里是叙述劳动运动底历史,一唱百和,社会主义在今日的中国,仿佛有'雄鸡一鸣天下晓'的情景"。(潘公展,1921)

这一阶段的传播主渠道是日本,主要是当时马克思主义中文著述的母本大半来自日文本。一是日本社会主义者的著述被翻译成中文,产生了积极的作用。如《社会主义神髓》《近世经济思想史论》《妇女之过去与将来》等,特别是河上肇的影响最大。有学者统计,从1919年5月至1922年年底,河氏中文译本有4部,文章30多篇。(杨奎松,1985)二是早期马克思主义经典中文本的母本多半来自日文本。《共产党宣言》中文本的母本主要是幸德秋水等于1906年3月发表的日文本。恩格斯的《科学的社会主义》(今译《社会主义从空想到科学的发展》,1920年8月)的母本是1920年出版的远藤无水翻译的日文本。《马格斯资本论入门》的原本是欧洲社会党人马尔西著的 *Shop Talks on Economics*，中文本则是从远藤无水的日译本转译的。三是中国人写的马克思主义诠释著述，多半也参考了日文本。如李大钊的《我的马克思主义观》，就吸取了河氏1919年1月发表的《马克思的社会主义的理论体系》和福田德安的《续经济学研究》。李大钊、李汉俊关于阶级斗争理论在马克思学说中地位的评价，均来自河氏的《近世经济思想史论》。

为何早期传播的主渠道是日本，而不是当时马克思主义的"宗主"苏俄呢？这是由特殊的历史环境造成的。首先，日本与中国一衣带水，五四时期正值日本的大正时代（1912～1925），日本社会主义运动澎湃兴起，出现了马克思主义传播的高潮。中日同种同文，文化交流十分通畅，日本出现的马克思主义热自然影响中国。其次，大批中国知识分子留学日本，高潮时有1万多人，其中最激进的如李大钊、陈独秀、李汉俊、李达、杨匏安、周恩来、董必武等，受其影响先后转变成马克思主义者。他们自觉地成为日本马克思主义传入中国的文化使者。最后，苏俄处于国内战争状况，与中国陆路不通；中国知识分子懂得俄文的人凤毛麟角。中国则很容易就近从日本获得马克思主义的"真精神"。鉴于这些原因，五四时期，日本便成了中国接受马克思主义的主要中介。

这一阶段主要传播马克思主义的基本原理。

唯物史观。唯物史观是马克思学说第一大"根柢"（渊泉，1919）（今译"发现"），是马克思主义理论的哲学基础与历史观。早期马克思主义者反复翻译、解读马克思的《〈政治经济学批判〉序言》的唯物史观公式如下。

①物质生活的生产方式是人类的最基本的生活和方式，制约着整个社会生活、政治生活和精神生产的历史过程。

②生产力与生产关系、经济基础与上层建筑构成了社会的基本矛盾运动。生产关系若不能适应生产力的发展，就变成生产力的桎梏，那时社会革命的时代就到来了。随着经济基础的变更，全部庞大的上层建筑也或慢或快地发生变革。

③不是人们的意识决定人们的社会存在，而是人们的社会存在决定

人们的意识。

④无论哪一个社会形态，在它们所能容纳的全部生产力发挥出来以前，是决不会灭亡的；而新的更高的生产关系，在它存在的物质条件在旧社会的胎胞里成熟以前，是决不会出现的。

⑤资产阶级的生产关系是社会生产过程中的最后一个对抗形式；在资产阶级社会的胎胞里发展的生产力，同时又创造着解决这种对抗的物质条件。因此，人类社会的史前时期就以这种社会形态而告终。

唯物史观揭示了人类发展的一般规律，指明了社会发展的根本动因，社会发展的基本物质力量等，为无产阶级认识世界、改造世界提供了科学的宇宙观和方法论。

剩余价值。剩余价值是马克思学说的第二大"根柢"（今译"发现"），是马克思政治经济学的基石。马克思从司空见惯的商品出发，将物品价值、资本、利润、价格、劳动价值一层一层地剥离，说明劳动者创造的价值，小部分作为工资给了劳动者（即劳动力的价值），而创造的全部价值与劳动力价值的"差额"就是剩余价值。剩余价值是资产阶级在生产过程中将其劫去，通过流通过程实现的。"剩余价值的本质及作用固然已经包含在这货物之中，然必待将这货物卖给消费者，把这货物底价值变成市场价格，剩余价值变成货币归到资本家底荷包，这时剩余价值才算实现。"（陈独秀，1922）剩余价值深刻地揭示了资本主义生产方式的生产、交换、分配和消费的一切主要方面所呈现的规律，为无产阶级推翻资本主义制度的革命斗争提供了强大的思想武器。

阶级斗争理论。阶级斗争的理论是马克思主义的精髓。李大钊指出马克思主义理论体系由唯物史观、政治经济学和科学社会主义三大原理组成，它们之间密不可分，"而阶级斗争说恰如一条金线，把这三大原理从根本上联络起来"。（李大钊，1919）

正是马克思的以上两个伟大的"根柢"，使社会主义从空想变成了科学。

第二阶段是 1920 年 9 月~1922 年 6 月，为中国共产党有组织地传播阶段。形成这个阶段的主要原因有两个。一是中国共产党的成立。1920

年2月,陈独秀从北京到上海,《新青年》也随之南迁。陈独秀与宣传马克思主义最积极的上海《星期评论》《时事新报》等刊物同人商讨在中国建立无产阶级政党。6月中旬,陈独秀、李汉俊、施存统、俞秀松、陈公培等6人在上海法租界老渔阳里2号(今南昌路弄100弄2号)《新青年》编辑部成立了中共上海早期组织。他们立即将《新青年》变成党的刊物,使杂志的性质发生了根本性的变化,成为我国传播马克思主义的传媒旗舰。1921年中国共产党宣告成立后,《新青年》就顺理成章地成了中共中央的机关刊物。早期党组织还先后成立了新青年社、社会主义研究社、人民出版社等出版机构,出版了《共产党宣言》《社会主义史》《马格斯资本论入门》《阶级争斗》等一批马克思主义的书籍,在马克思主义贫瘠的中国大地上播撒了科学社会主义的种粒。

二是共产国际的代表来到中国,推动了中国共产党的创立与马克思主义的广泛传播。1920年3、4月,俄共(布)远东局海参崴分局外国处经共产国际领导批准,派遣全权代表魏金斯基来到中国,从此开通了苏共、共产国际与中国共产主义者联系的渠道。魏金斯基与陈独秀、李大钊商谈在中国建立无产阶级政党,确定了联系方式,带来了一批宣传苏俄和列宁主义的资料,并且提供了资金,促进了中共建党和马克思主义的传播。在他的资助下,中共早期组织建立了第一家印刷厂——又新印刷厂,印刷厂印刷的第一本书就是陈版的《共产党宣言》。

这一阶段开始的标志是1920年9月出版的《新青年》第8卷第1号,它作为党的第一个机关刊物,以崭新的面貌登上了舆论平台。

首先,《新青年》封面重新设计。封面图案仿照美国社会党的党徽,画面中心是一个地球,东西伸出的手紧紧相握,寓意了两层意思:一是无产阶级和革命知识分子相结合,二是东方人民与苏俄、西欧无产阶级紧密团结。其次,刊物以宣传苏俄革命与建设为主。杂志开辟"俄罗斯研究"专栏,发表文章3篇,第8卷2号发表3篇,3号7篇,4号13篇,5号5篇,6号4篇,9卷3号3篇,9卷6号1篇,共39篇。专栏的开辟成为传播主渠道由日本向苏俄位移开始的标志。最后,《新青年》第8卷第1号,发表《对于时局的我见》《谈政治》,公开宣布在中国成立了无产阶级政党——社会党（后改成中国共产党），公布了最初的政见。

这个阶段是一个过渡阶段，时间不长，到1922年7月中国共产党二大召开，马克思主义在中国传播便进入了一个新阶段。该阶段传播渠道发生了变化，苏俄渠道开始发生作用，但传播的语言不是俄文，而是英文，主要是通过苏俄政府在美国旧金山办的《俄罗斯研究》。此阶段传播队伍也发生了变化，国民党人士基本上退出了宣传队伍。

第三阶段是1922年7月～1927年7月，为传播列宁主义阶段。此阶段主要有以下几个特点。

第一，传播的重点，由马克思主义的一般原理转到列宁主义。著作集中反映传播的数量与质量。此阶段出版了《列宁经济学》《帝国主义浅说》等列宁主义的经典4本，占马克思列宁主义著作的6成。出版了近50本纪念列宁、宣传列宁主义的图书，如《列宁纪念册》（4本，北京、上海、湖南等地）、《列宁主义者的列宁》《列宁主义概论》《共产主义ABC》等，形成了传播列宁主义的高潮。

一般来讲，文章比著作更有广泛性、时效性，这一阶段发表了大量宣传列宁主义的文章，以《新青年》为例，从1923年6月《新青年》季刊第1期到1926年7月25日《新青年》第5期（终期）为止，共出9期，开辟了"共产国际号""列宁号"等专号，着力登载与介绍列宁著述与东方理论，共发表文章99篇，其中列宁经典著作、苏俄革命及共产国际的文章有46篇，占全部文章的46%；解读马克思主义的文章有12篇，占12%。

传播列宁主义的主要载体是中文译本，主要有两方面，一是列宁的经典文本，其中《帝国主义浅说》《第三国际议案及宣言》尤为重要。前者传播了列宁的帝国主义理论，后者传播了列宁的东方革命理论。二是列宁诠释的经典文本，其中《共产主义ABC》（1926）、《列宁主义概论》（1927）尤为重要。前者是苏俄著名政治活动家、理论家布哈林与普列奥布拉任斯基合作撰写的解读1919年3月俄共（布）第八次代表大会通过的第一个党纲的著作。这个党纲是列宁将马克思主义与苏俄革命和建设实践相结合的产物，是苏联共产党划时代的纲领性文献，由前言与党纲理论、党纲实践两部分组成，共5篇（章）。该书通俗易懂、言简意赅地诠释了共产主义运动的基本理论，深入浅出地解读了俄共战略与策略、行动纲领，成为解读马克思列宁主义的通俗读本。该书出版后，大受欢迎，先后被译成20多种语言。列宁称赞："我们已经有了一个党纲，普列奥布拉任斯基和布哈林两同志在一本篇幅不大但是极有价值的书中作了极好的解释。"（布哈林、普列奥布拉任斯基，1982：1）《共产主义ABC》中文本，出版1年就多次再版，印数达数万册，一时洛阳纸贵，成为大革命时期的畅销书，影响了一代共产党人与进步人士。65年后，邓小平深情地回忆道："我的入门老师是《共产党宣言》和《共产主义ABC》。"（邓小平，1993：382）

后者是斯大林于1924年4月初在斯维尔德洛夫大学，即斯维尔德洛夫工农共产主义大学的讲演整理而成的，有引言8章，是迄今为止对列宁主义最具权威的诠释文献。《列宁主义概论》中文本出版后，立即受到中国人民的热烈欢迎，正如一份广告介绍的那样："斯达林这本短小精悍的书，现在已被全世界公认论列宁主义最正确最得体的书了。读过了《共产主义ABC》之后，必须再读此书，然后对于无产阶级革命理论方能得一些简括的概念。书中民族问题一章，尤其是注意中国国民革命的人必须要读的。"（佚名，1927）它与《共产主义ABC》成为大革命时期传播马克思列宁主义的姊妹篇，彼此之间有着内在的紧密联系，《概论》"这是一部列宁主义言简而意赅的书，读过《共产主义ABC》后，必须读此书，对于世界共产主义之理论和实际才能有完全的概念；但亦必须读过《共产主义ABC》懂得若干原则和术语之后，读此书才能懂得这一部走遍全世界的著作"。（佚名，1927）

第二，传播的主渠道，由日本转向苏俄。首先，传播的母本是列宁主义，文本主要来自苏俄。其次，传播的主要语言由日文转成俄文。最后，传播的主体是苏俄的留学生。大革命时期，中共送往苏俄一批革命者，他们在苏联学校受到正规、系统的马克思列宁主义教育，回国后，成为了传播马克思列宁主义的主要力量，如瞿秋白、蒋光慈、彭述之、任弼时、郑超麟等，他们成了传播马克思列宁主义的主要媒体，如《新青年》《向导》《中国青年》等的主编、编辑、主要撰稿人。

第三，有选择地传播列宁主义，诞生了马克思主义理论中国化的第一个成果的指导思想。

列宁主义是帝国主义与无产阶级革命时代的马克思主义，是一个理论体系，中国共产党人根据中国革命的客观需要，选择性传播如下内容。

革命理论对革命行动的巨大指导作用。在早期传播中，列宁的"没有革命的理论，决不能有革命的运动"（瞿秋白，1923）成了一个热词。它深刻地揭示了马克思主义的本质属性。

首先，强调马克思主义的实质就是理论必须"应用到实际方面"。（寰澄，1925）列宁指出"革命的理论不是教条"，"革命理论要确立成立起来，必须与真正群众的和真正革命的运动之实际有密切的联系"。（斯大林，1927：22）革命理论如果离开群众活的斗争，就"变成了陈腐的信条"。（佚名，1927）但在革命实践中产生的理论十分重要，它一旦与群众运动相结合，就可以变成革命运动的"伟大的力量"。（斯大林，1927：29）只有在先进的理论指导下的无产阶级政党，"才能够执行其所负的前进战士的使命"。（斯大林，1927：29）

其次，强调马克思主义的时代性。马克思主义不是死板的信条，而是"一种活体"，随着时代的"发展而变化"。（布哈林，1927：3）列宁主义就是资本主义由商业资本时代、工业资本发展到垄断的资本时代的马克思主义。它不是马克思主义"单纯的复演"，而是新时代的马克思主义，是指导帝国主义与无产阶级革命时代的"指南针"。（布哈林，1927：27）

最后，强调马克思主义的民族性。列宁指出具体问题具体分析是马克思主义活的灵魂。"解决一切民族与殖民地问题，不以抽象的理论而以具体的实际现象作出发点——这对于无产阶级与共产国际非常重要。"（列宁，1924）

科学的帝国主义理论。资本主义在19世纪末就进入了帝国主义阶段，列宁根据马克思主义的基本原理，在前人对帝国主义理论的探索基础上，通过对资本主义发展成为帝国主义的新现象，进行深入的调查研究，创立了科学的帝国主义理论。基本内容为：帝国主义是资本主义发展的最高阶段，垄断代替了竞争，垄断是帝国主义的基本特征。①生产与资本高度集中，形成垄断。②银行资本与产业资本融合，形成金融寡头。③对外经济扩张由商品输出为主转为资本输入为主。"这样，金融资本就将罩着全地球了！"（列宁，1925：146）④资本主义列强对于世界领土之分割，完全终结。（李达，1926：第 16 章）⑤帝国主义的垄断本质，加剧了帝国主义之间的矛盾，使帝国主义国家的资产阶级与无产阶级、帝国主义国家之间，帝国主义与殖民地半殖民地国家之间的矛盾"发达到了极点"（斯大林，1927：5），帝国主义成了"垂死的资本主义"，是"社会主义革命之前夜"。（斯大林，1927：5，35）

民族与殖民地问题的理论。列宁的民族与殖民地理论是对马克思主义东方革命理论的重要贡献，也是列宁东方战略思想的核心内容，开拓了科学社会主义新境界。民族与殖民地理论最初是在共产国际二大上提出的，之后不断完善。①世界划分为被压迫民族和压迫民族，必须将其区别开来。②东方民族的解放运动属于资产阶级民主革命，是世界无产阶级革命总问题的一部分，必须在无产阶级政党领导下，其前途是非资本主义前途，即社会主义。③帝国主义国家的社会革命和殖民地半殖民地国家的民族革命，汇合起来成为整个的世界革命。帝国主义国家的无产阶级要同东方各殖民地乃至一切落后国家的农民革命运动结成紧密联盟；帝国主义国家的无产阶级要"赞助"东方弱小民族的民主革命；东方弱小民族是无产阶级革命的后备军，与帝国主义国家的无产阶级斗争一起，挖掘"资本主义基础"。（斯大林，1927：7）④殖民地半殖民地的无产阶级必须同占人口绝大多数的农民建立巩固的联盟，打倒帝国主义与封建阶级，土地革命是其主要内容。⑤殖民地半殖民地的无产阶级与资产阶级民主派实行暂时的合作，甚至结成联盟，但必须保持无产阶级政党的独立性。⑥共产国际在民族和殖民地问题上的全部政策，主要应该是使各民族和各国的无产者、劳动群众为共同命运而进行革命斗争、打倒地主和资产阶级，只有这样，才能保证战胜资本主义，消灭民族压迫和不平等。

马克思指出:"理论在一个国家实现的程度,总是决定于理论满足这个国家的需要的程度。"(马克思,2002:209)自鸦片战争以来,先进的中国人从西方引进各种先进理论和政治方案,都无法救亡图存,根本原因是没有掌握社会发展的规律、中国社会发展的规律和改造中国的根本物资力量。马克思主义的唯物史观与剩余价值,向中国人民提供了观察世界的科学宇宙观和方法论。但是,中国的社会不同于马克思主义原产地——发达的德国、英国,振兴中华的道路有其特殊性。特殊的国情需要"特殊"的马克思主义,去探索中国特殊革命的规律。列宁主义是帝国主义与无产阶级革命时代的马克思主义,特别是将马克思主义与落后的东方民族相结合,发展了马克思主义的东方革命理论,创立了民族与殖民地问题的理论,从而开拓了马克思主义的新境界,更接近中国特殊社会的实际,对中国特殊的革命具有直接的指导意义。正如瞿秋白指出的那样,"中国民众现时的反帝国主义斗争还只是初期的发展,还很幼稚,没有多大的经验"(瞿秋白,1927),需要马克思主义作指针。列宁主义就是当代马克思主义,列宁是无产阶级的组织者和领袖,是共产国际的缔造者,"是中国无产阶级及一般劳动民众的领袖和代表,他指导无产阶级一切经济的政治的斗争,使他们和国内一切革命力量和民治主义派联合,以实行共同的反帝国主义和反军阀的斗争,力争中国民族的解放"。(瞿秋白,1927)陈独秀指出:"马克思主义到了列宁,则更明了确定了,周密了,也扩大了。"他的民族殖民地的革命理论与中国目前的民族革命有关,"世界上一切被压迫的殖民地及被压迫的国家(即半殖民地),他们的民族运动,只有依照列宁这样伟大的周到的意见而行,才能够彻底的解决,才能够得着真正自由,这是一件最明白无疑的事"。(陈独秀,1925)后来,毛泽东也表示了同一意思:"在现时,毫无疑义,应该扩大共产主义的宣传,加紧马克思列宁主义的学习,没有这种宣传和学习,不但不能引导中国革命到将来的社会主义阶段上去,而且也不能指导现时的民主革命达到胜利。"(毛泽东,1991:706)

中国共产党人在此阶段,正是在列宁主义指导下,提炼出了具有中国特殊的民主革命理论——新民主主义革命理论,要正确判断中国特殊的半殖民地半封建的社会性质,确定中国民主革命的性质,分清敌我矛盾,与中国资产阶级民主派——中国国民党实现了第一次合作,进行了北伐战争。以上的基本思想后来被归纳为毛泽东思想萌芽标志,是马克思主义理论中国化的第一个成果。正如中国共产党第四次全国代表大会对于列宁逝世一周年纪念的宣言所言:中国革命需要科学的理论指导,列宁主义是中国人民"自己解放自己唯一的武器","消灭帝国主义和一切压迫阶级的唯一武器"。(中国共产党第四次全国代表大会,1925)

综上所述,以上三个阶段向度具有逻辑的连贯性,前一阶段向度是后一阶段向度的逻辑起点,后一阶段向度是前一阶段向度质的跨越,体现了早期传播与时俱进的品格,清晰地记录了早期传播由自发传播到有组织传播,再到"早期理论中国化"的历史演绎。

参考文献

[1]〔俄〕布哈宁、普列奥布拉任斯基:《共产主义 ABC》,生活·读书·新知三联书店,1982。

[2]〔俄〕布哈林:《马克思主义者的列宁》,新青年社,1927。

[3] 陈独秀:《马克思学说》,《新青年》,1922,9(6)。

[4] 陈独秀:《列宁主义与中国民族运动》,《新青年》,1925(1)。

[5]《邓小平文选》第 3 卷,人民出版社,1993。

[6] 寰澄:《列宁主义概述》,《武汉评论》,1925(37)。

[7] 李达:《现代社会学》,湖南现代丛书社,1926。

[8] 李大钊:《我的马克思主义观》,《新青年》,1919,6(6)。

[9]〔苏〕列宁:《民族与殖民地问题》,《新青年》,1924(4)。

[10]〔苏〕列宁:《帝国主义浅说》,中国经济研究会,1925。

[11]〔德〕马克思:《黑格尔法哲学批判导言》,载《马克思恩格斯全集》第 3 卷,人民出版社,2002。

[12]《毛泽东选集》第 2 卷,人民出版社,1991。

[13] 毛泽东:《中国共产党第七次全国代表大会的工作方针》,载《毛泽东在七大的报告和讲话集》,中央文献出版社,2000。

[14] 潘公展:《近代社会主义及其批评》,《东方杂志》,1921,18(4)。
[15] 瞿秋白:《列宁主义概论》,《新青年》,1923(1)。
[16] 瞿秋白:《列宁主义与中国的国民革命》,《向导》,1927(143)。
[17] 〔苏〕斯大林:《列宁主义概论》,新青年社,1927。
[18] 杨奎松:《李大钊与河上肇》,《党史研究》,1985(2)。
[19] 佚名:《〈列宁主义概论〉出版》,《向导》,1927(201)。
[20] 渊泉:《马克思的唯物史观》,《晨报》,1919年5月5日。
[21] 庄福龄:《中国马克思主义哲学传播史》,中国人民大学出版社,1988。
[22] 《中国共产党第四次大会对于列宁逝世一周年纪念宣言》,《向导》,1925(99)。

Research on the Spread of Marxism Based on the Dimension of Stages in the May 4th Movement Period

Tian Ziyu

Abstract: This paper divides the spread of Marxism in the May 4th Movement Period into three stages, which are respectively the stage of advanced intellectuals with spontaneous and conscious awareness, the stage of spreading the Communist Party of China in an organized way, and the stage of selectively spreading Leninism. These three stages vividly highlight the basic features, channels and contents of the early spread of Marxism. The three stages are coherent in logic, which is that the former stage is the logical start of the latter stage, and the latter stage is the transcendence in quality of the former stage. The three stages clearly record the historical process from conscious spread to organized spread, and from organized spread to the form of early Chinese Marxism.

Keywords: Marxism; The May 4th Movement Period; Spread; The Dimension of Stages

About the Author: Tian Ziyu (1946 –), Professor at School of Marxism in Hubei University, Part – time doctoral tutor in Central China Normal University and Nanjing Normal University, Distinguished Professor in Jiaxing University, Distinguished Researcher of the Compiling and Researching Center of "Ma Cang" in Peking University. Research interests and specialties: the history of the Communist Party of China, the communication history of Marxism, the regional history of modern Wuhan. Magnum opuses: *Hubei General History: The Republic of China*, *The History of the May 4th Movement in Wuhan*, *The Early Communication History of Marxism in China*, etc. E – mail: 3304427056@ qq. com.

海德格尔"座架"式技术观探究*

舒红跃**

【摘 要】 海德格尔对不同时期的技术有不同的看法：传统经验技术是"天地神人"四重奏的汇集，而现代技术，也就是科学技术则是一种不仅促逼着自然，而且也促逼着人的"座架"。海德格尔这一"座架"式技术观具有双重性：一方面，它看到了（现代）技术源于人类对自己的"主体性"的过度弘扬，以至于人征服和控制事物的欲望无限地膨胀；另一方面，这一技术观割裂了人和技术同属生活世界这一事实，没有看到技术与人类乃是一种命运共同体的"伴侣式"关系。

【关键词】 海德格尔 技术 "座驾" 生活世界

海德格尔晚期哲学与早期哲学之间有一个明显的转向：早期从此在（Dasein）的生存研究存在，晚期不再急不可待地从此在逼问存在，而是

---

* 本文为湖北省教育厅重大项目"从现象学走向生命哲学——技术哲学研究范式的转换"（16ZD018）。
** 舒红跃（1964～），博士，湖北大学哲学学院教授，湖北大学高等人文研究院研究员，研究方向为西方哲学、科学技术哲学。著有《技术与生活世界》等学术著作3部，在《哲学研究》《哲学动态》《自然辩证法研究》等杂志发表学术论文50余篇。电子邮箱：shuhongyue@ aliyun. com。

要着眼于存在本身，着眼于存在之真理的"自行发生"来运思，要听命于"存在之真理"的邀请和期待于"存在的召唤"。相应地，早期海德格尔从用具入手"逼问"和组建世界，晚期不再以用具来逼问和组建世界，而是着眼于世界和世界之中"天地神人"四重奏本身之真理的"自行发生"来思考。随着这一转向，技术取代存在，成为晚期海德格尔哲学研究的主要对象之一。

一 技术：从"天地神人"的聚集到"座架"[①]

"现象学还原"是海德格尔从胡塞尔那里继承而来的分析方法。借用这一方法，海德格尔早期面向的是"上手"的用具，晚期则是"物"。什么是物？"在切近中存在的东西，我们通常称之为物。"（孙周兴，1996：1167）称为物的东西是在我们所生活的世界中切近地存在着、切身地被给予我们的东西。海德格尔以壶为例。壶是一物。什么是壶？壶是一个器皿，是某种自立的东西。作为一个独立之物的自立，壶区别于一个对象。物之物性不在于它是被表象的对象，不能从对象性的角度来加以规定。"什么是物之物性呢？什么是物自身呢？"（孙周兴，1996：1168）壶是一个起容纳作用的作为器皿的物，这种器皿需要一种"置造"才成为器皿。然而，工匠带来的被置造状态并不构成壶之为壶所特有的东西。"壶之为器皿，并不是因为被置造出来了；相反，壶必须被置造出来，是因为它是这种器皿。"（孙周兴，1996：1168）壶之为器皿，并不是因为被置造出来。为什么？不是每件随随便便地被置造出来的东西都可以是"壶"。被置造出来的东西，只有在人们的生活世界之中具备壶的结构，特别是壶之为壶的功能—意向，它才具有"壶"这一器皿的物性。"壶必须被置造出来，是因为它是这种器皿"：壶之所以必

[①] "座架"（Ge‐stell）是海德格尔对德语"Gestell"（原意为框架、底座、骨架）一词的特定用法，以它来标识技术之本质，它最早出现在海德格尔《技术问题》的报告中。根据海德格尔后期的技术思想，所谓"座架"，就是把人"限定""框定"在技术的视野中，人们的思想和行为都受到技术，特别是现代科学技术的支配和控制。

须被置造出来，是因为在人们所生活的世界的某一具体情景之中，他们需要具有壶的功能的这样一种器皿，生活世界的某些因素要求或召唤壶之生成或"在世"。不仅是壶，不管哪一种人造物，只要它产生或"原促创"的条件在生活世界之中已经具备，也就是产生它的自然、社会、历史、文化、技术等各个方面的条件业已具备，这一人造物就必须被置造出来，并且不以生活世界哪一要素的意志为转移。因此我们赞同海德格尔的观点：壶之为壶，不仅在于置造，置造过程中所显示的外观或形状只是从一个角度标志出这把壶，把它作为有待置造者与制造者对立起来。

那么，究竟何为壶，或壶之为壶的本质到底何在？"柏拉图这位从外观方面来表象在场者之在场状态的思想家，并没有思考物之本质，亚里士多德以及所有后来的思想家亦然。"（孙周兴，1996：1168）单纯从外观上观察，只能感知壶与人并不相涉的形状和结构，仅把壶作为制造者所表象的有待置造的对象，没有考虑到壶作为一种在场者之在场状态中与人相牵涉的那些方面，即壶对于人所具有的意向或功能。海德格尔认为，对于壶，不应把它看作一种"对象"，而应看作一种"站出者"。作为"站出者"，在壶的全部本质中起支配作用的是一种双重的"站立"。一方面，是壶"源出于……"意义上的站出。壶之为壶，总是"源出于……"，总是在周围世界中有它本真的来源。离开这一本真的来源，壶无从产生，无从被置造，即使产生或被置造也无法存活。因此，壶最终的基础是它"源出于"的生活世界，是组成这一世界的自然、社会、历史、文化等各方面的因素。它不仅源出于人的欲望与需要，也源出于生活世界其他要素的意义或目的。另一方面，"站出的意思是被生产者站出来而站入已然在场的东西的无蔽状态之中"。（孙周兴，1996：1169）一旦被生产者生产或制造出来，就会"站入"已经在此的在场者之在场状态中，就会进入由先存在的各要素或存在者所组成的世界之中，就会与包括人在内的已经在场的各种存在者一起"共同在世"。人造物源出并归属于已经在场的东西的无蔽状态即生活世界。人造物不是单纯表象性的对象，而是与我们所生活的世界，与我们人类自身相关涉者。

壶是与我们自身相关涉者。壶与人的相关性表现在它作为一种容器而存在，能"容"，或具备"容"的功能或意向，乃"（容）器"之前提，不具备容（纳）的功能也就谈不上是什么器皿。能容则必有去容的"虚空"，"器皿的物性因素绝不在于它由以构成的材料，而在于有容纳作用的虚空"。（孙周兴，1996：1169）这个虚空不是一般的虚空，而是能容纳的、具有容纳功能的虚空。壶之虚空通过双重方式来容纳，一方面通过承受被注入的东西而容纳，另一方面通过保持它所承受的东西而容纳。对倾注的承受和保持共属一体，其统一性由倾倒来决定，壶之为壶就取决于这种倾倒。从壶里倾倒出来的东西就是"馈赠"。在倾注的馈赠中，器皿的容纳作用才得以成其本质。起容纳作用的虚空之本质聚集于馈赠中，馈赠的聚集则是赠品，"壶之壶性在倾注之赠品中成其本质"。（孙周兴，1996：1172）为什么海德格尔会得出"壶之壶性在倾注之赠品中成其本质"呢？海德格尔认为，在倾注之赠品中有大地与天空、诸神与终有一死者的聚集，倾注之赠品是大地与天空、诸神与终有一死者的聚集物。如果赠品是一种饮品，那么赠品之中有山泉，山泉之中有岩石，岩石之中有大地，大地之中有天空（的雨露），在赠品也就是壶之本质（亦即人造物的本质）中栖留、聚集着天空与大地。倾注之赠品是终有一死的人的饮料，也是奉献给不朽诸神的祭酒。在作为祭酒的倾注之赠品中，诸神以自己的方式逗留着。"在倾注之赠品中，同时逗留着大地与天空、诸神与终有一死者。"（孙周兴，1996：1173）在倾注之赠品中大地与天空、诸神与终有一死者聚集一堂。不仅壶之饮品，任何人造物所倾注之赠品中，大地与天空、诸神与终有一死者都是共属一体的，"它们先于一切在场者而出现，已经被卷入一个唯一的四重整体（Geviert）中了"。（孙周兴，1996：1173）"天地神人"所组成的"四重整体"也就是我们所说的生活世界。不管是"天地神人"还是它们所属的"四重整体"都先于一切在场者而出现，它们是一切在场者（人造物）和它们所倾注之赠品得以现身的基础与源泉。

"在赠品中被聚集起来的东西集自身于这样一回事，即在有所居有之际让四重整体栖留。"（孙周兴，1996：1174）赠品聚集着天地神人四重整体，成为四重整体的聚集物或栖留地。赠品不再是某个现成的东西的单纯坚持，而是大地与天空、诸神与终有一死者这四重整体的栖留与聚集。"这种多样化的质朴的聚集乃是壶的本质因素。"（孙周兴，1996：1174）壶之为壶，壶之本质就在于天地神人的多样化的质朴的聚集。壶不同于自然物。自然物虽在某种意义上也"聚集"天、地、神，但其中绝无"人"的因素，它们的存在与人的知识、意志、情感或欲望并无瓜葛，也就是说它们身上并没有人的"意向性"。而壶，或作为人造物的壶是如何产生的呢？"物物化……物化聚集……居有四重整体之际，物化聚集四重整体入于一个当下栖留的东西，即入于此一物彼一物。"（孙周兴，1996：1174）"物物化"：物（人造物）之生成，首先须物化或物象化，以一物的面目出现。"物化聚集"：物之物化聚集着天地神人四重整体。"居有四重整体"就是对天地神人四重整体的"居有"、占有或聚集。通过这一聚集，物化活动将天地神人"入于"一个当下栖留的、在人们生活世界中当下存在着的东西（人造物）身上。生活世界中各种各样的人造物都是这样通过"物化""聚集"或"居有四重整体之际"而生成和产生的。"物物化……物化之际，物居留大地和天空，诸神和终有一死者；居留之际，物使在它们的远中的四方相互趋近。"（孙周兴，1996：1178）人造物通过物（象）化而成，在其形成之际聚集和居留着天地神人四因素，让原本各居一方、在各自轨道上运行的天地神人在自己身上汇集或聚拢在一起。

"壶是一物，因为它物化。从这种物之物化……出发，壶这种在场者的在场才首先得以自行发生并且得以自行规定。"（孙周兴，1996：1178）壶之为壶，壶之所以是一种人造物，因为它"物化"，它把天地神人和它们之间的相互关系在一"物"身上具体化、物象化。只有通过天地神人以及它们之间相互关系在一"物"上具体化、物象化，壶这种在场者的在场或生成才得以规定。问题是：壶这种在场者的在场能否"自行"规定？"壶这种在场者的在场"，就是壶与天地神人四重整体的关系在壶身上得以物化，就是通过壶倾注的馈赠来显现、聚集壶与天地神人四重整体的关系。海德格尔认为壶（或壶倾注的馈赠）与天地神人四重整体的关系是自行显示着的，天地神人四重整体自行来到壶身上，壶之在场是一种"自行规定"。从这一论述中可以看出，在海德格尔那里，不仅在现代技术中人是被动的——现代技术的本质在"座架"之中，人听命于"座架"而"座架"却"促逼"人；即使在经验技术中，人对人造物的形成或在场也无能为力。壶之为壶，或壶之物化，壶这种在场者的在场，都是与人无关地自行规定、自我显示的。"人类行为唯作为一种命运性的行为才是历史性的"（孙周兴，1996：942），人只能听从命运的安排，让存在者自我显示。"物之为物并非通过人的所作所为而到来。不过，若没有终有一死的人的留神关注，物之为物也不会到来。"（孙周兴，1996：1182）在海德格尔看来，物之为物或壶之为壶虽然需要人的留神或关注，但是物之为物并不需要通过、凭借或依靠人的行为，它对人的行为仅仅只是借用或利用而已。人不过是物之为物借用的一个演员。在物之为物的过程中，人是演员，命运才是背后的导演或操作者。

"大地和天空、诸神和终有一死者，这四方从自身而来统一起来，出于统一的四重整体的纯一性而共属一体。"（孙周兴，1996：1179~1180）天地人神四方在海德格尔眼中是我们所居留世界中最有代表性的四种要素，这四种要素相互关联、相互缠绕、相互映照，组成一个"统一"而又"纯正"的整体。四方中每一方都以自己的方式映射着其余三方的现身和出场方式。"以这种居有着-照亮着的方式映射之际，四方中的每一方都与其它各方相互游戏。"（孙周兴，1996：1180）四方中的每一方与其他各方相互游戏、相互信赖，天地神人没有哪一因素会"固执己见"而与其他因素隔绝开来，每一方都会为进入四重整体的"纯一性"而失去独特的本己。"天、地、神、人之纯一性的居有着的映射游戏，我们称之为世界（Welt）。"（孙周兴，1996：1180）我们所居留的世界通过世界化而成其本质，而世界化是通过天地神人的居有着的映射游戏形成的。世界之世界化，不能通过逻辑的或理性的因素来说明，不能通过原因和根据之类的东西来说明，只能通过天地神人之间的相互关联、相互映射、相互牵涉而完成。海德格尔认为，一旦把世界、统一的四方表象为个别的现实之物，即可以从逻辑上相互论证和说明之物，活生生的世界就被阉割和扼杀了。

就这样，海德格尔一步步把物（技术）之本质追问到了由天地神人所组成的世界或"四重整体"。他认为，如果我们让物化中的物从世界化的世界而来成其本质，那么我们就可以思及物之为物了。这就是说，只有当我们认识到物象化的人造物的本质不是来自现成的存在者，而是来自天地人神四重整体世界化时所生成的生活世界，我们才思及物之为物，才为物之为物所召唤。"如果我们思物之为物，我们就保护了物之本质，使之进入它由以现身出场的那个领域之中。物化乃是世界之近化。"一旦思及物之为物在于生活世界和组成生活世界的"四重整体"，我们就思及并保护了（人造）物之本质，让（人造）物不受扭曲地、全面而又本真地现身和生成于生活世界，逗留和归宿于生活世界。

"物化乃是世界之近化。"世界就是生活世界，世界的近化就是生活世界的近化，"物是从世界之映射游戏的环化中生成、发生的"。（孙周兴，1996：1183）物生成、发生于生活世界中天地人神映射游戏的"环化"。只有当生活世界作为世界而世界化，壶之类的人造物才能在天地神人映射游戏的环化中生成和发生。生活世界中天地人神的映射游戏乃是一切人造物生成和发生的本真源泉。"唯有作为终有一死者的人才栖居着通达作为世界的世界。唯从世界中结合自身者，终成一物。"（孙周兴，1996：1183）只有人才能栖居并通达作为世界的（生活）世界，唯有从（生活）世界中结合自身，人造物才能称其为人造物。（人造）物是从生活世界天地神人诸要素的映射游戏中聚集而成、环化而生的。除此之外我们无以理解人造物之物性。

不仅壶生成于天地神人四要素关联游戏映射而成的（生活）世界，是天地神人四要素映射游戏的产物，其他技术人造物亦如此。以桥为例，海德格尔解释了作为一种制造活动的"筑"是如何生成和发生于由天地神人所构成的生活世界中的。桥飞架于河流之上。在桥的横越中，河岸才作为河岸出现，桥让河岸相互贯通。桥与河岸一道，总是把一种又一种广阔的后方河岸风景带向河流。桥使河流、河岸和陆地进入相互的近邻关系中。桥把大地聚集为河流四周的风景，让河流自行其道，同时也为终有一死的人提供了道路。桥飞架于河流和峡谷之上，终有一死的人总是把自己带到诸神的美妙面前。桥以其特有的方式把天地神人聚集于自身。"桥是独具方式的一物；因为它以那种为四重整体提供一个场所的方式聚集着四重整体。"（孙周兴，1996：1196~1197）桥是一物，是一种技术人造物，是一种既具有自己独特的结构与外观，又具有独特的功能与意向的人造物。桥通过自己被赋予的独特的意向聚集着生活世界，聚集着生活世界四重整体，并以自己的存在或在场为四重整体提供一个聚集或游戏的场所。

海德格尔曾经引用过一位诗人的一封信："对我们祖父母而言，一所'房子'，一口'井'，一座他们熟悉的塔，甚至他们自己的衣服，他们的大衣，都还是无限宝贵，无限可亲的；几乎每一事物，都还是他们在其中发现人性的东西和加进人性的东西的容器。"（孙周兴，1996：430~431）海德格尔试图把事物——主要是经验技术制作和生产的人造物——看作世界的会集地，看作盛装天地神人的"容器"。在他看来，传统意义上的事物在含义上总是一种"多于"，它们比单纯分离的个别事实更多。只要经过认真的反思，我们就会发现一个个表面上看似孤立和分离的事物其实都有这样或那样的"意向性"，与生活世界和组成这一世界的诸要素有这样或那样的关联。

"向自身之外进行指点，与别的东西建立联系，这属于事物的本质。"（绍伊博尔德，1993：92）人造物并非首先是单纯的事实性的东西，然后再体现与天地神人的联系，而是更多的存在与关联从其产生时起就属于它，就聚集或物化在它身上。与生活世界诸因素的关联构成了技术的本质。在海德格尔看来，现代技术不是不与（生活）世界发生关联——世上并不存在与生活世界没有关系的技术，而是试图尽可能少地与生活世界发生关联，尽可能只与生活世界对人有利和有效的东西发生关联。既是由于市场化和商业化的驱使，也是由于自身的特点，现代技术对生活世界中的各种存在进行限制、降格和缩减，试图把它们变成只是对人有用的材料和能源。技术（人造物）本质上是天地神人的"会集地"，是生活世界各因素相互关系的"联结点"，是一种相对于特定时空中的人造物的"多于"，可现代技术的倾向是对事物进行限制、降格和缩减，最后只剩一个未知的"X"。

二 现代技术的特点与对待现代技术的态度

以人造物的形式表现出来的技术是"天地神人"四重整体的聚集，已经形成的技术又可以置于人和事物之间，成为人作用于事物的一种手段。海德格尔认为，处于人和事物之间的技术不仅是一种单纯的手段，它属于事物和世界的构造，是事物和世界的展现和解蔽，是作为隐蔽状态的真理。"使用新的手段……也要求……与事物有一种不同的关系，随着手段的更换……也产生了人与自然的关系的变化。"（绍伊博尔德，1993：15）手段的意义不在于它单纯的中介性，手段对与它发生关系的事物并不持中立的态度。被置于人与事物之间的手段本身属于人与事物的关系，手段的更换必然导致人与事物之间一种新型关系的产生。比如印第安人拒绝使用钢犁，因为在他们眼中，钢犁的使用表明人与大地、自然甚至整个世界的关系发生了根本性的改变。用一台大马力的拖拉机耕种土地和用自己或动物的体力耕种土地，这是两种不同的对待大地的方式。"靠参与决定人与世界的关系，技术（就一般技术而言）参与到现实的建立中。"（绍伊博尔德，1993：16）技术不仅是一种手段，它还是一种展现的方式，它展现现实，给予我们存在者的未隐蔽状态，是原始意义上的真理。

海德格尔认为，只要我们注意到这一点，技术本质的一个完全不同的领域就会向我们打开——这是一个全新的领域，是展现的领域，是真理的领域。有什么样的技术，就有什么样的自然，就有什么样的天地神人，就有什么样的（生活）世界。"现实决不是某种单轨的、固定的、绝对的东西，永远一定的东西，而是不同地自身显示着和构造着或——如海德格尔所说——展现着。而在这展现的过程中，手段和目的的设置并没有超然于人们称作现实物的那种东西，而是本身参与到这现实的构造中，本身展现、本身参与规定事物的存在，因此远非单纯的手段。"（绍伊博尔德，1993：17）世界中的事物是不断变化和发展着的，是不同的自身显示、构造或展现着的。手段和目的的设置本身参与到现实事物的构造中，本身展现、参与规定着事物的存在。一种人造物，一旦被原创，它就不是单纯的手段，而是对生活世界和生活世界各要素的存在起着构造和组建作用。不能把机器或器具看作现代技术的本质，否则就受了表面上赫赫有名的东西的欺骗。必须在事物的构造和组建之中寻找新的和转折性的东西。在现代技术中隐藏着的力量决定了技术的本质，也决定了人与存在者的关系。

今天的食品技术人员不同于传统的农民。在经验技术中，需要养育和照顾的动植物被看作某种独立的东西，它们的存在在意义上总是多于只靠技术生产所决定的东西。现代技术中这种"更多"的意义和视野都被切割掉了，只剩下一堆由技术劳动随意处置的材料。"在新时代以前的历史中，技术参与现实构造是与展现的其他方式（宗教等）相联系的，而在新时代中，技术成为普遍的、对人与自然和世界的关系加以规定的力量。"（绍伊博尔德，1993：19~20）海德格尔认为，直到新时代，技术的本质才开始展现为全体存在者的真理的命运，而在以前，技术分散的现象和企图还始终交织在文化和文明的广泛领域中。现时代的事物构造就本质而言完全是从技术生产出发的，事物不像在新时代以前那样还有其他的构造视野。

为什么会出现这种现象呢？海德格尔认为，在经验技术中，人只是众多存在者中的一个；在现代技术中，人成了一切存在者的创造者和主人。"决定性的事情并非人摆脱以往的束缚而成为自己，而是在人成为主体（Subjekt）之际人的本质发生了根本变化……如果人成了第一性的和真正的一般主体，那就意味着：人成为那种存在者，一切存在者以其存在方式和真理方式把自身建立在这种存在者之上。人成为存在者本身的关系中心。"（海德格尔，2004：89）这一切之所以成为可能，是因为对整个存在者的理解发生了变化。在经验技术时期，"主体"意味着构成存在者基础的东西，它在一切偶然和外在的变化中坚持不变，并把事物作为某一具体的事物来构造，因此"主体"一词可以用于任何存在者：人是主体，鸟、鱼是主体，花、草是主体，板凳、桌子同样是主体。

但在新时代或者说技术的时代，主体只适用于人的存在，人对自身和自然的理解出现了决定性的变化。在新时代，人获悉自己已从自然的存在秩序中超拔出来，在某种程度上成为唯一坚持到底的主体，成为一切存在者存在的基础和依据。随着人的主体性的弘扬和膨胀，一切存在者从与主体的对象化中得到自己的地位，成为主体单纯的对象，因而失去了自己的独立性和自为存在。人类在其他存在者面前得到了优等的地位，他不再把自己看作众多存在者中的一个，也不再把自己看作"天地神人"诸要素之中的一员，而是把自己看作与其他"客体"相对的"主体"。在经验技术时期，虽然人类把自己看作最高的存在者和万物之王，但他们毕竟包括在存在的整体中，是"四重整体"中的一员，知道自己与世界中的其他因素交织或纠缠在一起，属于"天地神人"所组成的四重整体。在现代技术中，人成了唯一的具有主体性的存在者，这一存在者对其他一切存在者具有独一无二的统治力量和支配力量。在海德格尔看来这是现代技术与经验技术最根本的区别，结果是现代技术突出"天地神人"中"人"的因素而忽视或轻视"天地神"，或者说此在成了主体而"天地神人（他人）"成了客体。

"座架"之发生源于对人的"主体性"的过度弘扬，以至于人们征服和控制事物的欲望无限膨胀，成为人生中主要甚至唯一的目标。主体性的弘扬与人本主义所提倡的启蒙运动有莫大的关联。人本主义提倡的启蒙运动对于人类生活具有两面性：一方面丰富和发展了人类与理性有关的物质和文化生活，另一方面忽视和贬低了人类其他方面如感性和传统的生活方式，用一种单向度的生活方式取代了多维度的生活方式。人类应该采用什么样的技术——某一方面高度发达而其余方面萎缩的单向度技术还是全面协调发展的多向度技术——这最终取决于一个价值问题：人类应该过一种什么样的生活，某一或某些方面高度发展而其他方面矮化的生活，还是人类所有方面都得到充分发展的生活。在马克思看来，人只能是全面发展的人，技术应该聚集或组建生活世界各个要素而不是其中个别或少数要素。技术是对世界的展现和解蔽，但它只是生活世界众多展现和解蔽方式的一种。解决技术问题的最终出发点是热爱生活，热爱一种可持续发展的、内容全面而又丰富和深刻的生活。

海德格尔试图克服技术的"座架"性质。"如果人注意到在现代技术中居统治地位的未隐蔽状态归因于一种提供,而并不是永远自在地存在的事实情况,那么,他在某种意义上已经超出了技术预定和强求的直接性;他注意到限定不能是唯一的展现方式,它正像它会生成一样,将来也会消失,并让位给另一种未隐蔽状态。"(绍伊博尔德,1993:187)作为"座架"的技术并不是一种永远自在地存在的事实情况,它在生活世界之中也有一个原促创的过程。生活世界是人们的一切活动,当然也包括技术活动的源头。作为人们一切活动的源头,生活世界不是一种固定不变的状态,而是一个变动不居、日新月异的过程。凡是在生活世界之中产生的事物都有它存在的时间段,也就是说凡是在生活世界中产生的未隐蔽状态最终都会重新归隐于无蔽状态。"座架"作为对世界的一种解蔽方式,就像它会产生一样,将来也会消失并让位给其他未隐蔽状态。如果人们能够考虑到自身并不是那种仅投身于预定持存物并总是只对存在者加以清算和加工的人,而是这样的人——参与世界的展现、守卫和看护世界的每一个因素,居于世界的无蔽状态和隐蔽状态之上的人,技术才能成为生活世界全面和丰富的技术,才能与生活世界保持一种密切而又本真的关系。

那么,如何克服现代技术的"座架"性呢?"我们可以利用技术对象,却在所有切合实际的利用的同时,保留自身独立于技术对象的位置,我们时刻可以摆脱它们……我们同时也可以让这些对象栖息于自身,作为某种无关乎我们的内心和本真的东西。我们可以对技术对象的必要利用说'是';我们同时也可以说'不',因为我们拒斥其对我们的独断的要求,以及对我们的生命本质的压迫、扰乱和荒芜。"(孙周兴,1996:1239)海德格尔的想法很美妙:既切合实际地利用技术(甚至只是技术的"好处"),又与它们保持适当的或足够的距离以便让我们随时可以摆脱它们。问题在于,当利用技术的时候,我们是否还有机会做到真正地独立于技术呢?对技术确有恰当的利用与不恰当的利用,问题是一旦涉及对技术的制造和利用,我们就再也不能保留自身独立于技术对象的位置了，再也不能（更别说随时）"摆脱"它们了：既是因为技术已经把我们人类自身聚集甚至"凝固"在它们自身之上，也是因为技术已经成了我们自身无法摆脱的无机的身体。如果承认人是一种制造和使用工具的动物，那么，人之所以能够摆脱自然界而成为文明人，之所以能够成为一种在生活世界去在的存在者，就是因为我们能够发明、制造和使用技术人造物。只要技术是物化为人造物的技术，人能够在世界中生存和发展就是因为他们能使用在生活世界中已经在此的人造物并不断创造各种新的人造物。因此，海德格尔的技术不是我们物化为人造物的技术，而是他所说的狭义的表象和计算的技术。但是，即使是这样一种技术，我们又能否可以摆脱它们，让它们栖息于自身，作为某种无关乎我们的内心和本真的东西呢？这个问题只有回到生活世界才能回答。所有技术，包括表象和计算的技术，都是在生活世界中生成的，它们一旦产生就成为生活世界一个内在而非外在的部分。人能否既利用技术，又保留自身的独立性，涉及已是生活世界一个内在部分的表象和计算的技术与生活世界和在生活世界中生存的此在的关系，涉及这些表象和计算的技术在生活世界中世界化的程度和在我们"人性"中人性化的程度。如果这些技术已成为我们生活世界和"人性"不可或缺的一部分，我们就不可能让这些对象栖息于自身，作为某种无关乎我们内心和本真的东西——因为它们已经成为我们的内心和本真的东西的有机组成部分。对这些技术说"不"，也就是对我们自己本真的生活和人性说"不"。相反，如果这些技术聚集的是生活世界与人类生存、发展关系不大或无关紧要的东西，这些技术在人类生活之中处于一个可有可无的位置，那么人类确实可以拒绝这些技术，对这些技术说"不"。问题是相当多的现代技术已经成为当今人类生存与发展必不可少的基础设施（如各种现代化的交通工具和能源设施），对于这些技术我们是不能轻易地说"不"的。与我们对技术说"是"、说"不"的标准不同，海德格尔根据人的"内心和本真"来决定对技术的取舍，人的内心和本真成了技术在生活世界能否产生和产生以后能否继续存在的标准和根据。在海德格尔那里，技术对于人是一种根据人的内心和本真来判断的、人们随时可以摆脱的、非内心和非本真的外在的东西。海德格尔是不承认人是一种制造和使用工具的动物这一观点的。在他眼中，能够聚集天地神人的是壶、桥、鞋子这些经验技术中的人造物，相反，计算和表象的现代技术不是聚集天地神人，而是促逼或遮蔽它们。尽管海德格尔并不"反对""拒绝"现代技术，但在他看来，现代技术是非人性的，是某种无关乎我们内心和本真的东西。

海德格尔认为，如果能够同时对技术说"是"与"不"，我们就可以用一种泰然处之的态度对待技术。"我们对技术世界的关系会以一种奇妙的方式变得简单而安宁。我们让技术对象进入我们的日常世界，同时又让它出去，就是说，让它们作为物而栖息于自身之中；这种物不是什么绝对的东西，相反，它本身依赖于更高的东西。"（孙周兴，1996：1239）尽管海德格尔通过泰然处之的态度所提出的对待技术的方式十分美妙，也令人十分向往，但这一态度存在着难以克服的逻辑矛盾。第一，我们让技术对象进入日常世界，成为我们生活世界的一部分，同时又"让它出去"。但是，让它从哪里出去？出去之后又居于何处？技术只能从它原来所进来并逗留的地方出去，这一地方就是生活世界。技术从生活世界出去之后，它只能"居住"在生活世界之外，那么，它居住在生活世界之外的什么地方呢？第二，技术对象作为物而栖息于"自身之中"，这个"自身之中"是技术对象从生活世界出来之后的地方，是在日常世界之外的地方。但是有没有在生活世界之外的、仅仅栖息于自身的技术人造物呢？这样的东西是人造物还是自然物？第三，技术对象作为物而栖息于"自身"之中——当技术对象从生活世界出来之后，它们就不是栖居于生活世界之中而是栖息于"自身"之中。在生活世界之中它们可以聚集天地神人，在生活世界之外，也就是在它们"自身"之中，它们就不能聚集生活世界，成了一个与生活世界无关的"世外"之物。但有没有一种既与生活世界无关，但又可以叫作"技术"的东西？第四，这个"自身之中"的"自身"是什么意思？在海德格尔看来，这种自身是"物"的自身，是"某种无关乎我们的内心和本真的东西"，也就是物与人无关的可以计算和表象的外观、形状和结构。这种物"不是什么绝对的东西"，它不是自足的，相反，"它本身依赖于更高的东西",它的生成需要生活世界天地神人的聚集,存在于(生活)世界之中的天地神人是比"物"更高的东西。然而,尽管天地神人比物更高,是物背后所隐藏着的东西,可是它们只有通过在(人造)物身上的聚集才能在世或显现。离开在人造物身上的聚集和显现,天地神人就成了高高在上的和虚无缥缈的东西。

"对于我们所有人,技术世界的装置、设备和机械如今是不可缺少的,一些人需要得多些,另一些人需要得少些。盲目抵制技术世界是愚蠢的。将欲技术世界诅咒为魔鬼是缺少远见的。我们不得不依赖于种种技术对象;它们甚至促使我们不断作出精益求精的改进。而不知不觉地,我们竟如此牢固地嵌入了技术对象,以至于我们为技术对象所奴役了。"(孙周兴,1996:1238~1239)虽然海德格尔认为抵制技术是愚蠢的,诅咒技术是缺乏远见的,但他仍然得出了人类会被技术奴役的结论。尽管海德格尔表面上并不反对技术(现代技术),但他骨子里对现代技术的评价是消极和负面的。同海德格尔相同的是,我们也反对诅咒技术,技术不仅不是魔鬼,任何技术——不仅包括"善"的技术,而且也包括"恶"的技术——都是我们生活世界的必要组成部分,也是我们生命的一部分。抵制技术就是抵制生活,就是抵制自己的生命。作为制造和使用工具的动物,放弃手中的工具也就是放弃我们自己的生命,只有依赖于这些工具我们才有可能在这个世界上生存下去。伴随着技术的不断创新与发展,人类的命运越来越与技术捆绑在一起,海德格尔由此得出的结论是人类为技术对象所奴役。对这一结论,我们不敢苟同。人依赖技术、离不开技术、嵌入技术之中只是人与技术相互关系的一个方面,人与技术相互关系的另一个方面是技术的产生与发展同样依赖于人、离不开人、嵌入人的生活和生命之中。人与技术之间不仅不是一种奴役与被奴役的关系,而且是一种双向的依赖,乃至属于一种"共生""共荣"的命运共同体的"伴侣式"关系。

参考文献

[1]〔德〕海德格尔:《林中路》(修订本),孙周兴译,上海译文出版社,2004。

[2]〔德〕冈特·绍伊博尔德:《海德格尔分析新时代的技术》,宋祖良译,中国社会科学出版社,1993。

[3] 孙周兴:《海德格尔选集》,上海三联书店,1996。

Research on Heidegger's "Ges – tell" Technical View

Shu Hongyue

Abstract: Heidegger has different views towards technology in different periods. The traditional empirical technology is the collection of the quartet of "Heaven, Earth, God and Man". However, the modern technology is scientific technology, which is the "Ges – tell" not only forcing the nature, but also forcing the mankind. Heidegger's "Ges – tell" view of technology has a duality: on the one hand, it understands that (modern) technology stems from the overgrowth of the "subjectivity" of mankind, so that human beings' desire to conquer and control things is infinitely expanded; on the other hand, this view of technology separates the fact that human beings and technology belong to the same life – world, failing to see the "companion" relationship between technology and mankind which both are inseparable parts of a community of shared destiny.

Keywords: Heidegger; Technology; "Ges – tell"; Life – world

About the Author: Shu Hongyue (1964 –), Ph. D., Professor at School of Philosophy in Hubei University, Researcher at the Institute for Advanced Studies in Humanities in Hubei University. Research interests and specialties: western philosophy, philosophy of science and technology. Magnum opuses: *technology and life – world*, etc. More than 50 academic papers have been published in "Philosophical Researches", "Studies in Dialectics of Nature", etc. E – mail: shuhongyue@ aliyun. com.

汉字文化圈中的日本汉诗诞生
——以《怀风藻》的"明德"与"天真"为例

〔日〕海村惟一

海村佳惟　译*

【摘　要】 本文从汉字文化圈的视角考察《怀风藻》如何受容中国古典文学而建构日本文化的精华:"汉字文化的自觉"。

【关键词】《怀风藻》　日本汉诗　受容　诗语

绪　言

列岛（日本）是处于汉字文化圈最东面大海之上的孤岛,隔绝于大陆以及半岛。公元 57 年随着东汉光武帝所赐"金印：汉委奴国王"进入日本列岛,汉字也随之进入,这是一个实证性的文献和出土文物互相印证的史实。[①] 在此之后,日本列岛经历了 543 年的无文字记录的社会。

---

* 海村惟一（1956～）,博士,日本福冈国际大学国际关系学院院长、教授。研究方向为东亚汉学史,著有《日藏唐代汉字抄本字形表》《阳明学与东亚文化》等。电子邮箱：amamura1213@gmail.com。
海村佳惟（1984～）,文学博士,华东师范大学中国文字研究与应用中心博士后。研究方向为日中比较文化学、日本汉字、东亚汉学。电子邮箱：am_dct_pooh_28@msn.com。

① 《后汉书·东夷列传》："建武中元二年,倭奴国奉贡朝贺,使人自称大夫,倭国之极南界也。光武赐以印绶。"光武赐倭奴国国王的印绶,竟隔了 1727 年在与"倭奴国"隔海湾相望的志贺岛出土。综合诸先行研究的结果,我们可以得到这样的信息：1784 年 4 月 12 日由一位农民偶然在水稻田里发现,由福冈藩儒学者龟井南冥通过《后汉书·东夷列传》等文献的考证,并做《金印辩》,实证出土金印乃光武所赐之金印,并于 1931 年被指定为国宝。

(工藤隆，2012：6）圣德太子（574～593①～622）摄政之后便着手外交方针的转换，于600年首次遣使于隋②，所吸取的中国大陆文化的精华均凝聚在604年策定的《宪法十七条》（汉字894字）里，并结束了列岛没有文字管理社会的历史，开始进入了使用汉字来管理列岛政治的时代。

630年首次遣使于唐，至702年已经派遣了8次，在此基础上，712年完成的《古事记》是日本首部用汉字记载岛国的人文精神的史书（工藤隆，2012：3），标志着日本开始进入了使用汉字记载和叙述列岛历史的时代。

在第12次派遣遣唐使的前一年，751年编成的《怀风藻》[64位诗人，120（现存116）首汉诗]是日本首部汉诗集，标志着日本开始进入了使用汉字言说列岛志向的时代。《怀风藻》就是日本首部列岛文学扬弃半岛文学、大陆文学的结晶。本研究尝试从汉字文化圈的视角和文学扬弃的自觉性角度，尽量采用或更新关于这方面的最前沿的研究成果，实证和精解《怀风藻》如何扬弃中国古典文学，同时考察7～8世纪通过"遣隋使、遣唐使"的"使者、书籍、物流"等的体感、交流、对话所产生的大陆（中华）文化的人文精神对列岛（日本）文化的人文精神的影响。

一　《怀风藻》的诞生

关于《怀风藻》（751）诞生的原因，中国学者认为："和铜三年（710年），元明天皇下令从藤原京迁都平城京，日本由此进入奈良时代。平城京仿照唐都长安营构布局，虽然规模要小得多，但上至制度、思想、

---

① 圣德太子从593年起开始摄政。
② 关于600年的遣隋使的记载，《隋书》有而《日本书纪》没有。《隋书·倭国传》："开皇二十年，倭王姓阿每，字多利思比孤，号阿辈鸡弥，遣使诣阙。上令所司访其风俗。使者言倭王以天为兄，以日为弟，天未明时出听政，跏趺坐，日出便停理务，云委我弟。高祖曰：'此太无义理。'于是训令改之。"

宗教、文学、艺术，下迄服饰、节庆、饮食、建筑、习俗，无不受到唐风熏染，以致享有'小长安'之美誉。奈良时代依托飞鸟时代构建的律令制度基架，如饥似渴地吸纳唐朝的先进文化，在不到100年的时间里，奇迹般地营造出辉煌灿烂的古典文明景观。与古坟时代相比，日本不再以武力在朝鲜半岛逞强，而是在文明开化的程度上与邻国较劲。和睦的国际关系及良好的竞争心态，使日本的文明进程出现又一次飞跃。"①

我认为此说言之有理，至少言中了一半，即"和睦的国际关系及良好的竞争心态，使日本的文明进程出现又一次飞跃"。圣德太子自593年摄政起便调整了外交政策，在600~615年的15年里就派了5次遣隋使赴大陆吸取文化养料；630~894年派遣唐使20次，每次船只少则一二艘，多则四艘，由船帆作为动力减少了航海的危险，提高了航速。航路有北路、中路、南路。894年第20次的遣唐大使菅原道真建议废止遣唐使。在这近300年约25次遣使亲身经历的考察对话中，日本不仅身体力行来直接性地进行空间感悟，而且还从经典文物来间接性地进行时间受容，大陆文化以及人文精神由此被融化到列岛文化以及人文精神里。以汉字言说列岛志向的《怀风藻》的诞生，正是这近150年的直接性的"使者、书籍、物流"的文明对话的结晶，也是"又一次飞跃"所带来的成果。

二 关于《怀风藻》

关于《怀风藻》书名的来源，作者在序里说得很清楚："余撰此文意者，为将不忘先哲遗风，故以'怀风'名之云尔。"小岛宪之对"怀风"和"藻"做了常识性的解说，认为"怀风"来自初唐王勃（650~676）《夏日宴宋五官宅观画幛序》："佩引琅玕，讵动怀风之韵。""藻"来自《文选》（李善注）所载陆士衡（261~303）《文赋》孔安国注：

---

① 参见王勇《日本文化——模仿与创新的轨迹》，第六章"奈良文化"中"总说"部分，高等教育出版社，2001。

"藻，水草之有文者，故以喻文焉。"并认为这两者的结合便是书名。经小岛宪之考证《×××藻》的诗集名在中唐以前的中国是没有的，故推测是模仿石上乙麻吕的《衔悲藻》而命名《怀风藻》的（小岛宪之，1964：6），赞同此说的学者很多。[①]

关于《怀风藻》编者的"余"究竟是谁，众说纷纭，至少有 4 种。其中认为编者是淡海三船（722～785）的学者为最多。然而，小岛宪之认为是"一位比较容易收集得到长屋王诗苑的诗作群的官员"。（小岛宪之，1964：11）更有学者认为这位《怀风藻》编者的态度是现实韬晦，即无视东大寺大佛即将开眼的佛教隆盛的时代气息而只顾追思"先哲遗风"的态度。（辰巳正明，2012：12）凭此而言，虽然编者具体是谁还不清楚，但是其轮廓开始清晰了。笔者认为编者的"现实韬晦"正是他不愿意暴露真实姓名的原因。

三 《怀风藻·序》的扬弃

先行研究对《怀风藻·序》做了详尽的考释，并一一做了出典的调查。（辰巳正明，2012：31～37）此节在先行研究的基础上对《怀风藻·序》扬弃大陆古典文学的主体性和自觉性进行了分析。故录全文如下：

> 逖听前修，遐观载籍，袭山降跸之世，橿原建邦之时，天造艹创，人文未作。至于神后征坎品帝乘干，百济入朝启于龙编于马厩，高丽上表图乌册于鸟文。王仁始导蒙于轻岛，辰尔终敷教于译田。遂使俗渐洙泗之风，人趋齐鲁之学。逮乎圣德太子，设爵分官，肇制礼义，然而专崇释教，未遑篇章。
>
> 及至淡海先帝之受命也，恢开帝业，弘阐皇猷；道格乾坤，功

[①] 王勇教授就是其中的一位。参见王勇《日本文化——模仿与创新的轨迹》，第六章"奈良文化"的第四节"和汉文学"之"和歌与汉诗"，高等教育出版社，2001。

光宇宙。既而以为，调风化俗，莫尚于文；润德光身，孰先于学。爰则建庠序，征茂才，定五礼，兴百度。宪章法则，规摹弘远，夐古以来，未之有也。于是三阶平焕，四海殷昌，疏纩无为，岩廊多暇。旋招文学之士，时开置醴之游。当此之际，宸瀚垂文，贤臣献颂，雕章丽笔，非唯百篇。但时经乱离，悉从煨烬。言念湮灭，辄悼伤怀。

自兹以降，词人间出。龙潜王子翔云鹤于凤笔；凤翥天皇泛月舟于雾渚。神纳言之悲白鬓，藤太政之咏玄造。腾茂实于前朝，飞英声于后代。

余以薄官余闲，游心文圃。阅古人之遗迹，想风月之旧游。虽音尘渺焉，而余翰斯在。抚芳题而遥忆，不觉泪之泫然；攀缛藻而遐寻，惜风声之空坠。遂乃收鲁壁之余蠹，综秦灰之逸文。远自淡海，云暨平都，凡一百二十篇，勒成一卷。作者六十四人，具题姓名，并显爵里，冠于篇首。

余撰此文意者，为将不忘先哲遗风，故以"怀风"名之云尔。于时天平胜宝三年，岁在辛卯，冬十一月也。[①]

首先考察开宗明义的六句二十八个字："逖听前修，遐观载籍，袭山降跸之世，橿原建邦之时，天造艹创，人文未作。"以此与萧统（501~531）《文选·序》开宗明义的六句二十八个字"式观元始，眇觌玄风，冬穴夏巢之时，茹毛饮血之世，世质民淳，斯文未作"（赵福海等，1988：2）相比，四六文体、句式可谓一致。难怪论者一般都认为："依然停留在摹习或者抄袭阶段，独创因素尚不多见。"[②] 但是，假如我们从两者的文学创作积累的角度思考的话，其结论则会不同；假如我们从汉字、汉语、汉诗、汉文对于当时的列岛来说，是来自半岛、大陆不

---

① 《怀风藻·序》的句读以小岛宪之为准，参见《怀风藻·文华秀丽集·本朝文粹》，岩波书店，1964，第58~62页。辰巳正明的句读与此略有不同，参见《怀风藻全注释》，笠间书院，2012，第27~28页。
② 王勇：《日本文化——模仿与创新的轨迹》，第六章"奈良文化"的第四节"和汉文学"之"和歌与汉诗"，高等教育出版社，2001。

久的外国语的角度思考的话,其结论则会更不同。我们从这些角度对"摹习或者抄袭"的语句做一一考察的话将有怎样的结论呢?从积累的角度看,列岛的这篇"四六文"之前,像样的汉文仅有圣德太子的《宪法十七条》(604)以及《宋书·倭国传》里载入的顺帝(477~479年在位)升明二年(478)倭国遣使的上表文两篇而已。从外国语的角度考察的话,只能从"摹习或者抄袭"开始撰文了。以开头的四字两句相比,《怀风藻·序》的前四字是《文选·司马相如·封禅文》中"逖听者风声"的"逖听"与《楚辞》中"吾法夫前修"的"前修"的重新组合:"逖听前修";后四字是《乐府·郊庙歌辞·周郊祀乐章》中"众目遐观"的"遐观"与《文选·孙子荆·为石仲容与孙皓》中"载籍既记"的"载籍"的重新组合:"遐观载籍";前后两句都扬弃《文选》之句,再追溯化典于《楚辞》与《乐府》,八字四语均有出处,如此巧妙地使用外国语引经据典启文脉之首,烘托之后的两六两四出场,没有相当高的学养是无法如此扬弃外国经典的。再看两文动词的选择,《文选·序》选用了"式观""眇觌",都是视觉动词;而《怀风藻·序》则选用了"听""观",调动了听觉和视觉,而且修饰动词都用了"走"字旁的"逖""遐",最大程度地利用了汉字字形、字义的特有功能,使读者产生文脉的美感。在几乎没有文学创作积累的文化背景下,对外国文学做出如此扬弃,建构自己的文脉,实在难能可贵。以中间的六字两句相比的话,"摹习"的痕迹鲜明,把《文选·序》的"之时""之世"做了前后换置;但是《怀风藻·序》以"袭山降跸"替《文选·序》中的"茹毛饮血",以"橿原建邦"换《文选·序》中的"冬穴夏巢"的意义则完全不同。《怀风藻·序》是以文献典故(尽管是神话式文献日本《古事记》和《日本书纪》)替换《文选·序》的社会现象,前者的对偶比后者整齐,由此可见,前者对于后者的扬弃是认真的。再看最后八字,《怀风藻·序》为"天造艹创,人文未作","天造"源于《周易》,"艹创"见于《文选》,"人文"源于《乐府》以及《文心雕龙》,而"未作"又源于《文选·序》,可谓字字有出典;而《文选·序》为"世质民淳,斯文未作",其中的"斯文"源于《论语》;可见《怀风藻

·序》扬弃的不仅仅是《文选》,更是在其之前的大陆古典。仅论证序文的"起"的部分,便可知《怀风藻·序》与《文选·序》可齐肩相比。《怀风藻》与日本首部史书《古事记》之间只相差39年,正是由于《怀风藻·序》的作者具有强烈的主体性和自觉性,才能有如此长足的进步,当然更是遣唐使们舍命努力,大量携带大陆古典写本回列岛的结果,使得编者有可能进行如此精彩的扬弃。由于篇幅的局限,对于局部的细致对比考证以待后日。

四 "明德"的扬弃

"明德"源于《礼记·大学》:"大学之道,在明明德,在亲民,在止于至善。"

关于"明德"的对话是如何在列岛文明与大陆文明之间展开的呢?又是如何进行扬弃的呢?笔者对此做一下细微的文献考证。

如"1 淡海朝大友皇子 二首"[1],《怀风藻》编者在某些诗前设这样的小序对诗人做具体的介绍。关于"淡海朝大友皇子"做了如下的介绍:

> 皇太子者,淡海帝之长子也(648~672)。魁岸奇伟,风范弘深,眼中精耀,顾盼炜烨。唐使刘德高(665年参加侍宴),见而异曰:"此皇子(17岁),[2] 风骨不似世间人。实非此国之分!"
>
> 尝夜梦,天中洞启,朱衣老翁,捧日而至,擎授王子,忽有人,从腋底出来,夺将去。觉惊异,具语藤原内大臣。叹曰:"恐圣朝

---

[1] "1"的数字是"岩波本"的作者编号,下同。参见小岛宪之校注《怀风藻·文华秀丽集·本朝文粹》,岩波书店,1964,第52~183页。

[2] 校注曰:天智纪四年来朝,十二月归国,官位朝散大夫沂州司马上柱国。笔者按:第五次遣唐使,天智四年(665)十二月遣派守大石、坂合部石积等送唐使刘德高归国,参加了干封元年(666)正月五日的高宗泰山封禅之仪,次年十一月九日回到筑紫。此行人数不详,回国时唐派司马法聪相送。遣唐使船的航路为北路,所以唐使刘德高面见大友皇子时正是皇子17岁时。

万岁之后,有巨猾闲衅。然臣平生曰:岂有如此事乎?臣闻,天道无亲,唯善是辅。愿大王勤修德。灾异不足忧也。臣有息女。愿纳后庭,以充箕帚之妾。"遂结姻戚,以亲爱之。

年甫弱冠,拜太政大臣,总百揆以试之。皇子博学多通,有文武材干。始亲万机,群下畏服,莫不肃然。年二十三(670年),立为皇太子。广延学士沙宅绍明、塔本春初、吉太尚、许率母、木素贵子等,以为宾客。太子天性明悟,雅爱博古。下笔成章,出言为论。时议者叹其洪学。未几文藻日新。会壬申年乱,天命不遂。时年二十五。(小岛宪之,1964:68)

这个诗人小传给我们提供了当时日本的珍贵信息。此处提及的唐使刘德高亦见于《日本书纪·卷第廿七·天智纪》:"(天智4年665)十一月己巳朔辛巳、飨赐刘德高等。十二月戊戌朔辛亥、赐物于刘德高等。是月、刘德高等罢归。是岁、遣小锦守君大石等于大唐、云々。"[①] 由此可知刘德高在665年回唐之前的一个月参加了这次侍宴,与大友皇子相遇。大友皇子在"年二十三,立为皇太子"后,即刻"广延学士沙宅绍明、塔本春初、吉太尚、许率母、木素贵子等,以为宾客"。这五位学士亦见于《日本书纪·卷第廿七·天智纪》:"(天智10年670)辛亥、百济镇将刘仁愿、遣李守真等上表。是月、以大锦下授佐平余自信·沙宅绍明法官大辅、以小锦下授鬼室集斯学职头、以大山下授达率谷那晋首闲兵法·木素贵子闲兵法·忆礼福留闲兵法·答㶱春初闲兵法·㶱日比子赞波罗金罗金须解药·鬼室集信解药、以上小山上授达率德顶上解药·吉大尚解药·许率母明五经·角福牟闲于阴阳、以小山下授馀达率等五十余人。"虽然五位学士的前后排列不等,"塔本春初"的"塔本"字形与"答㶱春初"的"答㶱"字形不同,但是记载的内容是一致的,他们的国别和专业也非常明确。由此可知,大友皇子的知识结构是来自大陆和

[①] 〔日〕辰巳正明:《怀风藻全注释》,注明此条见于《日本书纪·孝德纪》,实则不然。《日本书纪·孝德纪》所见的是"定惠以乙丑年付刘德高等船归"的关于"刘德高"的记载,笠间书院,2012,第46页。

半岛的。历史也让我们明白这么一个真理,若真是"天性明悟",则肯定"天命不遂"。得以延命者很难是"天性明悟"者,故必珍惜光阴,"日日精进"才是。《怀风藻》载"淡海朝大友皇子"之诗作仅两首,这位在唐使刘德高眼中的"风骨不似世间人"如何与"明德"对话,又是如何来扬弃的呢?

001　五言侍宴一绝①

皇明光日月
帝德载天地
三才并泰昌
万国表臣义

诗题的"侍宴"见于《文选·丘希范·侍宴乐游苑送张徐州应诏诗》(内田泉之助、网佑次,1964:91)、《文选·颜特进·侍宴》(内田泉之助、网佑次,1964:751)。"皇明"见于《文选·班孟坚·西都赋》中的"天人合应,以发皇明",这里的"皇"指的是汉高祖,"明"谓明察。(中岛千秋,1977:25)"日月"的用法见于《文选·张平之·西京赋》:"流景内照,引曜日月。"(中岛千秋,1977:99)"帝德"见于《文选·左太冲·魏都赋》:"皇恩绰矣,帝德冲矣。"(高桥忠彦,1977:34)"载天地"一语出于《庄子·天道篇》中的"覆载天地"(金谷治,1975:150),而庄子之语又源于《礼记》:"天之所覆,地之所载。"(安井小太郎,1921:108)"三才"一语出于《易经·系辞》:"有天道焉,有地道焉,兼三才而两之,故六六者,非它也,三才之道也。""万国"一语出于唐太宗《幸武功庆善宫》:"指麾八荒定,怀柔万国夷。"20字的五言绝句有6个明典(明显出典),不仅有古典之雅,而且还有当代之雄(唐太宗之豪语)。此五绝的最大特点还不在于此,而在于其巧妙

---

① "001"的数字是"岩波本"的诗编号,下同。参见小岛宪之校注《怀风藻·文华秀丽集·本朝文粹》,岩波书店,1964,第52~183页。

的暗典，此暗典道出了已经立为皇太子的大友皇子的治国之策略，进而言之，可谓列岛在与大陆进行文明对话的过程中感悟出智慧的火花、思想的精华；要学习的、要接受的、要融化的正是至当时为止的大陆文明（中华文化精神）之精髓。此五绝的起句的第二个字和承句的第二个字的组合词汇"明德"正是大友皇子所悟出的中华文化精神之精髓。这个精髓从大友皇子开始认知，通过1300多年的实践已经成为列岛文明（日本文化精神）之精华。其实，"明德"两字，从平仄的角度来看，"明"为平声，"德"为仄声，正和平起五言绝句的承起平仄法。故大友皇子不仅有领悟之神，而且有遣字之雅。编者小序所云"天性明悟，雅爱博古。下笔成章，出言为论"，果真不假。此诗在透露出了大友皇子的帝才的同时也可以感悟到震撼大友皇子心灵的正是当时大陆的古今文化精神。

我们再考起句和承句的对句，除了"明德"的暗典之外，还有"皇帝"的暗典存在。仅此便证明至少在创作这首五言绝句时列岛还没有"天皇"的称呼，当然作者小传里的"皇太子者，淡海帝之长子也"的表述也印证了这一点。那暗典的"皇帝"就是"淡海帝"了。只要"淡海帝""明德"的话，那皇业就会"光日月""载天地"，同时也会出现"三才并泰昌""万国表臣义"。顺便提及一下，作为对外称呼的"皇帝"一直沿用到1929年的《关于战争抛弃的条约》（『戦争抛棄ニ関スル条約』）。

大友皇子就是这样通过暗典的方式扬弃了《礼记·大学》的"大学之道，在明明德"，提炼了列岛的"明德"思想，为约1000年后的中江藤树扬弃王阳明心学而创立日本阳明学的"明德"思想奠定了基石。在约500年后的大陆也出现了扬弃《礼记·大学》"大学之道，在明明德"的人物，即朱熹（1130~1200）。《四书集注·大学》集注："程子曰：'亲，当作新。'大学者，大人之学也。明，明之也。明德者，人之所得乎天，而虚灵不昧，以具众理而应万事者也。但为气禀所拘，人欲所蔽，则有时而昏；然其体之明，则有未尝息者。故学者当因其所发而遂明之，以复其初也。新者，革其旧之谓也，言既自明其明德，又当推以及人，使之亦有以去其旧染之污也。止者，必至于是而不迁之意。至善，则事理当然之极也。言明明德、新民，皆当至于至善之地而不迁。盖必其有以尽夫天理之极，而无一毫人欲之私也。此三者，大学之纲领也。"（朱熹，1985：1）朱熹扬弃了"亲民"的明德思想，创立了他的"新民"的明德思想。好在300多年后的王阳明（1472～1529）再次扬弃了朱熹亲民的明德思想，创立了心学"亲民"的明德思想。由此可见，中江藤树承接着两个思想源头：大友皇子和王阳明。

五 "天真"的扬弃

再读大友皇子的另一首五言绝句，题为《述怀》。"述怀"作为词语见于《文选·颜延年（延之）·宋文皇帝元皇后哀策文》中的"累德述怀"。《文选》有"述德"类的诗题，而没有"述怀"类的诗题。《文选》收录了张孟德（载）的《七哀诗》二首、《拟四愁诗》，却没有收录其《述怀》诗。故大友皇子的《述怀》诗题应该是扬弃"累德述怀"而获"述怀"诗题的。

002　五言述怀

　　道德承天训
　　盐梅寄真宰
　　羞无监抚术
　　安能临四海

精读此诗，我们会发现其诗语不仅源于大陆古今之经典，而且还有大友皇子独创于列岛的可能。我们首先考察验证此诗的5个明典。（1）"道德"一语出于老子的《道德经》。（武内义雄，1943：94）（2）"盐梅"一语出于《书经·说命下》中的"若作和羹，惟尔盐梅"。（小野精一，1985：446）（3）"真宰"一语出于《庄子·齐物论》。（金谷治，1971a：47）（4）"监抚"综合源于《左传·闵公二年》《文选·序》《诗经·大雅》《书经·太甲上》。(5)"四海"一语出于《书经·大禹谟》中的"文命敷于四海，祗承于帝"。(小野精一，1985：361)关于"天训"诗语，辰巳正明的研究表明：铃木真年注之为"天子之道德承天之训命也"。①《文选·张平子·思玄赋》："仰先哲之玄训。"《刘孝威集·重光诗》："言则穷神训。"(辰巳正明，2012：54)辰巳正明的研究只穷尽到"天训"的近义词"玄训"和"神训"。笔者亦做了最大程度的检索，结果还是认为"天训"是大友皇子之独创，因为几乎不见于大陆古典文学。

尽管如此，此诗也已经有5个诗语扬弃于大陆之经典：老庄所著的《道德经》《庄子》是创新知，孔子所编的《书经》《诗经》《左传》是承传知。笔者认为大友皇子的聪颖之处正是在于感悟到了这两种"知"的融合，并且实际地运用了这两种"知"，可谓知行合一。特别是"天训"这一诗语的创造需要神会大陆文化精髓的"天"字。大友皇子认为老子的"道德"既是独创又是继承，而且承的是"天"之训。同时，对于列岛来说，来自大陆的经典便是"天训"，只是列岛还必须要有列岛文化的精髓。

列岛文化的精髓就是此诗的暗典，即绝句的起句第四个字"天"和承句第四个字"真"的组合词语"天真"。这种对偶句的思维方式，与上述的第一首诗的暗典"明德"完全相同。"天真"正是大友皇子所悟出的列岛还必须要有列岛精神的精髓之处。因为列岛有史以来的无文字社会使得大友皇子的独创灵感以及语言表达都必须来源于并扬弃大陆的古典。"天真"一语起源于《庄子·渔父篇》："礼者世俗之所为也。真者所以受于天也。自然不可易也。故圣人法天贵真也，不拘于俗。"(金谷治，1971b：159)由"法天贵真"而精练到"天真"这一词语的是《晋书》，其曰："餐和履顺，以保天真。"(越智重明，1970)《晋书》成书于648年，正是大友皇子的出生之年，在其有生之年的25年间，根

---

① 参阅铃木真年校注《怀风藻笺注》，元治二年(1865)今井舍人序，静嘉堂文库所藏，冲光正氏翻刻私家版。

据东野治之的说法，共有 6 次遣唐：第二次（653）、第三次（654）、第四次（659）、第五次（665）、第六次（667）、第七次（669）。（东野治之，2007）《晋书》也许就在这其中的某次被带回日本，可能为大友皇子所见。但是，笔者还是认为大友皇子扬弃《庄子·渔父篇》之"法天贵真"为其暗典："天真"，暗藏在起句"道德承天训"和承句"盐梅寄真宰"的第四字里。而且对得非常工整：《道德经》的"道德"对《书经》的"盐梅"，即名词对名词；"承"对"寄"，即动词对动词；自创的"天训"对《庄子》的"真宰"，即名词对名词。正是利用最后一对的头字来重构新词"天真"。正是如此，大友皇子才能被称为"洪学未几，文藻日新"。

大友皇子扬弃大陆古典文学而独创"天训"之诗语，并通过对偶句重构词汇"天真"作暗典为诗眼。这个扬弃大陆文化的先例，也成了导致日后扬弃大陆的"皇帝"为列岛的"天皇"的原因之一。因列岛四周为海，故日语中的"海"与"天"的训读是同音的，即"ama"。也就是说对于上古的列岛日本来说，汉字的天与海是同等重要的自然大神，具有同样威力的大神。若不崇敬天与海的话，那么"海"里将来海啸，"天"上将刮台风。所以，必须承"天训"、寄"真宰"，以崇拜"天真"方能"临四海"。扬弃即受容"法天贵真"的暗典"天真"，最终形成日本神道的主神"天照大神"。

结　语

综上所述，大友皇子（648~672）与初唐王勃（650~676）是生活在相同时代不同空间的、寿命也几乎相同的短命汉诗人，两人的文化语境也完全不同。从《尚书》的诞生到王勃的创作经历了近 2000 年的文字积累，而大友皇子所扬弃的暗典"明德"是日本进入文字社会后不久，继圣德太子《宪法十七条》（604）"以和为贵"（第一条）、"信是义本"（第九条）之后又一次扬弃了大陆文明的"儒家"思想的重要里程碑，其所扬弃的暗典"天真"是奠定日后日本的神道宗教以及精神文化之基石；从《宪法十七条》到大友皇子的汉诗创作只经历了60多年的汉字文化积累①，就列岛汉诗创作而言，大友皇子恐怕就是开拓者之一了。因为，在《古事记》（712）和《日本书纪》（720）里所记载的只有用万叶假名所创作的和歌而已。对小文做一个归纳的话，可以有下面几点。

（1）四面环海的岛国汉诗人间接性地通过诸子百家以及《论语》《书经》《礼记》《文选》《乐府》等书籍，对大陆文明的人文精神进行对话和扬弃，同时也继承了岛国前辈，即石上乙麻吕自创的个人汉诗集《衔悲藻》的独特性（岛国海藻多的自然环境），产生了岛国第一部汉诗集《怀风藻》的书名。可谓"文学地理学"的实际效应。

（2）圣德太子自593年摄政起所调整的外交政策，600年开始正式派遣使者赴隋朝学习取经，630年又开始派遣使者赴唐朝学习取经，约150年的直接性的"人流/物流/书籍"的人文对话交流，是《怀风藻》诞生的重要因素。

（3）大友皇子（弘文天皇第39位，671~672）的两首五言绝句是日本汉诗之滥觞，其扬弃《礼记》《论语》《尚书》《文选》等大陆古典文学，融合先秦之人文精华，自创对偶暗典"明德"，点明天皇必须要"明德"而"亲民"；自创对偶暗典"天真"，点明天皇必须要"天真"而"临四海"。

总之，通过直接的文明对话，岛国（日本）扬弃大陆（中华）文化的人文精神，并以此融化为岛国文化的人文精华——"汉字文化的认知"和"汉字文化的自觉"。这些精华均体现在《怀风藻》里的"盐梅"②中。

---

① 在《宪法十七条》的写作过程中，圣德太子所扬弃的《论语》《书经》《礼记》等中华古典书籍就达十多种。
② "盐梅"虽然典出《书经》，尽管还是音读，但是已经大部分融化为汉字和语了。故在日语里有"程よく物事を処理すること"的意思，如果意译成汉语的话，即"把事情处理得非常圆满，不露痕迹"。

参考文献

[1]〔日〕安井小太郎:《礼记》, 载《国訳汉文大成》, 国民文库刊行会, 1921。

[2]〔日〕辰巳正明:《怀风藻全注释》, 笠间书院, 2012。

[3]〔日〕东野治之:《遣唐使》, 岩波新书, 2007。

[4]〔日〕工藤隆:《古事记诞生》, 中公新书2157, 2012。

[5]〔日〕高桥忠彦:《文选·赋篇·中》, 明治书院, 1977。

[6]〔日〕金谷治:《庄子·齐物论篇》, 第一册, 岩波文库, 1971a。

[7]〔日〕金谷治:《庄子·渔父篇》第四册, 岩波文库, 1971b。

[8]〔日〕金谷治:《庄子·天道篇》, 岩波书店, 1975。

[9]〔日〕内田泉之助、网佑次:《文选·诗篇》, 明治书院, 1964a。

[10]〔日〕武内义雄:《老子/道德经》, 岩波书店, 1943。

[11]〔日〕小岛宪之:《怀风藻·文华秀丽集·本朝文粹》, 岩波书店, 1964。

[12]〔日〕小野泽精一:《书经·说命下》, 明治书院, 1985a。

[13]〔日〕小野泽精一:《书经·大禹谟》, 明治书院, 1985b。

[14]〔日〕越智重明:《晋书》, 明德出版社, 1970。

[15] 赵福海等:《昭明文选译注》, 吉林文史出版社, 1988。

[16]〔日〕中岛千秋:《文选·赋篇·上》, 明治书院, 1977。

[17] 朱熹:《四书集注·大学》, 影印王利器先生所藏的怡府藏板巾箱本《四书集注》, 巴蜀书社, 1985。

The Birth of Nippon Kansi in Kanji Culture Circles: A Case Study of "Mei Tuku" and "Ten Sin" in *Kaifūsō*

Yuiji Amamura, trans. by Kai Amamura

Abstract: From the perspective of "Kanji culture circle", this paper examines how the "*Kaifūsō*" can accommodate the essence of Japanese culture by the Chinese classical literature: "the consciousness of Kanji culture".

Keywords: Kaifūsō; Nippon kanshi; Accept and Change; Image

About the Author: Yuiji Amamura (1956 -), Ph. D., Dean/Professor at College of International Communication, Fukuoka International University. Research interests and specialties: History of East Asian Sinology. Magnum opuses: *Japanese Kanji transcript glyph collection of Tang Dynasty*, *Yangming Learning and East Asian Culture*, etc. E – mail: amamura1213@ gmail. com.

About the Translator: Kai Amamura (1984 –), Doctor of literature, Postdoctoral researcher at (Key Research Institute in University Authorized by the Ministry of Education of China) Center for the Study and Application of Chinese Characters at East China Normal University. Research interests and specialties: Japanese and Chinese comparative culture, Nippon kanzi, East Asian Sinology. Magnum opuses: *Japanese Kanji transcript glyph collection of Tang Dynasty*, *Yangming Learning and East Asian Culture*, etc. E – mail: am_ dct_ pooh_ 28@ msn. com.

情感启蒙：英国资本主义获胜前的文化运动[*]

李家莲[**]

【摘　要】英国资产阶级之所以获得胜利，所依靠的不仅仅只有先进的生产方式，更重要的是，还有蕴含在这种生产方式背后的、以思想启蒙为标志的新文化、新思想。这种新文化、新思想的核心内容是情感启蒙。本文以苏格兰启蒙运动为考察对象，重点讨论其情感型启蒙形成的原因、表现形式和影响，进而论证苏格兰启蒙运动如何为英国资产阶级取得全面胜利提供理论支撑。

【关键词】情感　苏格兰启蒙运动　英国资产阶级

作为世界上第一次发动资产阶级革命的英国，资产阶级之所以获胜，所依靠的不仅仅只有先进的生产方式，更重要的是，还有蕴含在这种生产方式背后的、以思想启蒙为标志的新文化、新思想。生产方式，尽管

---

[*] 本文为国家留学基金委项目（201408420148）、国家社科基金一般项目"近代英国道德情感主义思想研究"（13BZX084）、湖北省教育厅人文社会科学研究重大项目"情感主义视域下的近代英国道德哲学研究"（14zd012）。

[**] 李家莲（1976~），博士，湖北大学高等人文研究院副院长、哲学学院副教授，主要研究方向为近代英国道德情感主义，主要著述有《道德的情感之源》《论斯洛特对哈奇森"道德官"的"复兴"》《论弗兰西斯·哈奇森的情感正义观》等，电子邮箱：lijialian@126.com。

有着人们根据自己的意愿做出的主观选择的外在表现形式,但是人的主观意愿为何会在某一历史时期做出能推动社会转型的生产方式的选择?要回答这个问题,必须诉诸这种选择赖以诞生的苏格兰启蒙运动。在思想层面,苏格兰启蒙运动论证了以商业交换为主要表现形式的自由、自然政治经济体系的合法性。从情感诉求而言,商业交换必然联系着商业利益,当人们对商业利益的诉求超过对其他利益的诉求而成为支配性的利益诉求形式时,就有可能诞生一种新的社会结构。作为当代伟大的知识分子之一,艾伯特·赫希曼(Albert Hirschman)在《欲望与利益》一书中提出了以"利益"或"商业利益"理解英国资本主义的新方法。以西方社会的内在历史发展轨迹为线索,相对于以追求荣誉为主的前资本主义社会而言,赫希曼认为,英国资本主义之所以获胜,是因为对商业利益的诉求超越了其他一切欲望,比如对荣誉的诉求等,从而成为流行于社会的支配性欲望。不仅如此,赫希曼还认为,对商业利益的诉求是人类社会走向自由的动力,他引述了托克维尔在《论美国民主》中的话对这种观点进行辩护,"我不知道,是否人们可以从推罗人、佛罗伦萨人和英国人那里举出一个单一的制造业、商业的民族,并且这个民族不具备自由。所以,在自由和工业之间有着密切的必然联系"。(赫希曼,2003:112)本文认为,苏格兰启蒙之所以能成功赋予"利益"或"商业利益"以构建社会秩序的功能,其根本原因在于这种启蒙运动所具有的情感本性。因此,较之以理性为主要特点的德国启蒙运动和以社会革命为主要表现形式的法国启蒙运动,这场启蒙运动在伦理思想上具有利他性和美学性质(Scott,2011:259),而二者都共同具有情感表现形式,因此,苏格兰启蒙运动又被称为情感型启蒙。[①] 本文以苏格兰启蒙运动为考察对象,重点讨论其情感型启蒙形成的原因、表现形式和影响,进而论证苏格兰启蒙运动如何为英国资产阶级取得全面胜利提供了理论支撑。

---

① 苏格兰启蒙时代的核心人物都非常关注情感问题,并以情感为据点来阐发美学、宗教、伦理和政治经济思想,因此,我们把这场启蒙运动称为"情感型启蒙"。

一

当《国富论》于1776年出版的时候,苏格兰启蒙运动也随之画上了句号。就此而言,可以认为,苏格兰启蒙运动收尾于亚当·斯密的《国富论》的发表。然而,《国富论》之所以能诞生,与苏格兰启蒙运动中的情感启蒙得以诞生的原因有密切关联。综合而言,18世纪的苏格兰之所以诞生以情感为主要内容的启蒙运动,有两个方面的原因:就理论原因而言,直接与经验主义哲学的发展有关;就实践方面的原因而言,直接与苏格兰和英格兰的合并有关。

第一,经验主义哲学的发展。苏格兰启蒙运动首先是由沙夫茨伯里和哈奇森推动的,以他们的哲学为分界线,英国经验主义哲学的精神面貌发生了根本性的改变,这种改变的核心可以归结为对情感的不同态度。在沙夫茨伯里和哈奇森之前的英国经验主义哲学不怎么重视情感,尤其不怎么重视对道德情感问题的探索。不仅如此,在道德问题上,沙夫茨伯里和哈奇森对霍布斯等人提出的思想尤为反感,其反感的原因在于,霍布斯把人性视为纯粹的自私性存在。基于把人性视为纯粹由自爱支配的存在物,霍布斯认为每个人都只关心自己的利益,不关心他人,生活就是一场战斗,战士们为之战斗的目的不是达到任何精神目的,而是最大限度地获得私利。为了赢得战斗,就必须最大限度地放大自爱,并把怜悯以及由此而来的道德准则放在次要的位置或把它视为外在于人性的某种东西。在这种思想看来,道德完全不具备自然的基础,而仅仅是人为的发明物罢了。这种伦理思想直接导致了两个后果。其一,人与人之间的自然联系被割裂。在这种伦理思想看来,个体只是孤独的原子罢了,它唯一关心的就是自己的私利,为了最大限度地获得私利,必须斩断个人与他人的各种自然关联,因此,社会生活中的正义和亲密人际关系只是理性的"发明"罢了。其二,机械法则的盛行。霍布斯的伦理观导致了机械法则的盛行和纯粹的决定论,人的自由被排斥,受到尊崇的唯有机械法则。沙夫茨伯里和哈奇森表示,无法接受霍布斯的这种观点。他们认为，这种自私的伦理学是"对上帝、世界以及人类的亵渎"，这是一种适合于奴隶而不是自由人的伦理学。在他们看来，人是自然的被造物，人与人基于自然情感而天然地保持着亲密关系，人生的目的不是个人的私利，而是实现以大自然为代表的自然本身的旨意。从沙夫茨伯里和哈奇森开始，以道德哲学为切入点，英国经验主义哲学开始把情感纳入自己的视域之中。经验主义哲学的这种新发展既是苏格兰启蒙运动的动力，也是它的表现形式。

第二，苏格兰与英格兰的合并。1707年，相对落后的苏格兰与较为发达的英格兰通过《合并法案》实现了合并。从长远来看，合并具有积极意义，它使政治和社会更为稳定，并为18世纪后期苏格兰的商业经济快速发展开辟了道路。然而，对于18世纪早期的苏格兰而言，合并并没有立即改变它自身的贫穷和落后面貌，相反，还给苏格兰社会带来了巨大的动荡，给苏格兰人的心理带来了深度冲击。为了反对合并并保持对斯图亚特王朝和詹姆士二世的忠诚，苏格兰高地于1715年和1745年发生叛乱，企图通过王朝复辟来维持苏格兰的政治独立身份。就民族心理而言，合并之后的苏格兰人开始思考它们被迫卷入其中的历史变迁，对于这种状态，福布斯教授曾这样描述："在十八世纪的苏格兰，有一种特殊的历史情境：那就是急剧的、大跨度的历史变迁对于人们的心灵和思想所产生的冲击，并且是以一种强制的方式。这使苏格兰人深深地体验到变化的需要，以及那些不愿变化或者不适应变化的那些人群的命运……遵从伟大的变化法则就意味着现代化。"（Morice，1977：42）合并之后的苏格兰开始以英格兰为榜样，致力于社会改良，并开始为苏格兰的现代化文明进程寻找新的文化基础。

在整个苏格兰启蒙运动过程中，苏格兰的思想家沿着沙夫茨伯里和哈奇森开辟的情感路径，对社会、历史、文化和文明形成了独特的理解，一方面推动了经验主义哲学的情感转向，另一方面通过面向社会进行改革，对政治经济制度形成了独特的思考，并最终把一切启蒙的成果都完全融入了亚当·斯密的《国富论》中，在为现代社会确立新秩序的同时，也给后人留下了丰厚的、以情感为核心的启蒙遗产。

二

研究显示，上述启蒙遗产主要有三种表现形式。沙夫茨伯里、哈奇森、休谟和亚当·斯密是苏格兰启蒙运动中公认的情感主义思想家，他们无一例外都把自然情感作为自己的主题，通过探索自然情感背后的支配性规则，并最终用这种规则推动了社会的解放，并由此带来了苏格兰社会的繁荣。因此，要探索苏格兰启蒙运动的情感表现形式，主要就是要探索沙夫茨伯里、哈奇森、休谟和亚当·斯密的学说以自然情感为主题在不同哲学问题上所表现出的连贯性和统一性。通过分析他们的情感哲学思想，我们发现，在审美、道德和宗教问题上，他们所创立的以自然情感为核心的思想均表现出了明显的连贯性和统一性。其连贯性体现为，自然情感是他们的情感哲学的主题；其统一性体现为，在讨论自然情感的过程中，他们均沿着自然法则或自然逻辑的中心线索，从而分别在审美、道德和宗教问题上表现出了自然化的倾向。就此而言，我们认为，情感的自然化进程，构成了苏格兰启蒙运动的情感主线，具体而言，这条主线分别在审美、道德和宗教领域内表现为审美情感自然化、道德情感自然化和宗教情感自然化。

第一，审美情感自然化。审美情感的自然化，首先表现为以自然为对象的审美情感。无论是沙夫茨伯里还是哈奇森，无论是休谟还是亚当·斯密，当他们讨论审美情感的时候，都以经验主义哲学为前提来展开讨论，因此，他们所讨论的审美情感，均具有近代经验主义哲学所共同具有的显著特点——排斥先天内容和先天判断。因此，当他们在讨论审美对象的时候，所聚焦的对象是自然事物以及自然情感，而不是超越自然或外在于自然的任何先天事物或情感。在这个基础上，审美情感的自然化，进一步表现为审美原则的自然化。在苏格兰启蒙思想内部，审美原则的自然化进程不是一朝一夕被某一个思想家一蹴而就，而是经由沙夫茨伯里、哈奇森、休谟和亚当·斯密沿着"审美原则自然化"的主题进行前赴后继式的不断探索，从而最终才得以完成。在这个过程中，沙夫茨伯里首先提出了审美原则的自然化任务,然而,作为苏格兰启蒙运动中的第一个情感主义思想家,他并未完成这个任务。由于他坚信"真高于美",因此,他最终把审美判断的原则交给了真或真理,而他所说的真或真理,不是任何自然原则,而是理性。这样,"审美判断的自然化原则"论证任务便移交给了哈奇森,哈奇森试图用"美的感官"来探索美的根源,当他把美的根源归结为"寓多样性于一致"时,多年的神学教育在此发挥了决定性的作用,审美判断的原则被归结给了神,而不是自然原则。于是,"审美判断自然化原则"的论证任务就转交给了休谟,然而,由于对效用的偏爱,休谟在阐述审美判断原则的时候,依然偏离了自然原则,效用最终成了衡量美丑的重要因素。当情感哲学发展到亚当·斯密这里时,借助于"同情"这种以自然原则为内核的情感表现形式,亚当·斯密最终把审美判断的原则交给了自然法则。因此,我们发现,"审美判断自然化原则"的论证任务在亚当·斯密这里画上了句号。

第二,道德情感自然化。道德情感的自然化,在苏格兰启蒙运动中也有两种表现形式。第一种表现形式是为自然情感争取道德地位。在《人、风俗、意见与时代之特征》中,沙夫茨伯里旗帜鲜明地批判了宗教狂热,并为自然情感的道德地位进行了辩护。在他看来,自然情感又可以被称为整体性情感,它的目标是自然物种的整体善或公共利益。沙夫茨伯里的全部道德哲学都是在为自然情感所享有的道德地位进行辩护。作为沙夫茨伯里的追随者,哈奇森也把道德哲学的主角定为自然情感,不过,与沙夫茨伯里不同的是,被哈奇森视为道德情感的自然情感不是整体性的情感,而是"普遍而平静的无私仁爱"。在休谟的道德哲学中,自然情感也占有举足轻重的地位,不管是人为德性,还是自然德性,二者都共同建立在自然情感的基础上,毫无疑问,自然情感在休谟的道德哲学中是享有道德地位的道德情感。在亚当·斯密的道德哲学中,只要能得到旁观者的同情,一切自然情感均有可能成为道德情感。毫无疑问,在自然情感与道德情感之关系问题上,亚当·斯密比其他三位哲学家都表现得激进得多。第二种表现形式是为自然情感寻求以自然法则为基础的道德判断原则。当自然情感成为道德情感之后,为了确保自然情感的道德性,必须要为自然情感寻求道德辩护。最有力的辩护方式是立足自然情感为道德寻求道德基础。当道德哲学发展到亚当·斯密这里的时候,借助于旁观者的同情,蕴含在自然情感内部的自然法则直接成了道德判断的原则。然而,在亚当·斯密之前,不管是沙夫茨伯里,还是哈奇森和休谟,当他们立足自然情感寻找道德判断原则的时候,都或多或少偏离了自然法则。对于沙夫茨伯里和哈奇森而言,他们都把"道德感官"视为道德判断的原则,然而,两人对于它的内涵却有不同的解释,前者把它等同于理性,而后者却把它等同于某种糅合了自然法则的宗教原则。对于休谟而言,他的道德哲学虽然也谈到了同情这种自然原则,但是,最终自然法则本身未成为道德判断原则。真正使自然法则成为道德判断原则的是亚当·斯密的《道德情操论》。

第三,宗教情感自然化。宗教情感的自然化,在苏格兰启蒙运动中也有两种表现形式。第一种表现形式是用自然情感来论证神的善性。在苏格兰情感主义启蒙思想家中,对这个问题做出了系统论证的人是哈奇森。哈奇森的道德哲学的主旨在于,他要论证自然情感的宗教性。在他看来,一个人是否拥有虔诚的宗教情感,最重要的标志在于是否拥有增进公共利益的公共情感,即能给最大多数人带来最大善的仁爱之情。与此相应,哈奇森认为,神的善性也必然表现为自然情感,其目标不是为了服务于过去的启示神所暗示的神国的目标,而是为了服务于人作为自然存在物所追求的公共善。第二种表现形式是以蕴含于自然情感内的自然法则为基础论证神的存在。这项工作做得最出色的是哈奇森和亚当·斯密。所有的情感主义启蒙思想家都反对启示神,拥护自然神。对于自然神的存在,哈奇森和亚当·斯密都从自然情感的角度做出过论证。哈奇森虽然从"道德感官"的角度来论证神的存在,但他所说的"道德感官"实际上指的是一种自然法则,在这个意义上,我们可以认为,哈奇森实际上是从蕴含于"道德感官"之内的自然法则的角度来论证神的存在的。作为哈奇森的学生,亚当·斯密在宗教问题上继承了哈奇森的自然之路,然而,较之哈奇森,他在自然情感和自然法则的问题上走得更远。亚当·斯密认为，旁观者大多数时候是可以对我们的情感和行为做出公允判断的，但是，如果旁观者未能做到这点，我们就有必要求助于更高的旁观者，即我们心中的神，这个神会依据同情原则对我们的行为做出公允判断，从而给我们以慰藉。对亚当·斯密而言，神就是大写的自然，是蕴含在自然法则之内的自然规律。

通过审美情感自然化、道德情感自然化以及宗教情感自然化，苏格兰启蒙运动中的情感主义思想家们在审美、道德和宗教领域内为自然情感的合法性进行了全面辩护，为苏格兰启蒙运动打上了鲜明的情感烙印。那么，这种以情感为主要特征的启蒙运动，最终给人类社会带来了什么影响呢？这是我们接下来要分析的一个问题。

三

苏格兰启蒙运动中的情感主义思想家们立足自然情感全面讨论了审美、道德和宗教领域内的自然情感问题，这样做的最终结果必然延伸至社会、政治、经济领域，并与苏格兰追求繁荣和富强的民族呼声形成呼应。苏格兰启蒙运动中所形成的最有影响力的政治经济学著作是亚当·斯密的《国富论》。就《国富论》的主要内容而言，情感主义思想家们在审美、道德和宗教领域内讨论过的自然逻辑无疑是其主要线索。就此而言，历史上出现过的所谓的"斯密问题"只是一个伪问题。立足自然逻辑这个线索，我们不仅发现所谓的"斯密问题"不复存在，而且还发现，它不仅联结了亚当·斯密的《道德情操论》和《国富论》，而且联结了自沙夫茨伯里以来的苏格兰启蒙运动中出现的所有情感主义思想家的基本思想主旨。

早在创作《国富论》之前的很多年，亚当·斯密就有了创作政治经济学著作的想法。亚当·斯密的传记作家约翰·雷指出，亚当·斯密在担任格拉斯哥道德哲学教授期间就讲授了《国富论》的基本原理，《国富论》出版之前，他就明确提出了以自然法则或自然逻辑为基础的经济自由思想，而且赢得了信奉者。不仅如此，为了尽快确立自己对政治经济学原理的独占权，在这期间他还在世界上第一个经济学组织——格拉斯哥经济学会——上提交论文，进一步阐述了自由贸易思想。这篇论文后来到了杜格尔德·斯图尔特手中，根据斯图尔特的引用，亚当·斯密在这篇论文中这样说过，"一般来说，政治家和计划者都把人看作借以达到某种政治目的的工具。计划者妨碍了自然界作用于人类事务的正常进程。自然界建立起自身秩序所需要的，只是让它保持其本来面目，让它不受妨碍地追求自己的目标……使国家从最野蛮的状态发展到最富裕的程度所必需的，只不过是和平、轻税和某种程度的司法行政；所有其他事情都应听其自然发展。阻碍这种自然趋势、使事物向其他方向发展、力图使社会的进步停留在某一点的政府都是不自然的"。（Hamilton，1858：68）很显然，亚当·斯密的这种思想直接来源于哈奇森论证过的自然观。亚当·斯密在《道德情操论》的最后一段的最后一句话已经表明了《国富论》的写作愿景，"我将在另一篇论文中，不仅就有关正义的问题，而且就有关警察、国家岁入和军备以及其它成为法律对象的各种问题，努力阐明法律和政府的一般原理，以及它们在不同的年代和不同的社会时期经历过的各种剧烈变革"。（Smith，1984：342）到了1790年《道德情操论》第六版出版的时候，亚当·斯密在序言中明确表示，《国富论》的出版表明已经在国家岁入和军备这两个方面履行了自己的诺言。这种"一般原理"，就是自然法则或自然逻辑。

《道德情操论》中的自然法则或自然逻辑被推演到《国富论》，其表现形式发生了变化。在《道德情操论》中，亚当·斯密明确主张，同情可以成为社会秩序的基础，他所说的这种以同情为基础的社会秩序，是一种建立在自然法则基础上的社会秩序，它不同于以利益或效用为基础的自然原则的地方在于，这种自然法则是一种情感性的自然法则，是自然法则的情感化，正如罗卫东教授所言，"因为有了这种同情共感，使人得以超越了单纯生物学意义上的自利本能，由此具有了最本质的特性，也就是社会性"。（罗卫东，2006：349）到了《国富论》中，我们发现，自然法则的情感化进一步表现为个体与个体的自然禀赋能力之间的交换以及由此演变而来的商品与商品之间的交换。相比于《道德情感论》中的同情原则，《国富论》中的同情原则变得更为现实。因此，我们可以说，在《道德情操论》中，构成道德秩序的是以自然逻辑为基础的同情；在《国富论》中，构成政治经济学秩序的是以自然逻辑为基础的交换。源于同情的合宜点代表了旁观者情感与当事人情感之间的对称平衡，而源于交换的合宜点则代表了物品与物品价值之间的对称与平衡。前者代表看不见、摸不着的情感世界的对称平衡法则，后者代表看得见、摸得着的商业活动的对称平衡法则，二者都建立在自然逻辑基础上，是自然法则在情感世界和商业世界的不同表现形式。

正如一切自爱都要服从同情的管制从而成为合宜的情感一样，一切以自利为基础的商品交易都要服从交换原则。交换原则和同情原则一样，是人类的自然天性。自爱不是道德的目的，道德的目的在于寻找并实现以同情为基础的合宜点。同样，在商品交易活动中，自利也不是商业的目的，商业的目的在于满足人类天生拥有的交换倾向。交换，如同《道德情操论》中的同情一样，其来源不是人类智慧而是大自然天然地放置在每个人身上的一种"互通有无，物物交换，互相交易"（亚当·斯密，1983：12）的自然倾向或天然本性，这种本性既为所有人共同拥有，也为人类所独有。对于处于道德世界和政治经济世界中的人而言，不管是道德中的自爱还是商业中的自利，都必须服从于更高的自然目标。正如自爱之于同情必不可少一样，在政治经济活动中，自利之于交换也是必不可少的。亚当·斯密认为，为了使这种本性在社会生活中得以顺利展现，通过利用利己心来达到目的，是一个较为容易的办法。交换促进了分工，分工本身既可以增加财富，也可以使人的天然才能得到更好的发挥。蕴含在天性中的交换倾向把所有的分工都整合成了一个共同的资源，不同的人可以从中取用自己需要的、来自别人的劳动或自然能力的产品。

正如《道德情操论》总是时刻通过使自然情感服从于自然情感自然生成机制而达到道德状态一样，《国富论》的主旨是要使政治经济活动排除非自然的干扰并通过服从于自身的自然逻辑而增加社会公共善。为了达到这个目的，《国富论》在各个不同的层面倡导了自然而然地遵守自然逻辑对于政治经济生活以及社会财富总量增加的重要性。

商品的自然价格由劳动——人的自然力——所决定。分工高度发展的社会，人人都是商人，这个社会本身就是商业社会。在这个社会中，商品交易频繁发生。但在一切交易中，能决定商品真实价格的因素唯有劳动，货币不代表商品的真实价格。那么，为什么劳动是商品的真实价格，而货币只是名义价格？因为劳动才是使商品得以成型的原因。实际上，认为劳动是商品的真实价格，就等于承认，商品的真实价格是由商品背后的自然力决定的。正如同情是情感与情感的对称与平衡，交换也代表了情感与情感的对称与平衡，但不同于道德哲学的是，交换在政治经济活动中体现为以商品为媒介的交易。关于商品交易的本质，亚当·斯密将其概括为劳动与劳动的交易。在这个意义上，正如情感是道德的尺度一样，在商业活动中，唯有劳动才是商品的尺度。"白银及其他一切商品的真正尺度，不是任何一个商品或任何一类商品，而是劳动。"（亚当·斯密，1983：179）"必须记住，对于一切货物所支付的代价，归根到底不外乎劳动。"（亚当·斯密，1983：182）将劳动作为一切商品的尺度，实际上是将人的自然力以及对自然力的使用作为商品价值的尺度。人的劳动代表人自身成为一切商品的价值尺度，这种说法，与在道德哲学中人的情感成为道德判断的尺度这种说法是一脉相承的。在这个意义上，真实价格有可能变成自然价格。现实的商品交换过程中总是出现自然价格和市场价格不一致的情况，《国富论》的目标之一就是要阐明，工资、利润以及工资和利润的比例，在什么情况下能自然而然地体现为自身的自然价格。

唯有增加社会财富，劳动的价值——劳动者的工资，才会自然而然地增长。劳动者拥有自己的劳动产品，这是原始的自然状态。当它被破坏之后，如何使劳动者的工资能自然而然地得到增加，是亚当·斯密关心的问题。他的答案是，唯有通过增加社会财富的路径，劳动者的工资才能自然而然地得到增加。亚当·斯密把劳动者独享全部劳动生产物的状态称之为原始状态，如同《道德情操论》中的自然状态一样，它在政治经济活动中也代表了政治经济活动的起点和最高、最完善的状态。就这种状态是经济活动的起点而言，它表现为，在市场价格和自然价格之间,自然价格才是中心,商品的市场价格总是只围绕自然价格而波动——对自然的重视。无论怎么变动,市场价格总是趋向于自然价格。就其代表最高、最完善的状态而言,指的是在土地私有和资本积累产生之后,它依然能克服各种阻力而得到保持并能持续自然而然地增加。一旦出现土地私有和资本积累,这种原始状态就会宣告终结,因为土地私有者和资本家都要从劳动者的劳动身上得到属于自己的利润。终结之后,劳动者的劳动生产物不能为劳动者所独有。这时候,劳动工资怎样才能自然而然地增加?唯有通过增加社会财富,劳动工资才能自然而然地增加。使劳动获得丰厚报酬,既是社会财富增加的结果,也是社会财富正在增加的表征。反之,劳动工资低于贫穷劳动者养活自己所需要的花费,则是社会停滞不前或退步的结果与标志。社会最大部分成员生活境遇的改善,就是社会下层阶级生活状况的改善,因为构成社会大部分成员的,主要是各种佣人、劳动者和职工。改善这部分人的生活境遇,使他们远离悲惨状态,是有利于社会全体的幸福和繁荣的事情。而对于给社会供给衣、食、住、行的人而言,分享自身的劳动生产物,使自己的生活大体上达到过得去的程度,也是被公正对待的要求。

　　社会财富的本质不是金银,而是劳动。"金银价值的低落,并不能证明一国的富裕繁荣,金银价值的腾贵,换言之,谷物及一般物品货币价格的低落,也不能证明一国的贫困、野蛮。"(亚当·斯密,1983:231)社会收入不是由货币构成,而是由土地地租、劳动工资和资本利润三个部分组成。虽然在分配社会收入的时候,必须要用到金银或铸币,但金银或铸币本不是社会收入的组成部分。构成一个国家的真实财富和收入的,是一国劳动和土地年产物的价值,增加财富也必须从这两个方面来进行努力。"增加一国土地和劳动的年产物的价值,只有两个方法,一为增加生产性劳动者的数目,一为增进受雇劳动者的生产力。"(亚当·斯密,1983:315)归根到底,是通过增加生产性劳动的量和质来增加一国财富的。《国富论》沿着这个思路探索了国家财富增长的方法:依自然逻辑运行的资本必须尽可能自由流动,并且尽可能实现劳动和资本在收益上的均等。要达到这个目的并不简单,以体系精神、重商主义和垄断为核心的各种制度、法律和观念都会阻碍这个目的的实现。《国富论》之所以抨击重商主义并从根本上反对以增加金银为表征的国际经济政策，是因为重商主义违背了资本的自然逻辑，而之所以抨击垄断，是因为它阻碍了自然逻辑在商业活动乃至国家运行机制中的自由运行。从资本的自然逻辑角度而言，重商主义和垄断是无法促进国家财富的增长的，因此，必须予以摒弃。对于体系精神，亚当·斯密之所以评判它，是因为亚当·斯密认为每个人的命运无法服务于立法者基于追求体系的完美所强加给他的东西，因为"体系精神的创立者容易自作聪明，常常迷恋于理想的统治计划所产生的美，进而无法容忍任何部分带来的微小瑕疵……他想象自己可以像挪动棋盘上的棋子那样，来镇定自若地安排社会，他没有考虑到，除了手的力量之外，棋盘上的棋子没有任何其他运动原则会发生作用，然而，在人类社会这个巨大的棋盘上，每一个棋子都有它自己的运用原则，全然不同于立法者所要强加给它的那样"。(Smith, 2011: 234 - 235)

无论是在伦理学中，还是在《国富论》中，唯一受到亚当·斯密高度重视的东西都是相同的，即自然逻辑或自然情感自然生成的法则要完全按照自然本身的原则自由运行。这种状态又被称为自由的自然状态，是一种排除了一切人为干扰的状态。在亚当·斯密的伦理学中，自由是为了确保自然的纯粹自然性，更确切地说，是为了确保自然纯粹以自然的方式得以运行，拒绝自然之外的任何其他因素，比如人为因素，对自然的自然运行进行干扰。如果说亚当·斯密的伦理学有什么最高的信仰，那就是对剥离了一切人为限制的纯粹自然的信仰。当这种信仰被迁移到了政治经济学中的时候，对自然逻辑重视，直接使他找到了反对重商主义的理论据点。

综合看来，英国资本主义之所以第一次在历史舞台上取得了全面胜利，并在后来的历史中迅速扩张，其深层原因不仅仅在于赫希曼所说的原因，即利益对情感的掌控，还在于18世纪的英国发动了一场以情感为核心的启蒙运动。这场启蒙运动在彻底改变旧有文化的同时，给人类历史提供了一种全新的文化范式。

参考文献

[1] 罗卫东:《情感秩序美德》,人民出版社,2006。

[2] 〔英〕亚当·斯密:《国民财富的性质和原因的研究》,郭大力、王亚南译,商务印书馆,1983。

[3] 〔美〕艾伯特·赫希曼:《欲望与利益》,李新华、朱进东译,上海文艺出版社,2003。

[4] Smith, Adam, *The Theory of Moral Sentiments*, Indianapolis: Liberty Fund, 1984.

[5] Smith, Adam, *The Theory of Moral Sentiments*, Gutenberg Publishers, 2011.

[6] Scott, William Robert, *Francis Hutcheson: His Life, Teaching and Position in the History of Philosophy*, Bristol: Thoemmes Press, 2011.

[7] Morice, G. P., *David Hume Bicentenary Papers*, Edinburgh: Edinburgh University Press, 1977.

[8] Hamilton, William ed., *The collected works of Dugald Stewart: Volume X, Biographical Memoirs of Adam Smith, William Robertson and Thomas Reid*, Edinburgh: Thomas Constable, 1858.

Emotional Enlightenment: The Cultural Movement before the Victory of Britain Capitalism

Li Jialian

Abstract: The reason for English bourgeoisie to get victory is not only because of the advanced way of production, but also because of the new culture expressed as Scotland Enlightenment lying behind the way of production, in which the focus is the Enlightenment of sentiments. Focusing on the Scotland Enlightenment, the paper explores the reasons, forms and influences of this kind of Enlightenment, and tries to show that this kind of enlightenment has provided theoretical support for the victory of English bourgeoisie.

Keywords: Sentiments; Scotland Enlightenment; English Bourgeoisie

About the Author: Li Jialian (1976 –), Ph. D. , Deputy Dean of Institute for Advanced Humanistic Studies at Hubei University, Associate professor in the School of Philosophy, Hubei University. Research interests and specialties: moral sentiments of 18th Century. Magnum opuses: *Sentimental Origins of Morality*, *On the Revival of Hutcheson's Moral Sense by Slote*, *On the Justice of Sentiments by Francis Hutcheson*. E – mail: lijialian@ 126. com.

经典阐释

亚里士多德论政治学意义上的自然

〔法〕安若澜 著 曾 怡 译*

【摘　要】 我们在谈论亚里士多德所划分出的实践哲学和理论哲学的研究对象时，会发现他都使用了"自然"一词，并且属人的世界与物理性的世界都同样涉及"法则"的问题。这使得亚里士多德在漫长的思想史中被视作自然法的思想资源，我们始终认为人也有其"自然"，即一种本质，并以此为原理或基础来建立社会秩序。这也就导致我们对自然法则与政治意义上的立法之间关系的各种论争。本文旨在回到亚里士多德的思想本身去厘清他如何在实践哲学的文本内使用"自然"（phusei）这一概念，进而研究律法在亚里士多德思想中的地位，以巩固我们的分析结果，最后确定它又在当代讨论中具有何种地位，律法到底是自然的、约定的或是两者皆非。

【关键词】 自然　实践哲学　立法　约定主义

在亚里士多德的伦理-政治哲学中讨论自然这一问题，需要相当谨慎地来处理。亚里士多德与柏拉图[①]就此问题的理解截然不同，前者就自然和伦理-政治学两者的模态做出了划分，也因此奠定了伦理-政治

---

* 安若澜（Annick Jaulin）（1945～），博士，法国巴黎第一大学（先贤祠-索邦大学）荣休教授、四川大学特聘教授，研究方向为古希腊哲学，著有《实体与形式》（*Ousia et Eidos*）。曾怡（1981～），博士，四川大学公共管理学院哲学系讲师，研究方向为古希腊哲学，出版译著《亚里士多德的〈形而上学〉》。电子邮箱：zengyi@ scu. edu. cn。

① 就如在《理想国》和《蒂迈欧篇》，或《法篇》第十卷，柏拉图所论及政治与自然之间的紧密关联。

学领域的独立性。就这一点而言，施特劳斯断言亚里士多德是政治科学的奠基者是没错的。① 亚里士多德与柏拉图之间的这一差异在于亚里士多德做了一个划界的工作，也就是对理论智慧（sophia）和实践智慧（phronesis）加以区分；理论智慧研究的是不能成为别样的存在（必然模态或自然法则的规律性的模态），而实践智慧则关乎总是可以变成别样的对象（可能性领域，其中人的行动可以变更其所是）。②

如此一来，即便我们同样在自然和人类社会两个层面都谈论"法则"，这个用语却在两个层面有着不同意义；即便人可以变更自然法则，但它仍不出自人的作为；而人是社会中运行的法的制定者。这个差异是显而易见的，但它意味着社会法则没有任何自然构成成分吗？抑或它就完全是约定性的？这个问题早在公元前5世纪的雅典就已经被论及了，是由智者开启了相关论题，他们提出作为社会法则的律法纯粹是约定性的。③

然而，即便我们已经知道自然法则和政治意义上的律法之间的差异，亚里士多德还是往往被后康德的现代读者归于自然主义者。就亚里士多德思想本身而言，这个特征与之毫无关系，因为，对于康德来说，所有的古代道德学说都是"幸福论"的，因而也就都是自然主义的道德学说。而我们却并不是在这个幸福论的意义上来研究伦理－政治学领域中的自然维度的问题，甚至也不是在盎格鲁－萨克逊学者认为的那种意义上来进行我们的考察，这些学者认为亚里士多德对休谟做出的事实与价值的区分无所察识。其实不然，因为上述两者的关联（如休谟与康德的关联）也都是亚里士多德思想的现代接受史的支流及其表现。而我们更为感兴趣的，是要从中剥离出亚里士多德本人的想法。为了这个目的，

---

① 《城邦与人》，第一章"关于亚里士多德的政治学"："政治科学的真正建立者不是苏格拉底，也不是柏拉图，而是亚里士多德。"（Agora, 1987，第33页；译自 The City and Man, 1964，维吉尼亚大学社）
② 《尼各马可伦理学》第六卷，1139b14～1140a15。
③ 例见《高尔基亚篇》中卡里克勒斯对白部分。

就要理解亚里士多德在某些伦理-政治学论题中"就自然（phusei）① 而言"这一表达的用法。包含这一表述的最为著名的引言，毫无疑问出现在《政治学》的篇首："人类是，就自然而言，政治的动物。"我们先详解这一论述，再研究律法在亚里士多德思想中的地位，以巩固我们的分析结果，最后确定它又在当代讨论中具有何种地位，律法到底是自然的、约定的或是两者皆非。以上就是我们着手解决这个关乎亚里士多德伦理学的自然主义的争议性问题需要涉及的各个层面。

人就自然而言是"政治动物"：一个杂糅的断言

这个断言在《政治学》开篇就出现了两次：

> 所以这些理解正显示了，城邦自然地存在着，且人就自然而言是政治动物，出于自然而非偶然而脱离城邦的人，要么是种退化，要么是比人更好的存在。（T1.《政治学》，卷一，2，1253a1-4）

> 这就是为什么很显然人比蜜蜂和别的群居动物更是政治动物的原因。因为，就像我们说过的，自然不作无用功，而在所有动物中，只有人具有语言……而语言的存在是为了表达利弊的，更进一步，则表达义与不义。事实上与动物相较而言有一件事是为人特有的：也就是他有好坏之感，有义与不义这类事物的感受。而这些事的集合就促生家庭与城邦。（T2.《政治学》，卷一，2，1253a7-10 和 14-18）

这两段文献次第相连，后者看似是前者导致的结果（因为它用了"这就是为什么"在段首），但又引出了不同的内容。

---

① 在中文世界的接受史中，翻译的选词上对 phusis 这一希腊词常做随文就词的处理，依据译者对上下文的理解而将之翻译为自然、本性、本质、本然，无论何种选词，它都要同时表达以下两个意思：①一种基础，强调其决定存在之为存在的一面；②一种与人造相对的存在物的源头，强调其自行为一的一面。在本文中将之处理为"自然"，以侧重显示后者，强调亚里士多德实践与理论两个研究领域的相对独立和分野。——译者

①前一段提出城邦的自然性的存在及城邦中的生存（或说政治性生存，因为所有的"政治的"都与城邦相关，且词源上就来自希腊词"城邦"－polis）与人性等价："没有城邦"的人，就其本性（自然）的一面而非就其偶然的效果而言（就像有些人因为战事或别的事情而导致脱离城邦生活），要么是退化的人，要么比人高级。我们可以把这段理解为一种希腊世界和希腊神话所普遍表达着的一个观念，即政治生活提示出人本身的生存，并且将之与其他动物和神相区别开来。然而，这样的说法解释了后半部分的文本（人就其自然是政治动物，无城邦则要么是退化，要么超越于人性），却没有解释前半部分（城邦的存在是自然而然的），而我们所关注的这段陈述的观点正是：城邦在何种意义上自然而然地存在。那么，这也就是城邦自然性面向、人的政治性生存的自然性面向来自它。而这与第二段文本所说的不尽相同。

②在第二段文本中，强调的更多的是人的自然，与其他动物相较而言，是人的政治性生存的展开：人具有语言，所以他就是政治动物。语言与利弊感，乃至善恶、义与不义之感相关。这段文字与前一段不同，它更多的是说城邦（和家庭）的自然来自人的自然。

这两段文本的不同也就可以佐证两个完全不同的政治性自然的版本：在第一个情况中，人的自然有赖于城邦的自然，而在第二个片段中，城邦的自然则有赖于人的自然。我们可以把第一个视作自然的政治学阐释，而第二个则是政治的自然学阐释。

为求分别勾勒出两者，我们就要借助对政治学的自然的两个批评性阐释来着手，这就是下面要提到的两个当代的古代哲学专家的阐释。一个叫作马里奥·维吉提（Mario Vegetti），他认为"'政治地位'是一种人的自然（本性）的规范性条件和规范性的出发点"。[①] 如果我们不在城邦中生活，我们就担当不起人之为人的价值。他这么写道：

[①] Vegetti, M., "Normal, naturel, normatif dans l'éthique d'Aristote", dans., G. Romeyer - Dherbey (dir.), *L'excellenece de la vie. Sur l'Ethique à Nicomaque et l'Ethique à Eudème d'Aristote*, Paris, Vrin, pp. 69 - 70.

"就自然而言是政治的",其实不只是说生活在社会环境中。而是说在道德和智性的层面上,在城邦社会中完美融入……政治性的地位也就是一种生命的复杂形式,在君子身上才能正确地实现出来,他也同时是道德和智性上得宜的公民,spoudaios。结果,就把这个形象的人的生命形式描述为规范性-本质性的,因为他实现出来人这种动物的特殊的自然,也对于亚里士多德也就同样给出了种的存在的条件性的规范……不是 spoudaios(君子)的人,就不是"真正"的人,也就是说,他没有实现出他的特有的自然,所以他甚至在人这个词最本然的意义上就不是人了;那他也就出于较低的退行梯级,就像雌性之于雄性那样在这个梯级上较低。

维吉提所得出的结论,也就是在"(物)种条件性下的规范"和等同于公民的君子(spoudaios)之间建立了同一性关系,也就是说对君子的规定与对人之为人的规定是一回事,而这一点与亚里士多德的分析是不兼容的。其实,要把(物)种的普遍性和政治建制的多样性关联起来,亚里士多德的做法是把"多样性"本身作为"规范性",就像《政治学》卷四的开篇:"因为必须要探讨的不只是最好的制度,也要探讨可能的制度,同样还有对于所有城邦而言最为易得和共通的制度。"①(《政治学》,卷四,1,1288b37-39)因此,把公民的美德等同于君子的美德就不是亚里士多德的学说之意。这种同一性被亚里士多德本人明确视作《政治学》卷三第四章的问题来处理:"这就是为什么公民的美德必然是制度上的功效。因为有很多种类的制度,很显然不可能对于好公民来说来要求德性,或说完美的德性,相对应。君子,则不然,我们说他是这样一种具有德性,或说完美德性的人。所以很可能是好公民,却不具有使其成为君子的德性,这是显而易见的。"②

---

① οὐ γὰρ μόνον τὴν ἀρίστην δεῖ θεωρεῖν, ἀλλὰ καὶ τὴν δυνατήν, ὁμοίως δὲ καὶ τὴν ῥᾴω καὶ κοινοτέραν ἁπάσαις.
② Pol., III, 4, 1276b30-34: διὸ τὴν ἀρετὴν ἀναγκαῖον εἶναι τοῦ πολίτου πρὸς τὴν πολιτείαν. εἴπερ οὖν ἔστι πλείω πολιτείας εἴδη, δῆλον ὡς οὐκ ἐνδέχεται τοῦ σπουδαίου πολίτου μίαν ἀρετὴν εἶναι, τὴν τελείαν. τὸν δ' ἀγαθὸν ἄνδρα φαμὲν κατὰ μίαν ἀρετὴν εἶναι, τὴν τελείαν.

与上述文字相印证，可见维吉提对于 T1 的阐述就未免偏颇了。

还有一个与之相反的阐释，是由库尔曼[①]（Kullmann）提出的，但仍有偏失，他的出发点在于摆脱黑格尔式的城邦理论的阐释。所以对于他而言，要重新对"国家相对于个体的优先性和国家的实体性"进行提问。对于他而言，城邦和人的政治性存在是"至少，部分而言，生物学演绎"的结果。事实上，"动物行为学和现代人种学都肯定了人的社会行为是部分地被基因限定了的"。[②] 对于"语言"也一样（这里用"语言"来翻译亚里士多德 logos 一词），"我们发现，在今天，在动物行为学上来说有一种相似的研究进路……洛朗兹（Konrad Lorenz）这位动物行为学家很清楚地展现了这一点"。[③] 洛朗兹学说就成了黑格尔的替代品，而人类学的优先性就先行于国家的优先性。

这些相互对立的关于政治意义上的自然的阐释观点（一个强调城邦基础为君子所本，一个强调城邦基础为生物学所证），其实都有一个共通之处：它们都不能去思考政治建制的多元性。无论它们把人的存在等同于公民，还是认为在基因上限定了社会和政治性的行为，它们在人性和政治之间所建立起来的关联看似都不是亚里士多德想要提出的那种关联；人之自然（本性）是一个单一性的种，而政治制度却是复多的，亚里士多德正是要维护后者的复杂性。由此看来，我们就无法将这种政治的理解建立在人的自然本性的基础上。即便可以，退一步而言，我们试图为上述相对立的阐释寻找基础，强调亚里士多德用"自然"一词的含混性，这两个阐释也没有一个可以与《政治学》接下来所展开的分析相容。

---

① Kullmann, W. (1993), "L'image de l'homme dans la pensée politique d'Aristote", dans., P. Aubenque (dir.), *Aristote politique*, Paris, P. U. F., pp. 161 – 184.

② "亚里士多德由此得出，polis，城邦，它也是就自然而然，如人一样，是政治性的存在。这里至少部分涉及一种生物学的演绎……人，对于亚里士多德而言，不是唯一的政治存在，即便人相比起其他动物而言最为具有政治性……政治动物是那些具有共同活动的动物……'政治'的性质也就并不如词的本源意义所暗示的那样，限于希腊城邦……人的生命 - 生态学分级……对于亚里士多德而言，是依据人所具有的群居动物的某些特征而来的，这对于人而言是内在的，一如对于其他动物。动物行态学和现代人种学确认了人的社会性行为是部分被基因决定的。"（库尔曼，1933：165～166）

③ 库尔曼，1933：167。

基于亚里士多德表达式的阐释

事实上，当我们要基于人的自然而推出城邦的自然的时候，我们强调城邦是自然的，这其实意味着去描述城邦和人之间的"具有时序和逻辑先后意义上的"因果关系并不重要。因为，我们也同样可以从另一方面反向地去说，"说人的自然出自城邦的自然"，这两者是等价的。亚里士多德在《政治学》接下来的表述中清晰地解释了这一表达：

> 我们说，在我们的最开始的说明中已处理了家庭组织管理的问题（oikonomia），以及一家之主的权力（despoteia），在这个意义上，人就自然而言是政治动物（physei esti anthropos dzoon politikon）。这就是为什么，即便当他们没有需要他人提供帮助的时候（mèden deomenoi tès para allèlôn boètheias），人也需要群聚而生（ouk elatton oregontai tou sudzèn）；特别是共同利益让他们聚合在一起，才能带来各自的幸福生活（tou dzèn heneken autou）。这当然是他们最开始的目的，他们一起和他们各自的目的都共通如此，但他们也为保持各自的生活聚群而居并形成政治群体（tou dzèn heneken autou）。也许，其实，如果这个生活不是那么充满痛苦的话，仅仅活着难道不也是具有了部分的幸福了吗。[①]（T3《政治学》，卷三，6，1278b17–25）

这个表达式的意义就在于："即便他们不是在需求的方面对彼此有依赖，人还是倾向于共同生活。"所以不是需求让人有了群体生活，而是人的自然促使人有这样的生活，在其中，人才能找到自身自然的全盛

[①] εἴρηται δὴ κατὰ τοὺς πρώτους λόγους, ἐν οἷς περὶ οἰκονομίας διωρίσθη καὶ δεσποτείας, καὶ ὅτι φύσει μέν ἐστιν ἄνθρωπος ζῷον πολιτικόν. διὸ καὶ μηδὲν δεόμενοι τῆς παρ᾽ ἀλλήλων βοηθείας οὐκ ἔλαττον ὀρέγονται τοῦ συζῆν· οὐ μὴν ἀλλὰ καὶ τὸ κοινῇ συμφέρον συνάγει, καθ᾽ ὅσον ἐπιβάλλει μέρος ἑκάστῳ τοῦ ζῆν καλῶς. μάλιστα μὲν οὖν τοῦτ᾽ ἐστὶ τέλος, καὶ κοινῇ πᾶσι καὶ χωρίς· συνέρχονται δὲ καὶ τοῦ ζῆν ἕνεκεν αὐτοῦ καὶ συνέχουσι τὴν πολιτικὴν κοινωνίαν. ἴσως γὰρ ἔνεστί τι τοῦ καλοῦ μόριον καὶ κατὰ τὸ ζῆν αὐτὸ μόνον, ἂν μὴ τοῖς χαλεποῖς κατὰ τὸν βίον ὑπερβάλλῃ λίαν.

面貌。政治的自然性对人而言就意味着政治性的群体的倾向不是基于需求，而是基于群体性所带来的更高诉求，也就是生命的附加价值，即对于人而言的所谓幸福生活（或美好生活）。作为政治动物的人的自然面向就是美好或幸福的生活。第六章结尾就点明了这个政治目的的自然性（因为政治的目的正是这一章开篇的问题，见 1278b15 – 17），通过区分家长式（或说家庭层面）和政治式（或说城邦层面）的不同最后凸显政治活动的目的。它们的不同在于家庭层面意味着主奴关系，如果这意味着某种共利的话，那也就是"主人的利益"而已（1278b35），这就完全不是目标在于治理的政治及经济层面的权力（1278b39），如果说政治经济层面也寻求共利的话。由此，政治生活和幸福生活就有了一个毗邻关系，它才使得其自然本性显露出来，并迸发出朝向其本身的冲动。我们就此而发现人类的种属上的特性与 logos 有关，与对利弊和义与不义的感知有关，这一点在家庭和政治层面是相通的。

  亚里士多德这么做，就指出了"人作为政治动物"最初的形式是暗含着一个批评的（而这一点在第三卷是正面明示的），也就是批评城邦最初是基于需求而建立，这正是苏格拉底在《理想国》① 里的观点。与把匮乏和需求作为城邦的起源截然不同，城邦体现的是群性的完备形式，它被探究是因为它使得人自身的功能得以展现，也就是理性活动的展现。城邦不是匮乏（steresis）的结果，而是一种积极属性促成的，这个属性也就是一种自然。一种自然其实就是一种状态（hexis）。这就是对就自然而言的政治动物的表达的亚里士多德本人的阐释，他把城邦作为一个目的，而非手段。城邦不是满足需求的手段，它因其自身的意义而成立起自身。我们知道，对于亚里士多德而言，所谓"所有的人都渴望获

---

① "就我而言，一个城邦要成为这个样子，是当我们中的每个人都觉得不自足，还欠缺很多的时候；或者，你认为，城邦的基础还另有起源？"（Γίγνεται τοίνυν, ἦν δ' ἐγώ, πόλις, ὡς ἐγῷμαι, ἐπειδὴ τυγχάνει ἡμῶν ἕκαστος οὐκ αὐτάρκης, ἀλλὰ πολλῶν ⟨ὢν⟩ ἐνδεής· ἢ τίν' οἴει ἀρχὴν ἄλλην πόλιν οἰκίζειν;）。还应该看到《法篇》，卷三，678e ~ 679c，同样一种原初的简单性和一种相对的丰富性被并提。

知"① 也是"就其自然而言"的。

《政治学》卷一的陈述不是一种孤立的表述，而是对《理想国》中苏格拉底城邦起源说的批判性回应。亚里士多德并不想要描述任何一种一般性的自然状态，而是置身一个论战之中来进行阐述的。活在城邦之中就是对人而言的自然状态；其中可以完全地展现出人作为能选择和能实践的主体的理性能力。立法者代表了实践智性的最高形式（phronesis），而城邦就是他们能依法生活的处所。所以，我们的问题接下来就变成了讨论法的自然的问题。

自然的法、成文法、不成文法

——提问的立场

我们陈述了政治的自然性——人就自然而言是政治动物，但这并不意味着在亚里士多德这里有一种自然法的观念存在：不存在一个在政治生活之前的自然状态，也不存在在政治性的自然之前的人的自然。（《政治学》，卷六，5，1319b37–1320a2）亚里士多德去考察保证制度（或体制）之事，就意味着只有相对于政治体制而言的法，且成文法和不成文法都同样是有待被建构的：

> 这就是为什么必须在我们讨论了制度存毁的方式之后，要继而讨论如何防止其被毁坏而保障其稳定性，因此而做成律法，立法是成文法和不成文法并举的，这样它们才最大可能地切合那些保证这些制度平稳之事。② （T4《政治学》，卷六，5，1319b37–1320a2）

然而，如果在政治活动之外，对于人而言没有自然性的实存，这不是要说凡是政治的就是自然的，这里的区别其实在于指向共善的正确制度和指向

---

① 《形而上学》A 卷，1，980a1：Πάντες ἄνθρωποι τοῦ εἰδέναι ὀρέγονται φύσει.
② διὸ δεῖ, περὶ ὧν τεθεώρηται πρότερον, τίνες σωτηρίαι καὶ φθοραὶ τῶν πολιτειῶν, ἐκ τούτων πειρᾶσθαι κατασκευάζειν τὴν ἀσφάλειαν, εὐλαβουμένους μὲν τὰ φθείροντα, τιθεμένους δὲ τοιούτους νόμους, καὶ τοὺς ἀγράφους καὶ τοὺς γεγραμμένους, οἳ περιλήψονται μάλιστα τὰ σῴζοντα τὰς πολιτείας.

统治者偏离了善的制度之间的区分。所以正确的建制的法律就该是自然的，而有所偏失的制度下的法律则是不那么自然的。如果这几点有待商榷，那就还要澄清一下在《修辞学》中，仅两处提及"普遍的法"（nomos koinos；1368b7 - 9 和 1373b4 - 6）的内涵，这就要看一下这个概念对应着什么。

——它不对应自然法的等价物而言

很多注家认为我们无法在亚里士多德那里找到今天所谓"自然法"的对应概念，比如德斯特（D. Destrée）的如下说法：

> 即便在持律法学实证主义看法的人那里，它也周期性地遭到贬损，不可否认的是，自然法的问题自索福克勒斯的《安提戈涅》以来的著名文段写下之后，就成为了欧洲人反思自然与正义的基础性问题。今天，人义法就是自然法的表达。但这些人义法当然具有自身的历史：提纲挈领地说，我们可以认为，它们都是现代自然法权（jusnaturalisme）的结点，这套系统试图基于一种人的自然本性而演绎出法律。但这一自然法权又已然属于一个漫长的历史，这段历史与我们直接相关，因为我们认为就传统线索而言，正是亚里士多德开启了这个问题的主导精神。然而，在这个线索发展上至少有两个主要的难点有待说明。第一个难点在于要显示出亚里士多德和我们现代或当代的自然法权论者之间的精神气质上的差异。对我们而言，人义法在根本上反对政治而回到伦理序列中，这些法都是在政治制度面前捍卫人的自由和尊严的城墙基或防护栏。而亚里士多德的实践哲学本身的组织，其人类学的基本原则就是与这个视角相反的。我们常把人就其自然是政治动物所依据的原理与《尼各马可伦理学》开篇的断言相对照，即是说政治是建筑术式的学问，这两个命题都先行意味着在城邦或一种政体之外别无人性的可能：一种非驻扎于政治学之中的伦理学对亚里士多德而言没有任何意义。[①]

---

① P. Destrée，《Aristote et la question du droit naturel》，*Phronesis* XLV/3（2000，Brill）.

所以毋庸置疑，在社会关系（家庭关系）或政治关系之外没有人的存在，亚里士多德并不想造出一个"鲁滨逊"，这里所谓鲁滨逊是马克思所谓的"政治经济的鲁滨逊"，《鲁滨逊漂流记》讲述了孤立的个体在孤岛上靠一己之力重建起社会的故事。我们说过了，在亚里士多德那里没有自然的法。与某些人认为的相反，《政治学》卷一并不是要呈现一个城邦的建成过程，亚里士多德要呈现的是基于一种分析法[①]的城邦在其完整样态下分解出的组建要素的最小单位。

自然的面向也就内在于城邦，这可以也被《尼各马可伦理学》的文本印证：

> 正义的政治，一部分是自然的，另一部分则是平等的；说它是自然的，是说都具有同样的潜能，而非我们都有对是或非的看法这一事实，而说它平等的，是说从一开始，就都是这样或那样，但当它实现之后又显得不同，比如缴一米纳的罚金或献祭一头山羊而非两头绵羊。(T5《尼各马可伦理学》，卷五，10，1134b 18–21)

我们之后还要对这段文字进行分析，其重要性不应被忽视，因为它出现在《尼各马可伦理学》（卷五，10）正好是对正义问题进行最完整的研究的部分。

——不成文法

至于不成文法，我们找到了《修辞学》中两个相对立的论题：不成文法有时（《修辞学》，卷一，13，1373b4–6）被归于每个城邦的各自的法律，它就既包括了成文法也包括了不成文法，这两者又与普遍法（nomos koinos）对立；有时（《修辞学》，卷一，10，1368b7–9）不成文法又近似视作普遍法，而与每个城邦的成文法不同。也就是说《修辞学》中成文法和不成文法的对立的表达是不稳定的，我们发现，① 1368b7–9 中，一个城邦自己的（idios）成文法和不成文法，也就是普

---

① 在《政治学》卷一，第一章，1252a18–23 中指明了这一方法。

遍法（koinos）相对立；然而这个表达是被一个希腊词 dokei 引出的，一般来说这意味着对一个意见的再现，而不一定是亚里士多德本人的想法。②而 1373b4-6 中，成文法和不成文法都属于城邦，两者一道与普遍法相对立，这一处理，亚里士多德用 legô 来引导其表达，意思是"我说"，表明这是一个他本人的见解。我们就此可以得出结论，这些文本并不在同一个层级，只有 1373b4-6 这一段所表达的才是亚里士多德本人的看法，它与 T3 所引的文本相扣：说明法律，不管是成文法还是不成文法都是构造出的，它们也就同样"就其本身"属于每个城邦。不成文法也就不会与普遍法混同了。这一点是在对正义与公道的关系的分析中被再次印证的。

——正义与公道

公道（epieikes）直接涉及这个问题，因为公道是"在成文法之外的公正（estin de epieikés to para ton gegrammenon nomon dikaion）"。（1374a26-33）然而公道的内容却始终被认为与法相关：

> 公道是成文法之外的正义。这有时与立法者的一致决议一道出现，有时不涉及这一面；不涉及这一面的，是在他们对情况无所察识之时；他们一致决议的，则是当他们无法规定（所有的情况）的时候，对于他们而言必须同普遍的方式进行表达，（同时）又不能如此普遍，而只是对大部分情况做出表达。不那么容易给出规定，是因为要面对的因素可谓无穷，举例而言，就如在利器创伤的情况下，凶器的大小，种类都无法穷举，因为生活的种种无常无法被逆料。（T6《修辞学》，卷一，13，1374a26-33）

公道也就是对公正的补充，当成文法前瞻不足时，因为实践中出现的情形无可限定，严格地执行成文法就会导致不正义：对铁器所伤的和在争执中被无意用铁指环划伤的，以同样的律法定罪就是不义的。亚里士多德接下来列举了具体情形，并借助公道来补充：要对那些过失性的、不凑巧的事加以宽宥等。公道的规则不是对法条进行考虑，而是对立法者的精神加以发挥的结果。

> 公道是去理解人事,考虑的不是法条,而是立法者;不是话语,而是立法者的思想;不是行动,而是选择;不是部分,而是整体;不是人当下所展现的性质,而是他一向如此或大部分时间如此的情形。(T7《修辞学》,卷一,13,1374b10 – 16)

公道也就是先于裁决的调解,它可以避免上诉到法官或法庭。

即便不论及正义与公道之间的这种补充性,也不可能在法律诉讼流程中将两者相对立,尤其不能将公道与法对立起来,当成文法对被告不利的时候,尤其不能用公道来抗法:

> 很显然,如果成文法对我们的案子不利,就应该诉诸普遍法和更为公道和正义的法。我们也可以说"在最好的精神"① 下做出(判决)就等于不要总在成文法最严苛的意义上使用它,而公道就始终存在并且永不改变,普遍法也一样如此,因为它是自然的,而成文法则时常在变。索福克勒斯的《安提戈涅》说的也就是这个:安提戈涅自辩说,她埋葬她的兄弟而反对了克里翁的法,但没有反对不成文法。
>
> ············
>
> 这就是神法,我相与之,而拒斥那出自单纯终有一死者的任意立法……②
>
> 我们会说,正是正义而非徒有其表才是真正和有用的事,在这里成文法结果也不是一种法,因为它不满足法的功能,就像试金石,法官有义务去区分正义的真伪;而正是最好的人本身对不成文法的使用,才使得成文法得以成立。(T8《修辞学》,卷一,15,1375a 27 – b8)

---

① dikastai 或者 héliastes 的誓词引文,这是雅典公民大会成员根据法律判投的时候宣誓说的,如果法律阙如或是含糊所谓最好意见(gnomè tè aristè)。
② 引文的最后是"忧惧专断,则自行乖悖而遭受神的惩处"。

我们看到诉诸不成文法被看作对于成文法的补充，当后者被破坏的时候，要回到立法者的精神去进行判决，以使得法可以实现其功能，不然它就会有一个断裂。它的功能，就像我们看到的那样，就是保证真正的正义得到实现，也对成文法不可避免的缺憾进行补充。

——普遍法

这段对字里行间的阐述，限于《修辞学》内部而言，可以指出某种关于普遍法的内容来。在1373b5–9中，我们诉诸某种义与不义的"预判（manteuontai）"（不是认知意义上的），"在一切群体和一切约定之外"的。这一正义和法的形式也就是在人类世界之外的，要么借助一种神性正义，要么借助一种宇宙性的正义，就像阿那克希曼德残篇一中所述的那种东西。接下来的文段1375a27–b8则将普遍法置于不同的上下文之中（即便是索福克勒斯《安提戈涅》的引文在两处都有出现），并将真正的法和成文法对立起来，前者是等同于公道的不成文法，而后者则不再是对正义的体现。当成文法不再是真正意义上的法的时候，就出现了这样的情形，因为它不再是对真正的正义的表达。在这后一个文段中，普遍法就与不成文法等同了，我们始终维持在人类世界的视野之中，也就始终维持在政治性的世界中了，如此建立起来的对立性的根本原则其实是真正的义和利与表面上的义和利之间的对立。义与利的问题正是与《政治学》开篇就涉及的政治性的自然面向的问题直接相关。（见T2）普遍法也就与政治一样，自然地、如此整体地存在着。

结　论

这最后一个在真正的、正义的法与虚有其名的法之间的差别，对应着正确的建制与有偏失的建制之间的差别。只有正确的建制才具有一种与"就自然而言"的正义相符的法律，这意味着真正的正义，因为"所有指向共善的制度都在于就单纯意义而言（haplôs dikaion）的正义的正确形式"，这与偏失的制度不同，后者仅指向统治者的善。（《政治学》，卷三，6，1279a17–21）其实，只有正确的建制的法才可能成为正义的：

在某种意义上，我们称正义的为一种可以产生和保存对政治群体而言的幸福及其构成部分的定则。（T9《尼各马可伦理学》，卷五，10，1129b17－19）

所以我们看到了对于亚里士多德而言，没有必要假设一个先于城邦的自然状态，为规定出什么是正义，他只需要对正确的建制和偏失的建制加以区分就可以了，这在政治活动内部，在共善的标准下就可以做出，也就将正义与不正义加以区分，自然法对他而言根本不是问题。

如果我们想要在亚里士多德那里谈出一点"政治性的自然面向"，那就意味着另一件事，意味着去理解人在政治之中找到他的自然的全盛状态，也就是作为理性和权衡着的存在的展现，而这意味着作为其行动的原理所在。政治是好的生活或说生活的场域，是全部实践着的生命所指向的所在，幸福在此实现出来。而我们已没有篇幅去继续谈论亚里士多德伦理学中的数种幸福的概念了，谨将此话题留待日后。

Aristotle's View on Nature in Political Science

Zeng Yi（Translator）

Abstract：When we respectively talk about the research objects of practical and theoretical philosophy, it seems that Aristotle applies "Nature" to both the research objects. The world of human beings and the physical world are also involved in the research of "Laws". Therefore, the thoughts of Aristotle are always regarded as the intellectual resources of "Natural Laws", based on which we believe that human beings also have their own "nature" or essence as the principle to build the social orders. Because of this, we are involved in the arguments on the relations between "nature laws" and political legislation. This paper aims to explain how Aristotle uses the concept of "Nature" to analyze the practical philosophical text, so as to study the status of "Laws" in Aristotle's thoughts, and discuss its status in modern society: are "Laws" natural, or established by human beings, or neither?

Keywords: Nature; Practical Philosophy; Legislation; Conventionalism

About the Author: Annick Jaulin (1945 -), Ph. D., Emeritus Professor in Université de Paris I (Panthéon - Sorbonne), Distinguished Professor in Sichuan University. Research interests and specialties: Ancient Greek Philosophy. Magnum opuses: *Ousia et Eidos*.

About the Translator: Zeng Yi (1981 -), Ph. D., Lecturer at Department of Philosophy, School of Piblic Administration, Sichuan University. Research interests and specialties: Ancient Greek philosophy. Magnum opuses: Aristotle's Metaphysics (Translated Work). E - mail: zengyi@ scu. edu. cn.

"灵魂的医生"与身体*

——再论苏格拉底的临终之言

于江霞**

【摘　要】　思想史上关于《斐多》中苏格拉底遗言的持久讨论正说明了遗言本身的严肃性。本文认为，获得灵魂健康，而非证实灵魂不朽，才是苏格拉底临终乃至终生的最为关怀之事。因此，他向医神献祭公鸡的临终嘱托其实首先是对自我健康的感激，这是通过关心自我的灵魂以实现神的关心而获得；其次是对集体治愈的感激，这是通过劝告他人关心自我灵魂的哲学讨论而实现。尽管身体有其脆弱性，但灵魂的健康必须在以身体为训练场所和质料的哲学生活中得以实现；《斐多》对身体脆弱性的揭示，实质是用一种隐喻的方式对人的具身生活本质的揭露，并以此暗示哲学实践之必要性和可能性。

【关键词】　医生　灵魂　身体　健康

西塞罗曾称理性是苏格拉底的药。（Cicero，2002）一生命运与"药"（哲学和医学双重意义上）息息相关的苏格拉底，在很大程度上就

---

* 本文为国家社科基金后期资助项目"技艺与身体：斯多亚派治疗哲学研究"（16FZX019）。
** 于江霞（1984~），博士，浙江财经大学伦理研究所讲师，曾访学于美国宾夕法尼亚大学哲学系、加州大学伯克利分校古典系和荷兰乌德勒支大学哲学与宗教研究系等。主要研究方向为古希腊哲学。曾有多篇论文在 Asian Philosophy、Journal of Academic Ethics、《自然辩证法研究》、《道德与文明》等期刊上发表。电子信箱：yjxdl@ live. cn。

是借助技艺类比，尤其是医学类比，阐明了他关于关心灵魂或自我的哲学理想。正是以"关心灵魂"为名，他一生致力于探索如何治疗由无知引起的各种灵魂疾病，并诉诸被称为"灵魂助产术"的哲学对话来启发人们灵魂中的德性知识和实践一种好的生活。而对苏格拉底这一医师[①]形象的树立功不可没的柏拉图更是当之无愧地被拉尔修称为"不朽灵魂的医生"。（拉尔修，2010）基于身心二元论和道德健康思想[②]，身体治疗与灵魂治疗之类比广泛散布于柏拉图的前、中期对话录中，医学隐喻或类比成为柏拉图哲学中至关重要的技艺类比的一部分。然而医学所面向的对象，即身体的特殊性，加之其作为灵魂医生的角色，又使其医学类比不同于一般的技艺类比，更非单纯的修辞工具。因为身体不仅作为灵魂的可类比对象，而且还经常以可对比，甚至是相对立的形象出现。

或许也是出于反击智者的需要（高尔吉亚等人曾就身体对灵魂的巨大影响力和灵魂的非自主性做出颇具说服力的常识性说明），曾受毕达哥拉斯学派影响的柏拉图在不同对话篇中表现出对身体，同时也是对灵魂的复杂态度。例如，从《高尔吉亚》将身体视为并非天生即恶的中性之物和对身心锻炼以获取其各自德性的呼吁，到《斐多》在认识论上，甚至略带道德色彩的对身体公开的贬低、仇视，以及借此对高贵灵魂和理智生活的赞扬，再到《蒂迈欧》对锻炼身体和身心和谐的强调；从被说服的身体到欲望的身体再到锻炼的身体等。如此，柏拉图对灵魂的自主性及对身体的主宰性可以说进行了一种规范性的说明。其中就身体提出最激进观点的对话当属《斐多》。正是在这篇对话中，柏拉图以一种极端的方式对身体的脆弱性及其与哲学生活之间的紧张关系进行了最引

[①] 不管是历史上的苏格拉底，还是柏拉图笔下的苏格拉底，似乎都更喜欢"医生"，而不是"教师"，尤其是"德性的教师"这个称号。这一点或许在《普罗泰格拉》（340d－e）和《高尔吉亚》（475d7，521e2－4，521a2－5）等文段中体现得尤为明显。在这里，我假定柏拉图对历史上的苏格拉底或前期作品中的苏格拉底的相关思想是尊重的，因此《斐多》中的苏格拉底形象并不简单的是柏拉图一时主观臆造的结果。

[②] 但值得注意的是，根据朗格等人的说法，身体的健康与灵魂健康之间的类比，即道德健康的思想，在历史上的苏格拉底那里甚至都未明确提出来，因此可能是柏拉图的创造（尤其是在《高尔吉亚》中）。参见Long, A. A., *Greek Models of Mind and Self. Revealing Antiquity*, 22, New York: Harvard University Press, Chapter 3, 2015。

人注目的展示。苏格拉底作为灵魂医生的形象,以及身体在这位哲学家的生活中所扮演的角色也体现得最为真切。而最鲜活的哲学场景莫过于苏格拉底临终时嘱托克里托向医神阿斯克勒庇俄斯奉献一只公鸡。

一 濒死的身体:自我的治愈

正如苏格拉底之死,《斐多》中苏格拉底的遗言也已成为一个争论不休、常谈常新的话题。很多学者将其视为一个柏拉图式的讽刺幽默或者一个反毕达哥拉斯主义的偶然事件,也有学者反对任何过度解读,而强调这只是一种宗教仪式上的请求。[1] 然而考虑到遗言本身的性质和所处情境(单独文本内的小语境和文本间关联的大处境),它可能不仅只涉及临终最近发生之事,而且还指向某种关系其一生的重要事件。[2] 因此在我们看来,苏格拉底的临终之言不仅关涉他对真理的最后探索,而且还暗示着柏拉图对其作为灵魂医生的一生的肯定。

《斐多》记载了苏格拉底在狱中服毒受刑前的最后一次对话,其主要对话者是通常被认为是毕达哥拉斯主义者的西米亚斯(Simmias)和赛贝斯(Cebes)。以苏格拉底濒死为背景,这篇讨论灵魂本质的对话主要围绕着两个问题而展开:"灵魂是否不朽",以及以此问题的答案为前提的"灵魂离开身体后是否更好"。然而在对话中,苏格拉底先是在所谓

---

[1] 另外,近年来比较重要的讨论有 Most, G., "A Cock for Asclepius", *Classical Quarterly*, Vol. 43, No. 1, pp. 96 - 111; Crooks, J., "Socrates' Last Words: Another Look at an Ancient Riddle", *Classical Quarterly*, pp. 117 - 125, 1998; Madison, L. A, "Have We Been Careless with Socrates' Last Words? A Rereading of the Phaedo", *The Journal of the History of Philosophy*, Vol. 40, No. 4, pp. 421 - 436, 2002; Wells, C., *The Mystery of Socrates' Last Words*, Arion: A Journal of Humanities and the Classics, Vol. 16, No. 2, pp. 137 - 148, 2008 等。

[2] 本文关注的重点不是其形而上学论证,而是更多的将这种论证纳入对话所彰显的伦理关怀中。其路径是既将对苏格拉底临终之言的理解置于对话场景中,但又非绝对地局限于言语间的显白之意。其目的在于,力图澄清由于对话者和语境的不同而造成的字面上反苏格拉底和柏拉图的一面,从而从文本内外寻找其一致性的一面。因此我们将讨论建基于两个前提之上:首先,拒绝将苏格拉底神秘化,尽管哲学史上从未就真实的苏格拉底形象达成一致意见;其次,假设柏拉图对话对苏格拉底形象的塑造是大体一致的。与此同时,我们也就排除了将病人视为正在生病的柏拉图,或者感谢医神使自己无痛苦地死去等可能性。

的"第二次申辩"中对后者进行了论证，其次才详细展开前者，并最终返回至后者。后者虽面向的是另一个世界的问题，但谈话的重点是这个世界的事情，即身体的本质和哲学家的任务：锻炼死亡或照看灵魂。之后，苏格拉底从四个角度论证了灵魂不朽问题，并就对话者的反驳做了一一回应。其中，从灵魂和肉体所代表的生活方式转向作为实体的灵魂、身体，探讨哲学家缘何及如何照看灵魂是后两个论证，即相似性论证和理念论的重点之一。论证结束后，苏格拉底进一步强调在任何时候都要关心灵魂，随后又不得不从理性转向信仰而介入另一世界的问题。不仅如此，苏格拉底还为之前未能尽善的理性论证做了一个神学补充：灵魂不朽是一种危险但可激发人的信心的信仰。（Cooper & Hutchinson，1997a）而人要做的就是他一直反复提及的，也是他最后告诫克里托的"关心自己"。（Cooper & Hutchinson，1997a：115b）

在身体变冷的临终之际，苏格拉底向克里托（Crito）做出了极为著名而又富有争议的叮咛：

"ὦ Κρίτων, ἔφη, τῷ Ἀσκληπιῷ ὀφείλομεν ἀλεκτρυόνα: ἀλλὰ ἀπόδοτε καὶ μὴ ἀμελήσητε."（Cooper & Hutchinson，1997a：118a2–3）

库珀（John Cooper）主编之英译本译为中文为："克里托，我们欠阿斯克勒庇俄斯一只公鸡；要祭献给他，（你们，作者加）别忘了。"[1]

这一遗言的表面之意似乎很清楚，但引出的疑问非常多：这里的"欠"是医学意义上的还是哲学意义上的？医神在这里是隐喻还是实在的？如果是隐喻的，谁才是真正的医生？谁又是痊愈者？他（们）是患何种疾病又是如何被救治的？概言之，对这一遗言的分析可以围绕"谁是医

---

[1] Cooper, J. M. & Hutchinson, D. S. eds., *Plato, Complete Works*, Indianapolis：Hackett Publishing Company, 118a, p.100. 译者还在这里注释说，病人通常向医神阿斯克勒庇俄斯祭献公鸡，以期获救，显然苏格拉底的意思是，死是对人生疾病的一种治愈。王晓朝本的中文翻译是："克里托，我们必须向阿斯克勒庇俄斯祭献一只公鸡。注意，千万别忘了"。参见柏拉图（2002）《柏拉图全集》第一卷，王晓朝译，人民出版社，第132页。王太庆本的翻译为"格黎东，我们还欠阿斯克雷彪一只公鸡。还了这个愿，别忘了"。参见柏拉图《柏拉图对话集》，王太庆译，商务印书馆，2004，第287页。

生""谁是病人""何种疾病""何种治疗"等几个问题而展开。

在以往众多的哲学评论中,比较有名的两个解释来自尼采和福柯。同样自称为"文化医生"的尼采的诠释颇为率直,但一度被奉为"标准解释"。在他看来,苏格拉底向医神致谢是因其想摆脱有病的、具身的生活,生命本身就是在患病。因此,苏格拉底本人即是病人、一个痛恨身体和生活的禁欲者和厌世者,而死亡是真正的解脱和痊愈。(尼采,2007)但福柯联系《申辩》《克里托》认为①,这里的疾病实际是一种持有虚假意见的灵魂疾病,而治愈则是通过关心自我($επιμελη\ έαυτοῦ$),具体说是寻求逻各斯或说真话($παρρησία$)这个根本之点来实现的。(Foucault, 2011)依此理路,福柯认为"$μὴ\ ἀμελήσητε$"②表面之意是不要忽略祭祀,但实际上还间接地与关心自我密切相关,因为所要献祭的神会在我们关心自己时帮助我们治愈自己。③所以,苏格拉底更多的不是以一个尼采眼中的病人和悲观主义者大发感慨,而是作为一个

---

① 福柯认为,在《克里托》中,克里托曾劝苏格拉底逃走。苏格拉底通过逻各斯和好的推理,促使克里托放弃了说服自己逃走的虚假意见,而转向尊崇真理本身,从而避免了灵魂不义。类似的,在《斐多》篇中,克里托又患上相信苏格拉底生好于死的疾病,而西米亚斯和赛贝斯则犯了认为一个人死后并不必然有一个不朽的灵魂的错误。正是由于对这些疾病的治愈,苏格拉底叫克里托给医神献祭公鸡。参见 Foucault, *The Courage of the Truth*, trans. by Burchell, Graham., London: Palgrave Macmillan, p. 108, 2011。
② $ἀμελήσητε$ 的动词原型是 $ἀμελέω$,主要有"不关心,忽略、忘记做"之意,在这里为第二人称复数、不定过去时的虚拟语气。Madison 从语法结构上解释道,如果仅将后半句翻译成"做 X,对于 X 不要忘记"(Do X and don't forget to X.),就会造成在一个祈使的……和一个否定虚拟的……之间笨拙、冗余的重言。参见 Laurel A Madison, "Have We Been Careless with Socrates' Last Words? A Rereading of the Phaedo", *Journal of the History of Philosophy*, Volume 40, Number 4, October, 2002, p. 433。再者,祈使语气与虚拟语气之间的连词"$ἀλλά$"(转折词,"但是"),可能暗示了话题的微妙变化。因此从文意与文法上看,我们认为该词在这里可能做一语双关之用。
③ 参见 Foucault, *The Courage of the Truth*, p. 113, 2011。福柯之解确实可通过苏格拉底在本篇对话的多处谈话中得到印证。例如,针对西米亚斯关于人性弱点的感叹,苏格拉底回应道:"如果灵魂是不朽的,它不仅在我们所称为生命的时间里需要关心,而且在所有的时间都需要。一个人如果不给予这种关心,将会面临很大的危险。"(107c1-5)而极为靠近这句临终之言的,苏格拉底对克里托"关心自己"的最后告诫似乎更能证明这一点。若联系其他对话,如《申辩》(29e1-30b4)、福柯曾仔细研读的《阿尔西比亚德》(127e9-128a1),以及《游叙弗伦》(13b-c)、《拉凯斯》(179d2-4)、《克里同》(46c-47d)、《高尔吉亚》(520a4ff)、《会饮》(21ba4-6),关心灵魂无疑是贯穿其中的一致主题。

灵魂的治愈者，一个通过神的帮助而治愈了自己的人在劝诫众人。

福柯的解读显然更令人信服，而其深刻之处就在于将苏格拉底哲学中的"关心自我"（επιμελη έαυτοῦ）观念提取出来。"ἐπιμέλεια"一词确实涉及对照管对象的义务，如神照看人，人照看自己的财物、身体和灵魂等，但亦可引申出勤勉和努力之意。（韩潮，2007）苏格拉底曾说过，人只有凭借坚持不懈的（καρτερίας）努力（ἐπιμέλειαι）才能取得美好和高尚的业绩。（Xenophon，1997：2.1.20）若沿着这种自我关心的路数，那么苏格拉底在逻辑上首先关心的应是他自己与真理的关系，渴望的是"使自己信服"的论证（Cooper & Hutchinson，1997a：91a9-10），庆幸的则是自己在濒死的身体面前对德性的坚守。在对话中，正投合场外人对苏格拉底"如何死去"的好奇心理（Cooper & Hutchinson，1997a：58c），苏格拉底如何直面濒死的身体，如何在言行中高尚、勇敢、从容地死去也得到了全面的展演。尽管苏格拉底对身体和热爱身体的人一再加以拒斥，但还是为腿上去除铁镣感到快乐，并在临终前坚持自己洗澡。因为这也是一种自我关心，但不是在寻求肉体快乐的意义上的自我放纵，而是在为自己负责意义上的自我管理。有德性地死固然是苏格拉底在当时情境下自我选择的结果，但更是其德性品格的自然释放和具身化。

而观其一生，探求善的知识与获得灵魂的健康也是苏格拉底的神圣使命。在为此使命而奔波期间，虽然他不时地遇到关于德性和有德性的生活的错误意见及其不健康的生活方式，但总能坚持对真理的追求和保持灵魂的正义，直到生命的最后一刻。这是自我关心的结果，如他所说，也是神的号召的结果和神的关心的实现。这正好体现了"ἐπιμέλεια"的两重含义，即神的关心和自我的勉力与责任。而这也对应着遗言中隐含的双重意思：因神的关心而向神献祭，但还要自我勉力，不要不关心（自我）。因此，当他完成生命中最后的哲学讨论时，向神表示感谢是自然的。由于其所致谢的具有人类血缘的医神阿斯克勒庇俄斯不仅是一个医治者，据说还是一个拥有广泛权力的救助者和帮助者（Parker，1996），这就不仅使神之看护和自我照管的一致性得以再次显明，而且也使苏格拉底的"虔诚的'不虔诚牛虻'"这一形象得到了维护。

因此,苏格拉底的灵魂得救显然不是缘于自然的死亡,即灵魂和身体的分离,而是通过在世的哲学实践对灵魂进行守护、照料的结果。真正的救治之方不可能去来世中找,而只能回归于现世。况且,遗言中的"$φειλομεν$"为不定过去时,表明"欠"这一行为已发生。因此被尼采等大多解释者确定为治愈良药的"死亡"在何种意义上治愈了苏格拉底,尤其是其他人,是值得讨论的。[①] 与之相关的另一问题是,这个句子的所有动词均用复数,显然得救的人不只是苏格拉底一人;但这个集合的剩余部分是克里托,还是在场的少数人或所有人,抑或是现场之外的人,是不清楚的。由于病人主体、死亡都与灵魂不朽这个话题密切相关,因此解决问题的关键集中于应从何种角度解释苏格拉底遗言:是灵魂不朽的论证还是关心灵魂以成为一个德性的人这个苏格拉底的毕生主题?或者说这两者存在何种关系?由于无法简单地否定或赞同任何一种观点,我们只能回到对话中,以尽可能地厘清死亡,即灵魂和身体的分离与灵魂的治愈之间的可能关联。

二 论证中的身体:集体的治疗

如上文所述,由于后半句中的主语是"你们",因此不可能只包括克里托自己;从对话中的表现看,克里托对关心灵魂、过哲学生活这一教义的领悟和实践效果也并不如西米亚斯和赛贝斯等人,[②] 因此这里最可能指现场所有人。显然,他们的获救更不可能是依靠真实的死亡这种途径,而只能是通过哲学生活对灵魂进行训练和纯化。因为如果将治愈之方视为灵魂与身体的分离,可以说除了苏格拉底外,没有任何人得到治愈。而且严格地讲,苏格拉底也是即将被治愈,而非已经被治愈。因

---

① 可参见 Crooks CJ. Crooks, "Socrates' Last words: Another Look at an Ancient Riddle", "Classical Quarterly, Vol. 48, No. 1, pp. 117 – 125 与 Madison(2002, p. 432)的讨论。

② Madison 等人也指出这一点(2002, p. 433)。

此福柯通过评介历史学家杜梅泽尔（Georges Dumézil）的观点解释说，按照一致性原则（principle of homologia），这是一种建基于苏格拉底与对话者之间友谊纽带的集体债务；一人得病，其他人也同样患病。同理，当一个真理被发现，所有参与谈论的人都会获得相同的逻各斯。作为这个治疗手术的指导者，苏格拉底与其他参与者的命运是紧密联系在一起的。（Foucault，2011：108-109）按这种理解，是所谓的"手术"，即面向前世与来世的灵魂不朽论证治愈了在场所有的灵魂。但如果这一结论是正确的，那么《斐多》中的灵魂不朽在关心灵魂这一哲人任务中究竟承担何种角色呢？

1. 灵魂的救治

令人失望的是，在论证过程中，苏格拉底对身体、灵魂、死亡等的定义或模糊或武断，不仅明显不同于其他对话，而且即使在本篇中也互不一致，进而影响了论证效果。[①] 由此看来，柏拉图和苏格拉底在这里的直接目的很可能是基于一种教学法的需要而对症下药，以克服所有对话者对死亡的恐惧和对追寻真理的动摇。鉴于对话者的信仰和主讲者的处境，"灵魂如何不朽"这个占据对话近三分之二篇幅的话题的确提供了一个很好的思想实验，这不仅为苏格拉底的哲学生活画上了一个完满句号，而且也使现场所有人获得了理智上的进步。如苏格拉底所阐明的，当前讨论的目的或者说寻求健康的原因，就他自己而言，是如何面对濒临的死亡，而对于其他人来讲，则是应对未来的生活。（Cooper & Hutchinson，1997a：90e）因此，这将是一种集体的治疗。然而从一种更全整的视角切入，苏格拉底的遗言却不仅集中于灵魂不朽论证，而且深入怎样关心灵魂，这也是《申辩》的庭前申辩中提到的哲学任务。或者

[①] 例如，在此对话中，柏拉图和苏格拉底并没有指出灵魂到底是自我、理智还是生命原则，而是似乎在交替使用这几种含义。又如，他们在对话开始直接将死亡定义为"灵魂从身体的分离"（*Phaedo*，64c），但并无任何论证，而在《申辩》时，苏格拉底还提到死亡可能是一种"移居"或"无梦睡眠"。（*Apology*，40c-d）参见 Plato，*Phaedo*，translated with notes by David Gallop，Oxford: Clarendon Press，pp. 88-91，1975；Laurel A Madison，L. A.，"Have We Been Careless with Socrates' Last Words? A Rereading of the Phaedo"，*Journal of the History of Philosophy*，Vol. 40，No. 4，pp. 427-428，2002。

说，这个关于灵魂不朽的论证作为一种哲学练习，正是关心或治疗灵魂的一种表现。对于苏格拉底来说，要实现自我关心和一种简单的生活，必须诉诸理性，关心逻各斯。神会关心那些通过寻求最强有力的论证以及德性知识而关心自己的人。而这一命题成立的后果则可以激励人们更加积极奋发地从事这种训练或实践（μελετάω 与 ἐπιμέλεια "关心"同源），因为教育和训练才是真正永恒，且唯一可以带到另一个世界的东西。(Cooper & Hutchinson, 1997a: 107d)

然而不管灵魂是否不朽，哲学实践毕竟是对居住在身体中的在世灵魂的训练：人的灵魂的健康是在与"身体"的欲望和感觉作持续的斗争中实现的，德性则是通过这种持久的训练而获得的。尼采正确地看到了苏格拉底对现实的人（脆弱的身体与有限的理智）（Cooper & Hutchinson, 1997a: 90e3）的弱点的清醒认识，这种医学式实践似乎预设了一种有疾病的人的生活，而神性的生活就是完全地摒弃身体。然而苏格拉底并不怀疑人寻求真理和获得德性的能力，因此他总是鼓励同伴们努力获得健康。(Cooper & Hutchinson, 1997a: 90e3-4) 而且从另一个角度而言，对人性与人的生活本质的这种洞悉恰恰是对自我认识与照管之必要性的揭示。因此，就《斐多》中的关键词之一——"φάρμακον"（Cooper & Hutchinson, 1997a: 57a2, 57b2, 63c6, 115d3, 116c3, 117a6）所具有的双重含义——"毒药"和"解药"而言，其表面上可以佐证尼采的观点，即对身体的毒药正是灵魂（或逻各斯）的解药，然而一种更准确的解读似乎应该是，身体之本性对于灵魂的治疗是重要的。

这是因为，无身体的生活毕竟对人来说是不可能的。神不需要汲汲于德性，而人寻求知识和德性的很大原因正是在于他们具身性的生活（embodied life）本质。所以苏格拉底的处方不是摒弃身体，而只是通过理性的统治或自我知识而控制、管理身体。而苏格拉底之所以成为苏格拉底也无非是依循此路，但他仍是一个有身体的人，一个爱智慧胜过爱身体的人。正是在一种不受约束和错误意见烦扰的生活中，苏格拉底树立了一个可以在最大程度上忘记身体的典型，并且引导着他的病人来治愈自我。所以当被问及众人做何事可以使自己愉快时,苏格拉底告诉克里托:他们可以通过在做任何事情时都关心好自己来取悦他和他们自己。(Cooper & Hutchinson,1997a:115b4-6) 当好自己的医生是最重要的:当一个人真正学会了自我照管和治疗,他才会主动地去关心他人。因此苏格拉底极为关心年轻人的灵魂,总是督促他们关心自己、关心德性,并使这种以相互间的哲学讨论为形式的关心成为一种惯例,直到生命最后。①

而且,苏格拉底作为众人之救治者的角色也得到了同伴们的认可。例如,斐多就称苏格拉底用技艺治疗了他们,使他们放弃逃离和失败,而追随苏格拉底一起审查论证。(Cooper & Hutchinson,1997a:89a4-6) 由于将自我因禁在身体之内的灵魂(Cooper & Hutchinson,1997a:82e-83c)才是主要的治疗对象,因此这种治疗的主要特点是通过正确地对待身体而治愈灵魂。虽然从苏格拉底的角度看,灵魂本身是纯洁的而不是某种化合物的一部分,但它必须具身化,必须与身体相结合,才能使人的生活成为可能。它的纯洁度则取决于它能在神的关心和自我的努力两方面达到一致的程度。只有朝着这个向度努力,一个人才能最终获得灵魂的健康而成为他的生活的主人。因此苏格拉底一再强调关于灵魂不朽的论证(作为寻求治愈的努力)仍需完善(Cooper & Hutchinson,1997a:77a1-5,84c6-8,107b4-9),并且指出厌恶推理(misology)(作为致病的原因)是最大的恶。② 因为如果说逻各斯是人之为人的根本,那么作为一种灵魂的旅行,激发和运用逻各斯的哲学探讨本身即表征着一种最好的人活着的状态,放弃这种努力则在实质上选择了一种灵魂的死亡。

---

① 这种通过不断训练而关心、治疗自我,并从自我治疗扩展至关心他者的哲学理路被很多希腊化哲学家所继承。人们尤其可以在斯多亚派的 *ἄσκησις*(训练、实践)观念与亲近性(*οἰκείωσις*)理论中看到其明显的痕迹。
② *Phaedo*, 89d2-3。苏格拉底在这里多次用到 *ὑγιές*(健康、健全)这个词,强调应相信真实论证的存在并且努力去寻求,进而暗示了人对真理的态度和相应的行动才是获得自我健康的根本之道。

2. 身体的在场

苏格拉底在讨论灵魂的同时也在事实上和隐义上讨论身体，而且大多时候这两者都在对立的意义上被剖析。然而当我们从论证过程本身转向现场的布景花絮，从思考中的抽象身体转向言行中的具体身体时，却发现《斐多》中所展现的画面其实是非常人性化的：在这个集体性的治疗活动中，理性与情感、快乐与痛苦、笑与泪相互交织，随处可见身体的在场。例如，克里托曾反复询问和提醒苏格拉底一些"身体之事"，包括谈话如何影响毒药的作用（Cooper & Hutchinson, 1997a：63d-e），是否对教育孩子有何指示（Cooper & Hutchinson, 1997a：115c），在何处埋葬苏格拉底（Cooper & Hutchinson, 1997a：115c）等。即使是在对神话的讲述中，当谈及大地和来世生活时，苏格拉底也是描述了一幅具身的理想的世界图景，即一个可以摆脱凡世疾病的美好身体所隶属的世界。（Cooper & Hutchinson, 1997a：84b）更有趣的是，当涉及那些经哲学纯化而享受无身体生活的亡灵的住所时，苏格拉底说道，"这是很难描述的"，"我们也没有时间这么做"。（Cooper & Hutchinson, 1997a：114c6-7）是这种生活和居所真的很难或没时间来谈，还是人类的理性根本就做不到这一点——即便是在神话中？实际上，苏格拉底在"第一次申辩"中就已说过，他对于死后的世界没有足够的知识，他也不认为自己有这种知识。（Cooper & Hutchinson, 1997b）或许真正的原因在于，只有此世这个与身体相连的世界才是人可知的、可把握的。即使灵魂到那个世界有可能过得更好，这也必须以在这个世界做得好为前提，而且这种纯化灵魂的在世努力是无限度的。

不仅克里托对苏格拉底即将失去的身体表示出持续的关注，苏格拉底本人也将论证效果与斐多是否以及何时剪"美丽的卷发"相联系，用以反对"厌恶辩论"。他还进一步将厌恶辩论类比于厌恶人，从而将问题根源转向人本身并使哲学讨论具身化。（Cooper & Hutchinson, 1997a：89b）不仅如此，在苏格拉底喝下毒药时，在场所有人都忍不住追随一直没停止哭泣的阿波罗多洛（Apollodoru）而掉下眼泪。（Cooper & Hutchinson, 1997a：117d2-4）尽管苏格拉底责备他们并劝其控制自己，但遗言表明他仍然认为他们已经得到治愈,对逻各斯的探寻是成功的。与之相关的是,苏格拉底在这篇对话中鲜明地反对自杀,其缘由是这是高级教义之规定,人是神的财产。(Cooper & Hutchinson,1997a:62b3)这似乎也是在强调,人负有在世责任并受神的关心($\dot{\epsilon}\pi\iota\mu\dot{\epsilon}\lambda\epsilon\iota\alpha$),因此人不应该从世界①中走出来而选择逃离、结束生命(而人的身体恰恰可以作为这个世界的隐喻),而这一点也可以被视为对尼采之解的回击。

如果说照看灵魂才是保持和恢复健康的根本路径,那么这个并不完善的灵魂不朽论证,确实从一个特殊的视界开出了某种药方。首先,论证灵魂不朽的这个过程本身作为一种哲学实践让现场所有人消除了对死亡的恐惧,并暂时地忘却了身体。其次,通过这场讨论,苏格拉底让所有人都认识到关心逻各斯、过一种哲学生活的重要性。最后,对死后亡灵情形的不同描述,明白人是否以及在何种程度上进行自我照管和努力会获得不同的疗效,有利于激发在世者自我净化的勇气。如果说这个论证过程对于"关心灵魂"这个主题同等重要,甚至重于结果,那么可朽的身体与这种自我关心或一种反思的哲学生活又有何种关联呢?

三 哲学生活中的身体:何以治愈

诚然,围绕着灵魂之好与灵魂不朽两个主题,苏格拉底谈话中的身体与灵魂在表面上是非常对立的。苏格拉底反复强调一个真正的哲学家应该将灵魂从身体中脱离出来,因为身体不仅具有物质需要,可能患病,带来激情、欲望、恐惧和愚蠢,而且还会引发战争、内讧,从而夺走实践哲学的闲暇;或者用困惑和恐惧扰乱闲暇中的人们,从而中断和阻碍

---

① 在63b处,苏格拉底说道,"我们人类就像处在某种'$\varphi\varrho o\upsilon\varrho\tilde{\alpha}$'中($\dot{\omega}\varsigma$ ἔν τινι φρουρᾷ ἐσμεν οἱ ἄνθρωποι)。"$\varphi\varrho o\upsilon\varrho\tilde{\alpha}$"有"监狱"和"哨所"两种翻译,库伯本和王晓朝本都选择前者,但我们倾向于采纳西塞罗的建议而选择后者。尽管西塞罗首先确认将生命视为"$\varphi\varrho o\upsilon\varrho\tilde{\alpha}$"这一观点来自毕达哥拉斯传统,但他在《论老年》中也将"$\varphi\varrho o\upsilon\varrho\tilde{\alpha}$"理解为"哨所"而不是"监狱"。参见 Cicero(1923),*On Old Age, On Friendship, On Divination*, Loeb Classical Library, New York: Harvard University Press, p. 77, 1923.

人们的哲学探索和对真理的寻求。(Cooper & Hutchinson, 1997a: 66b - d) 显然，这里对身体的有些攻击已经隐喻性地指向了现实社会和经验世界，而有身体的人根本不可能完全逃离这些外在的大身体。换言之，对应于对话在灵魂概念定义上的模糊性，其对身体概念隐喻含义的使用已超过了其字面意义。正如有些学者所评论的，在大多讨论中，身体与灵魂更多的不是作为本体论上的独立实体，而是分别代表着两种生活，即一种高级的生活与一种低级的生活，而死则是对投身于哲学的一种隐喻。(Madison, 2002)

但柏拉图和苏格拉底对身体和具身生活的脆弱性的全面揭示，正证明了实践一种哲学生活的必要性。人的具身性存在本身即意味着有限性和脆弱性，人的完善和幸福在某种程度上是通过转化这种脆弱性而获得的。既然身体是人作为人的宿命，而灵魂是更具可塑性的，那么通过持续地锻炼逻各斯，检查和抵制由身体的欲望和感觉而引起的错误意见、信念，就可以使灵魂变得更有德性，进而获得幸福。而这个过程本身就构成了哲学生活的主要内容。如果说哲学的实践是一种训练将灵魂与身体相分离的过程，那么前提是必须有一个身体，尽管这种分离是哲学意义上的。没有身体这个训练素材，就没有哲学实践和人的德性。而且尽管身体有一系列的脆弱性，但灵魂疾病的真正原因来自灵魂自身而不是身体 (Cooper & Hutchinson, 1997a: 82e - 83a)：在人的世界中，灵魂既是身体的生命赋予者、统治者，又是身体的囚禁者，最终需从这种自我异化中重塑、实现其自身。而且身体在灵魂寻求知识的过程中还发挥着重要作用，因为这里的身体主要是一个有感觉和情感的有灵身体 (an ensouled body)，正像在《理想国》、《蒂迈欧》和《法义》中，(有朽) 灵魂又是一个具身的灵魂 (an embodied soul) 一样。正像苏格拉底在第二个论证，即回忆论证中所承认的，人对知识的寻求开始于与世界的感性互动。(Cooper & Hutchinson, 1997a: 75a - 76a) 正是这种借助身体的感性互动激起了对知识的回忆，从而将人与另一个世界相联结。因此，无论这篇对话对身体的抨击多么激烈，其所描述的哲学生活或者说精神实践活动始终不能游离于身体领域。或许正是看到身体在哲学实践中的作用，所以才引发了柏拉图对身体的这种高度重视和特殊"偏爱"。①

此外，以身体为质料的哲学实践也训练、改造了身体。不可否认，由于人的自然本性更倾向于关注身体善，欲求外在的身体性之物，因此身体不可避免地从内、外两个方面成为寻求知识的障碍。然而人还是能够通过关注其灵魂，投身于思想生活而让灵魂短暂地与身体相"分离"，并使得灵魂这个真正的自我免受伤害。在某种意义上，所谓的死亡训练涉及的又是对身体以及在世生活的真正关心：使人不仅仅忙于、满足于一种肉体生活，而且追求一种值得的、有价值的在世生活，使灵魂成为真正的主宰者。因为做得好不仅仅是为了死得好，更是为了在世的活得好。真正健康的生活是由灵魂的健康做保证的。与之相关的是，其他对话篇中的苏格拉底也曾多次将德性与灵魂的健康相等同，将德性的卓越与身体的健康相对比。相对于身体的健康，灵魂的健康无疑是首要而根本的，只有治愈灵魂才能在一种内在的意义上应对身体的脆弱性和非自足性。更重要的是，人经常需要身体的医生来照管身体，但是必须依靠自身来关心灵魂。（Cooper & Hutchinson, 1997c）而且即使是身体的医生，也应该接受灵魂的治疗②，而一个灵魂的医生却可以间接地治疗身体。因为如《理想国》中所言，一个善的灵魂自身就可以带来身体的善，而不是相反。（Cooper & Hutchinson, 1997d）所以哲学才被苏格拉底视为"最伟大的技艺"。（Cooper & Hutchinson, 1997a：61a）经过这门技艺的洗礼，人们至少可以拥有一个苏格拉底式的身体，一个洗完澡

---

① 如果说柏拉图从负面暗示了这一点，而色诺芬则从正面讲述了苏格拉底如何将身体作为积极的训练材料。在色诺芬的记述中，苏格拉底是一个"从来不忽视身体健康，也没有称道过那些忽略身体健康的人"。他极为重视身体的锻炼和健康，因为这不仅直接有益于灵魂，能对思考产生好的影响，而且还利于人们获得德性，尤其是节制。他还强调人们所做的一切事情都需要用身体，而一个强壮、健康的身体是对人的强有力的保护。参见〔古希腊〕色诺芬《回忆苏格拉底》，吴永泉译，商务印书馆，1984，第8、140~141页。表面上，色诺芬笔下的苏格拉底形象非常不同于《斐多》中的形象，但从自我关心和寻求好生活的角度看，二者是一致、互补的。对苏格拉底来说，最关键的当然是关心灵魂，不断追求至善。但是身体的训练也不能忽视，因为其健康直接影响到灵魂的求善活动。完全由于不关心而造成的身体和心灵上的任何虚弱状态都是可耻的。
② 《普罗泰戈拉》开篇曾描述了与医学之父同名的希波克拉底欲求教于普罗泰戈拉以托付照料灵魂之事的急切之情。

后"容光焕发"（Cooper & Hutchinson，1997a：116b7）的身体。实际上，斯多亚派哲学家爱比克泰德正是将苏格拉底的这个容光焕发的身体形象视为哲学对身体之有益影响的见证（爱比克泰德，2004），从而使苏格拉底的已死身体也"活"了起来。总之，人的生活是一种具身的生活，人的世界是一个具身的世界。没有人能在其生命过程中真正地离开身体。或许柏拉图和苏格拉底真诚地相信灵魂不朽，但他们对身体的态度与毕达哥拉斯主义是不同的；经训练（ἄσκησις）后的节制，而不是禁欲，才是他们所推崇的实践行动。而当他们说我们必须超越对身体和对身体的关心时，关键之点也只是强调人必须抵制住身体欲望的侵袭。

综上，从柏拉图与苏格拉底的医生角色以及哲学生活和身体的关系入手，可以推出苏格拉底的临终之言主要指向的还是其毕生所致力的逻各斯的治疗和反思的生活。这种解读没有一味地追求简单性，但也没有刻意寻求神秘性，但坚持严肃地对待这一真诚的遗言。我们认为，在由柏拉图和苏格拉底所启发的哲学生活中，灵魂始终是自我关心的真正对象，而身体则可以说是灵魂的训练场所、素材和工具，从而使得哲学实践成为可能。所以，哲学并不是完全对立于身体，哲学家不仅教人们如何关心自己的灵魂，同时还启示人们应如何直接或间接地对待身体。作为医学式教学法的一部分，这不仅是一种对自我知识的探索，还是对他们作为医生之魅力的一种展示。对柏拉图和苏格拉底来说，基于人性的弱点，大多数人都需要不时地运用德性来面对和解决身体与灵魂之间，以及其代表的生活方式之间的冲突。哲学家，通过持续的哲学实践，将会更少地与身体以及身体之事所接触，在俗世生活中进行一种神性的生存。这种生活是通过对逻各斯的爱和持续的哲学论证得到保证的，而且这种生活中的身体实际上是一种处于最佳状态、与自我建立了最佳关系的身体。因为从一种现象学的角度看，只有有病、有问题、非正常的身体才会持续地在场。如果一个哲学家能体会到思考的乐趣，他就会暂时地忘记身体，从而使生命类似于一种死亡，即一种有身体的死亡。在这种生活中，他将完全被一种自我知识或真实的自我所统摄。这也就是苏格拉底作为一个哲学家的生活和他的生活哲学。没有了身体，苏格拉底通过他的哲学实践让后人反复讨论他的死。而通过选择一种合适的方式去死，他使人们真正地知道如何通过思想与实践获得永生。

参考文献

[1] 〔古罗马〕爱比克泰德：《哲学谈话录》，吴欲波等译，中国社会科学出版社，2004。

[2] 〔古希腊〕第欧根尼·拉尔修：《名哲言行录》（希汉对照本），徐开来、溥林译，广西师范大学出版社，2010。

[3] 〔德〕尼采：《快乐的科学》，黄明嘉译，华东师范大学出版社，2007。

[4] 韩潮：《海德格尔与伦理学问题》，同济大学出版社，2007。

[5] Cicero, *On the Emotions*: *Tusculan Disputations* 3 and 4, trans. by Graver, M. R., Chicago: University Of Chicago Press, 2002.

[6] Foucault, *The Courage of the Truth*, trans. by Burchell, Graham., London: Palgrave Macmillan, 2011.

[7] Cooper, J. M. & Hutchinson, D. S. eds., "Phaedo", in *Plato, Complete Works*, Indianapolis: Hackett Publishing Company, 1997a.

[8] Cooper, J. M. & Hutchinson, D. S. eds., "Apology", in *Plato, Complete Works*, Indianapolis: Hackett Publishing Company, 1997b.

[9] Cooper, J. M. & Hutchinson, D. S. eds., "Crito", in *Plato, Complete Works*, Indianapolis: Hackett Publishing Company, 1997c.

[10] Cooper, J. M. & Hutchinson, D. S. eds., "Republic", in *Plato, Complete Works*, Indianapolis: Hackett Publishing Company, 1997d.

[11] Madison, L. A., "Have We Been Careless with Socrates' Last Words? A Rereading of the Phaedo", Journal of the History of Philosophy, Vol. 40, No. 3, 2002.

[12] Parker, R, *Athenian Religion*: *A History*, Oxford: Clarendon Press, 1996.

[13] Xenophon, *Memorabilia*, trans. by Marchant, E. C., New York: Harvard University Press, 1997.

"The Physician of the Soul" and Body: Rediscussion on the Last Words of Socrates'

Yu Jiangxia

Abstract: The lasting discussion on the last words of Socrates in *Phaedo* has precisely showed the seriousness of the last words themselves. This paper argues that for the dying Socrates, even in his whole life, the crucial thing he cares about is not to prove the immortality of the soul, but to attain the health of the soul. Therefore, his final request of sacrificing a cock to the God of healing primarily showed his gratitude for his own health, which is realized by the God's care through his self-care of the soul. In the meantime, it also shows the appreciation for the communal recovery, which is achieved by his persuading others to cure themselves through philosophical discussions. Despite of the vulnerability of the body, the health of the soul should be attained in the philosophical life where the body acts as the training place and materials; the revelation of the vulnerability of the body in *Phaedo* actually indicates the nature of the human life in a metaphorical way, implying the necessity and possibility of philosophical practices.

Keywords: Physician; Soul; Body; Health

About the Author: Yu Jiangxia (1984 -), Ph. D., Lecturer in Institute of Ethics, Zhejiang University of Finance & Economics. She once did her research in Department of Philosophy at University of Pennsylvania, Department of Classics at University of California, Berkeley, and Department of Philosophy and Religious Studies at Utrecht University as a visiting scholar. Research interests and specialties: ancient Greek philosophy and especially, Stoic philosophy. She has published many articles in national as well as international journals, such as *Asian Philosophy*, *Journal of Academic Ethics*, *Studies in Dialectics of Nature*, and *Morality and Civilization*, etc. E-mail: yjxd1@ live. cn.

从"权杖"到"树床":荷马史诗中的自然与习俗问题

陈斯一[*]

【摘　要】　自然与习俗、人性和政治的关系是贯穿《伊利亚特》和《奥德赛》这两部荷马史诗的一条主题性思想线索。本文试分析《伊利亚特》开头处的"权杖"和《奥德赛》将近结尾处的"树床"这两个关键意象的象征意义,结合阿基里斯、阿伽门农、奥德修斯三个角色的异同,论述荷马史诗对自然与习俗问题的处理。

【关键词】　荷马史诗　自然　习俗　人性　政治

一　《伊利亚特》的问题:从"权杖之争"谈起

《伊利亚特》以阿基里斯针对阿伽门农的愤怒($μῆνις$)开篇。[②] 在很

---

[*] 陈斯一(1986~),剑桥大学古典学博士,北京大学哲学、宗教学系助理教授,研究方向为西方古代哲学、伦理学、政治哲学,主要著述有《奥古斯丁论虚无、质料与恶的起源:一份形而上学解释》《亚里士多德论政治优先性——古典政治哲学的形质论逻辑》《从"柏拉图主义上升"到"奥斯蒂亚异象"》《亚里士多德论家庭与城邦》等。电子邮箱:13552337161@163.com。

[②] 荷马史诗的中译参考荷马(2015a)、(2015b)。笔者仅对个别人名、神名、地名和关键词汇的译文进行了调整。《伊利亚特》开篇的第一个词$μῆνις$极为重要,名词形态的$μῆνις$在这部史诗中一般专指神对人的愤怒,导致这种愤怒的缘由往往是人的狂傲之举僭越了神性和人性的界限(Iliad 1.75、5.34、5.444、13.624、15.122、16.711);唯有在此处,$μῆνις$表达的是一个英雄对另一个英雄的愤怒。荷马似乎在暗示听众,阿基里斯与阿伽门农的区别接近神性和人性的区别,前者对后者的冒犯扰乱了人神高于人性的自然秩序。参见 Redfield, 1979:95-110。事实上,荷马虽未道明但其听众应该熟知的关于阿基里斯身世的传说,已经指明了他和神性的特殊关联,参见 Slatkin, 1995。

大程度上,阿基里斯和阿伽门农的冲突象征着自然和习俗的冲突,甚至指向了神性和人性的冲突:尽管阿伽门农是"人民的国王",拥有阿开奥斯阵营最高的政治权威,但阿基里斯才是"神样的",具备最高的自然卓越。(Iliad 1.1 – 7, cf. 1.280 – 281)在前两卷对史诗情节的基本展开中,荷马①巧妙地利用了"权杖"的意象来说明上述冲突:在阿伽门农宣布夺走阿基里斯的女俘布里塞伊斯之后,阿基里斯听从雅典娜的劝说,抑制住杀死阿伽门农的冲动,随即举起统领全军的权杖起誓,诅咒阿开奥斯人被特洛伊人(特别是赫克托尔)击败,直至他们不得不"怀念阿基里斯",而阿伽门农也将"悔不该不尊重阿开奥斯人中最英勇的人"。(Iliad 1.240 – 243)在发誓之前,阿基里斯这样描述手中的权杖:

> 我凭这根权杖起誓,这权杖从最初在山上脱离树干以来,不长枝叶,
> 也不会再现出鲜绿,因为铜刀已削去它的叶子和树皮;现在阿开奥斯儿子们,
> 那些立法者,在宙斯面前捍卫法律的人,手里掌握着这权杖。
> (Iliad 1.234 – 239)

树枝脱离了自然的母体("树干"),经由人为的技艺加工("铜刀"),成为政治权威约定俗成的象征("权杖")。阿基里斯强调自然和习俗的分裂、后者对前者的戕害,以控诉统治者阿伽门农以及支持他的全体阿开奥斯人("阿开奥斯儿子们")对自己犯下的不义,并且将这个看似偶发的冲突上升为人间政治诉求对神性自然卓越的原则性冒犯。②在宣泄了愤恨之后,阿基里斯将"嵌着金钉的权杖扔在地上",表示他

---

① 本文将使用"荷马"指称《伊利亚特》和《奥德赛》这两部史诗的作者。
② 阿基里斯用 δικασπόλοι(王焕生的中译为"立法者",更为字面的翻译为"正义的执行者")一词指涉对自己犯下不义的"阿开奥斯儿子们",具有强烈的反讽意味,也透露了尖锐的洞察力。实际上,阿基里斯的自然卓越不仅体现为无人能敌的超强武力,而且体现为异于常人的反思能力。这一点在下文将要分析的第九卷之阿基里斯对使团的拒绝中有着更加充分的展现。

与共同体的决裂。(Iliad 1.245)

荷马第二次提到这根权杖是在第二卷的开头。阿伽门农遭到宙斯欺骗，误认为能够很快攻下特洛伊，但是却自作聪明地试探军心，结果导致局面失控。就在阿伽门农走出营帐准备假意宣布撤军的时候，荷马描述了权杖的来历：

> 阿伽门农站起来，手里拿着权杖，
> 那是赫菲斯托斯为他精心制造。
> 匠神把它送给克洛诺斯之子，大神宙斯，
> 宙斯送给杀死牧人阿尔戈斯的天神，
> 赫尔墨斯王送给策马的佩洛普斯，
> 佩洛普斯送给人民的牧者阿特柔斯，
> 阿特柔斯临死时传给多绵羊的提艾斯特斯，
> 提艾斯特斯又交给阿伽门农，使他成为
> 许多岛屿和整个阿尔戈斯的国王。(liad 2.100 – 108)

在阿伽门农手中，权杖不再象征技艺（象征着政治习俗）对自然的侵犯，而是承载诸神的秩序（赫菲斯托斯将权杖献给宙斯，宙斯再将权杖赐予赫尔墨斯）和王者的世系（权杖先后由佩洛普斯、阿特柔斯、提艾斯特斯、阿伽门农掌管）。权杖的神圣来源和传承历程为它所象征的政治权威奠定了基础（cf. Iliad 9.97 – 100），而阿伽门农面对全军的第一次正式发言，其场景也俨然城邦的常规政事议程：首先是"君主"与"长老议事团"的内部会晤，继而由"君主"将商定的决议宣告给"公民大会"。(Iliad 2.53 – 99)[①] 在《伊利亚特》中，如果说阿基里斯代表着英雄最完美的自然本性，那么阿伽门农则承载着阿开奥斯阵营的政治维度。

[①] 在来到特洛伊的阿开奥斯人中间，阿伽门农的地位类似君主；长老议事团并不都由长者组成（但其中最重要的一员仍然是年长的涅斯托尔）；公民大会则对应于全体将士。关于《伊利亚特》中战争双方的政治结构问题，参见 Sale, 1994: 5 – 102。

阿基里斯摔权杖诅咒全军，阿伽门农持权杖试探军心，而阿开奥斯人先是因为阿基里斯负气不战而士气大挫，继而又被阿伽门农的颓丧发言所刺激，故"骚动起来，有如伊卡洛斯海浪……奔向各自的船只"。（*Iliad* 2.144 – 150）这是《伊利亚特》中阿开奥斯阵营的第一次全面危机，此危机由阿基里斯和阿伽门农的冲突引发，其深沉根源正在于不同意义上的"最好的阿开奥斯人"之间自然天性和政治习俗的强烈张力和严重失衡。阿基里斯负气不战并诅咒全军，是要以牺牲整个共同体为代价来恢复个人的荣誉、证明其天性的卓越，其天性中争强好胜的单方面诉求完全无视共同体的利益；阿伽门农试探军心的灾难性决策在很大程度上是思虑过度和自作聪明所致，他一方面渴望速战速决赢得战争，另一方面又想让议事的将领承担攻城的责任，这种造作的政治计谋压制了自然的血气本能（cf. *Iliad* 9.37 – 39），最终弄巧成拙。（Owen, 1989: 20 – 22）

在阿基里斯和阿伽门农共同造成的危机中，唯有天性和地位居于二者之间，实现了自然卓越和政治习性之平衡的奥德修斯能够力挽狂澜，"他奔跑……一直去到阿特柔斯之子阿伽门农那里，接过那根祖传的不朽权杖"。（*Iliad* 2.183 – 186）奥德修斯手握权杖上下奔走，区别对待"显赫的人物"和"普通士兵"，"用温和的话语阻止"前者，对后者则"拿凶恶的话语责骂"（*Iliad* 2.188 – 206）；至于以下犯上的特尔西特斯，奥德修斯则"厉声斥责"，并"拿权杖打他的后背和肩膀"（*Iliad* 2.245 – 269）。此举取得杀鸡儆猴的效果，获得全军一致赞许，军队秩序这才得以恢复。最终，奥德修斯手持权杖动员全军，成功化解了这次危机。（*Iliad* 2.278 – 332）奥德修斯面对危机的处理方式既展现了领袖的威严和熟稔的统治技艺，又不失天生的果敢和机智，这种自然品性和政治能力的平衡也反映在了他对于权杖的运用之中：在奥德修斯的手中，权杖既恢复了政治权威应有的威慑力，又被用作一件得力、应手的武器。正如赛斯·伯纳德特（Seth Benardete）所言，"只有奥德修斯知道如何在权杖之中结合阿伽门农的地位和阿基里斯的力量"。（Benardete, 2005: 34）

以权杖的三次运用为叙事线索，《伊利亚特》前两卷对阿基里斯、阿伽门农、奥德修斯三人各自性格与作为的刻画生动而精确地展现了荷马对人性与政治、自然与习俗之关系的深入理解，而整部史诗主体性的故事脉络正是据此展开。阿伽门农夺走布里塞伊斯、阿基里斯退回营帐之后，阿开奥斯人尽管一度取得了局部的胜利①，但是宙斯还是兑现了他许给忒提斯和阿基里斯的诺言，帮助特洛伊人大败阿开奥斯人，致使阿伽门农在强大的压力下不得不派出由奥德修斯带领的使团去向阿基里斯道歉，恳求后者出战。然而，阿伽门农的致歉演说丝毫没有减弱对自身权威地位的强调（Iliad 9.115 - 161），尽管奥德修斯明智地删去了最具冒犯性的几句结束语②，但是阿基里斯还是被这份演说再次激怒，不仅拒绝返回战场，而且打算彻底抛弃阿开奥斯人，起航回家。在阿基里斯拒绝使团的诸多理由中，最重要的一条是他对于生死和荣辱的全新领悟：一切荣誉都可以失而复得，但是"人的灵魂一旦通过牙齿的樊篱，就再夺不回来，再也赢不到手"。（Iliad 9.408 - 409）这意味着阿基里斯已经在很大程度上摆脱了对于荣誉的执着，超越了通过争夺荣誉而在共同体中证明自我的习俗生活，进入由纯然个体的生死两分所构成的自然视野，正是这种不无痛苦和孤独的超脱使得阿基里斯内在的精神状态与阿开奥斯人的集体事业，甚至与整个英雄式的价值世界彻底疏离，其存在抵达了自然与习俗的边界。③

　　此后，帕托克鲁斯被赫克托尔所杀，扭转了阿基里斯的生死抉择，

---

① 其中，狄奥墨得斯的战功尤为显著，主要参阅《伊利亚特》第四卷、第五卷。在阿基里斯缺席的情况下，狄奥墨得斯扮演了战场上的统领角色，而这位英雄虔敬、忠诚、服从权威的性格特征（esp. Iliad 4.401 - 418）也衬托了阿基里斯唯我独尊的个体。参见 Owen, 1989：47 - 53。

② "愿他让步——冥王哈得斯不息怒，不让步，在全体天神当中最为凡人所憎恶。愿他表示服从，我更有国王的仪容，我认为按年龄我和他相比我也长得多。"（Iliad 9.158 - 161, cf. 300）

③ 正是通过阿基里斯对使团的拒绝，荷马在《伊利亚特》中第一次向听众交代了这位英雄所面对的两个命运的选择。（Iliad 9.410 - 416）如果说阿基里斯原初的选择（以英年早逝为代价获取至高的荣誉）是英雄价值的至高典范，那么他的第二次选择（放弃荣誉、享尽天年）就意味着与英雄价值世界的主动疏离。然而，正是在这一疏离中，阿基里斯超越一般英雄的神性才得以充分展现。参见 Arieti（1986）：1 - 27。

使他毅然选择复仇和赴死（Iliad 18.95 - 126）。但是回到战场的阿基里斯非但没有真正返回荣誉的人性意义和英雄价值的习俗世界，反而越过了习俗与自然、人性与神性的边界，上升到完全自然的、无限接近神性的高度。与此同时，阿伽门农继续在张力的另一端承载战争的政治维度，只是其政治性不再体现为对权力的滥用和人间权威对自然秩序的僭越，而是体现为以统帅的身份首次向阿基里斯真诚致歉，从而恢复阿开奥斯阵营的正常秩序。可以说，帕托克鲁斯之死是《伊利亚特》情节的根本转折，该事件在促使阿基里斯和阿伽门农和解的同时，也让两位英雄更加充分地成为自身之所是。然而，正因为如此，双方在史诗中的对立象征意义之间的张力并未随着两人的和解而消除，反而获得了更加极致的展现，这集中体现为阿伽门农坚持完成致歉的献礼和祭祀仪式，其用意在于通过严肃的政治程序修复共同体的裂痕（Iliad 19.140 - 144，184 - 197，250 - 265），而阿基里斯复仇心切，甚至连吃喝都不顾就要空腹出战，当然更没有任何耐心去完成阿伽门农准备好的一系列仪式（Iliad 19.145 - 153，198 - 214）；最终，阿基里斯同意让全军上下先用餐再出战，但是自己仍然拒绝吃喝，以至于宙斯不得不亲自命令雅典娜将神的食物和饮料"灌进他的胸膛，免得他受渴忍饥饿"。（Iliad 19.340 - 354）阿基里斯得以享用神的食物和饮料，表明了他此刻超出人性的境界，而这种超越性在他出战后的一系列表现中得以进一步确证。[1] 在如此"神样的"阿基里斯和终于配称"人民的国王"的阿伽门农中间，奥德修斯再次发挥了平衡与协调的作用。在和解的全军集会召开之初，荷马特别提及奥德修斯"瘸拐着赶来参加，手中拄着长枪，带着未痊愈的创伤"。（Iliad 19.40 - 49）面对阿伽门农的政治考虑和阿基里斯的自然冲动，奥德修斯一方面力劝阿基里斯和全体阿开奥斯将士一起用餐，另一方面建议阿伽门农简化仪式、抓住致歉的重点——阿伽门农应该当着全军的面发誓，他"没有碰过她（布里塞伊斯）的床榻，触动过她"。（Iliad 19.154 - 183）在阿基里斯和阿伽门农最终的和解中，奥德修斯再次扮演

---

[1] 参见 Schein, 1985：79；Hammer, 2002：107；Koziak, 1999：1082；Sale, 1994：100。

了极其重要的作用，正是因为有他的斡旋和疏解，阿基里斯和阿伽门农各自的原则性差异才没有再次升级为不可调和的全面冲突。而正是在这次和解之后，两个"最好的阿开奥斯人"得以最终实现各自的使命：阿基里斯很快将以生命为代价为友复仇，完成自己最初选择的命运，而阿伽门农也终将带领阿开奥斯军队攻陷特洛伊，夺回海伦，赢得这场十年的鏖战。

通过讲述阿基里斯和阿伽门农的冲突与和解，荷马交代了《伊利亚特》在思想层面的根本问题，也就是自然与习俗的张力和冲突。① 虽然奥德修斯只是这部史诗的配角，但是通过刻画他居于阿基里斯和阿伽门农之间、兼具自然卓越与政治禀赋的形象，诗人已经预告了《奥德赛》对自然与习俗之问题的解决。下面，我们将转入对《奥德赛》两个关键段落的分析以阐述这一解决的具体方式。

二 《奥德赛》的答案：从"摩吕"到"树床"

流传下来的两部"荷马史诗"是同一位诗人所作，是两位不同的诗人所作，还是口头传唱的历史性成果，这类学术史上争论不休的问题对于本文的主旨来说并不重要，因为我们关注的是贯穿于《伊利亚特》和《奥德赛》这两部公认经典的问题脉络，正是这一问题脉络构成了古希腊文化在源头处的自我反思。（Richard，1993：37 - 54）不过，两部史诗在叙事风格和精神取向上确有显著的不同。关于二者的主要区别，我们不妨引用古典学家理查德·卢瑟福（Richard Rutherford）的精简概括："阿基里斯的故事讲的是一个人如何一步步与他自己的社会相隔离……而《奥德赛》则讲述了一个人和他的妻子团聚，使得家庭和王国恢复和平与秩序。"（Richard，1993：53 - 54）上一节的分析已经表明，在《伊

---

① 我们选取阿基里斯和阿伽门农的关系来展现《伊利亚特》的这一主题性线索，主要是为了表明奥德修斯的中间者形象，以便为下一节的论述做准备。就《伊利亚特》自身而言，自然和习俗的冲突当然更为明确地体现为阿基里斯和赫克托尔的冲突。参见 Redfield，1994。

利亚特》以自然与习俗的张力和冲突为焦点的主题性线索中，奥德修斯作为处于二者之间的自然能力与政治习性相平衡的调和者，在阿基里斯与阿伽门农的决裂所造成的危机以及他们最终的和解中，都发挥了至关重要的作用。而在《奥德赛》中，奥德修斯作为当仁不让的主角，通过其历险归乡、家庭团聚、重夺王位的故事，更为显著和充分地展现了他所承载的人性和政治理想。

在《奥德赛》第九至十二卷中，奥德修斯对好客的费阿刻斯人讲述了他在归乡的漂泊中经历的九次奇异遭遇，其中第五个故事居于至关重要的中心地位。（Benardete，1996：63）奥德修斯一行人来到魔女基尔克的岛屿，远远看见一座宫殿，有炊烟从宫宅中升起。历经磨难的奥德修斯对陌生岛屿的宫殿充满警惕（Odyssey 10.151-152），再三思虑之后，决定用抽签的方式选出先头部队前去宫殿查看。由欧律洛科斯带领的一伙人来到基尔克的宫殿面前，看见"宅邸周围有生长于山林的狼群和狮子，但她（基尔克）让它们吃了魔药，陷入了魔力，它们不再向路过的行人猛扑进攻，而是摇着长长的尾巴，站在道边。如同家犬对宴毕归来的主人摆尾，因为主人常带回食物令它们欢悦；健壮的狼群和狮子也这样对他们摆尾"。（Odyssey 10.212-218）基尔克以美妙的歌声诱惑众人入宫，除欧律洛科斯"留在门外，担心有欺诈"外，其他人都进入宫殿接受了款待，结果魔女"在食物里搀进害人的药物，使他们迅速把故乡遗忘。待他们饮用了她递给的饮料之后，她便用魔杖打他们，把他们赶进猪栏。他们立即变出了猪头、猪声音、猪毛和猪的形体，但心智仍和从前一样"。（Odyssey 10.235-240）基尔克的魔力在于她既可以驯化凶猛的野兽，使之变为家中的牲畜，也可以把人变成动物，用猪的身体囚禁人的心智。① 欧律洛科斯发现同伴一去不复返，"立即跑回乌黑的快船，报告同伴们遭遇到令人屈辱的不幸"，建议奥德修斯扔下那些同伴赶快离开。（Odyssey 10.244-269）奥德修斯却回答道：

---

① 荷马用来指称被困于猪身的人类心智的词是 νοῦς。关于灵魂的囚禁，比较柏拉图《斐多篇》，82e。

>欧律洛科斯，那就请你留在这里吧，
>
>在壳体乌黑的空心船旁尽情地吃喝，
>
>我却得前去那里，强大的必然性降于我。（Odyssey 10.271 - 273）

王焕生先生将上述最后一行诗句后半句译为"因为我责任在肩"，但是原文更为字面的含义是"强大的必然性（κρατερὴ…ἀνάγκη）降于我"。这一令人费解的用语其实是荷马有意为之：一方面，和阿基里斯形成强烈对比的是，奥德修斯自始至终保持着对于同伴命运的关切（"我却得前去那里"），这展现出他身上固有的政治属性；但另一方面，奥德修斯对这种关切的表达（"强大的必然性"）不带任何道德色彩，其政治属性更多是某种不可避免甚至无可奈何的天性使然，这又和阿伽门农（以及赫克托尔）惯用的表达迥异。①

在奥德修斯前往基尔克宫殿的途中，赫尔墨斯下凡相助。他不仅将基尔克的魔法陷阱警告奥德修斯，而且指点他运用一种神奇的药草来进行防御：

>弑阿尔戈斯的神一面说，一面从地上
>
>拔起药草交给我，并将它的自然展示给我。
>
>那药草根呈黑色，花的颜色如奶液。
>
>神明们称这种草为摩吕，有死的凡人
>
>很难挖到它，因为神明们无所不能。（Odyssey 10.302 - 306）

伯纳德特认为上述文段对自然（φύσις）的提及是《奥德赛》全诗的

---

① 阿基里斯并不是任何人都不关心，但是他唯一始终关心的人是其最亲密的朋友帕托克鲁斯，而奥德修斯关心的却是他从家乡带到特洛伊的同伴们，他对这些人的情感并非个人的，而是政治的。在奥德修斯对自身经历的讲述中，荷马用一句反复出现的程式强调了奥德修斯的政治天性："我们从那里继续航行，悲喜绕心头，喜自己逃脱死亡，亲爱的同伴却丧生。"（e.g. Odyssey 9.565 - 566, 10.133 - 134）奥德修斯和赫克托尔的对比同样明显，后者在《伊利亚特》中的第一次发言就带有强烈的道德色彩。（Iliad 3.38 ff.）

最高峰。① 我们赞同他的观点，因为从贯穿《伊利亚特》和《奥德赛》的核心问题来看，奥德修斯遭遇基尔克并获赫尔墨斯相助的场景，其实象征着这位英雄在回归习俗世界的途中不得不面对低于人性之自然的挑战，同时需要高于人性之自然的援助。基尔克的毒药给奥德修斯带来了归途中最为严峻的一次危机：如果魔女再次得逞，那么奥德修斯将被永远封锁在猪的身体（象征着兽性的自然）之中；而在如此紧要的关头，赫尔墨斯，作为奥德修斯的祖先，因而是他身上神性的来源，亲自下凡将应对魔女毒药的药草摩吕②（象征着神性的自然）指示给奥德修斯。哲学家亚里士多德说人是政治的动物，生活于城邦之外的人非神即兽③，而奥德修斯的故事则让我们看到，人要想避免沦为野兽，就必须挖掘内心的神性；政治生活对人性之恶的克服需要以超越人性之善的真理为前提。

在赫尔墨斯的帮助下克服了基尔克带来的危机之后，奥德修斯还要遭遇许多苦难才能回到伊萨卡，而且在他最终赢回自己熟悉的世界之前，还有一个关键的试探需要他面对，这个试探正是来自于王后佩涅洛佩。在奥德修斯杀死所有的求婚者之后，一直躲避在楼上房间的佩涅洛佩走下来，"久久默然端坐，心中仍觉疑虑，一会儿看着奥德修斯的脸，觉得熟识，一会儿见他衣衫褴褛，又不认识"。（Odyssey 23.93–95）佩涅洛佩认出了奥德修斯的面庞，但是认不出他的穿着，也就是说，虽然分别时日已久，妻子仍然记得丈夫的模样，但是刚刚归来的国王穿得像乞丐，尚未换上王室的衣装。这正好对应于奥德修斯目前的处境：虽然他已经通过自然的强力夺回了实质的统治权，但是还需要某种符号性的确认才能恢复其原有的政治权威。奥德修斯先是从容安排好暴力斗争的善后事宜（Odyssey 23.129–140），进而沐浴更衣，正式完成从乞丐向国王的转变。荷马这样描述沐浴更衣后的奥德修斯：

---

① Benardete, *The Bow and the Lyre*, p. 84.
② 荷马在提及基尔克的毒药和解读的摩吕时用的是同一个词：φάρμακα, φάρμακον。（*Odyssey* 10.236, 302）
③ 亚里士多德：《政治学》，1253a27–29。

> 这时年迈的女管家欧律诺墨在屋里
> 给勇敢的奥德修斯沐完浴,抹完橄榄油,
> 再给他穿上精美的衣衫,披上罩袍,
> 雅典娜在他头上洒下浓重的光彩,
> 使他顿然显得更高大,也更壮健,
> 一头鬈发垂下,有如盛开的水仙。
> 好似有一位匠人将给银器镶上黄金,
> 受赫菲斯托斯和帕拉斯·雅典娜传授
> 各种技艺,制作出无比精美的作品,
> 女神也这样把美丽洒向他的头和双肩。(Odyssey 23.153 – 162)

沐浴更衣是文明世界的生活方式,而此处荷马用技艺($\tau \acute{\epsilon} \chi \nu \eta \nu$)来概括这种文明生活的符号象征。① 和阿基里斯对权杖的理解强调技艺对自然的戕害不同,沐浴更衣的技艺赋予奥德修斯的自然身体以国王的仪容,在本无尊卑的自然中创造出政治的权威。然而,和阿伽门农强调政治权威的世系和神授背景不同,奥德修斯的政治权威具有更为自然的基础。这位英雄所象征的自然和习俗、人性与政治的平衡与融合,在他与佩涅洛佩最终相认的场景中得以集中展现:王后为了消除最后的疑虑,想了一个办法来试探奥德修斯,她对一个女仆说道:"欧律克勒娅,去给他铺好结实的卧床,铺在他亲自建造的精美的婚房外面。把那张坚固的婚床移过来,备齐铺盖,铺上厚实的羊皮、毛毯和闪光的褥垫。"(Odyssey 23.177 – 180)奥德修斯听后回答道:

> 夫人啊,你刚才一席话真令我伤心。
> 谁搬动了我的那张卧床?不可能有人
> 能把它移动,除非是神明亲自降临,
> 才能不费劲地把它移动到别处地方。(Odyssey 23.183 – 186)

---

① 参见 Odyssey 6.224 – 235 及 McCarthy & Weil (1965: 7): "Nearly all the Iliad takes place far from hot baths. Nearly all of human life, then and now, takes place far from hot baths"。

接着，奥德修斯描述了自己当年制作婚床、修造婚房的过程，以便证明他的身份，因为只有他们夫妇两人知晓这张独特婚床的由来。这张床之所以无法移动，是因为它本是一棵橄榄树，虽然被做成床形，但是并未遭到砍伐，仍然繁茂葱郁。奥德修斯"制床"的高超技艺无须扼杀树的自然生命，而是依照树本身的形状和位置稍作修饰，就做成了婚床，再围着这张"树床"筑起墙壁和屋顶，就做成了国王和王后的卧室。(*Odyssey* 23.190-201) 奥德修斯和佩涅洛佩的婚床不仅象征着王室婚姻的神圣，而且象征着国王和王后统治伊萨卡的合法权威，以及这一政治权威与其自然基础的融洽衔接——奥德修斯巧夺天工的技艺，正是他自然卓越和政治禀赋完美结合的象征，而他居于阿基里斯和阿伽门农之间的天性和品德也构成了统治者所需的人性境界。正是通过树床的秘密，失散二十年的夫妇得以相认，奥德修斯也最终恢复了伊萨卡国王的地位。

从阿基里斯和阿伽门农的权杖之争到奥德修斯的树床，诗人荷马通过希腊英雄征战特洛伊和战胜归乡的故事，展现了自然与习俗、人性和政治的冲突和融合。在这个意义上，荷马史诗构成了整个希腊文明的精神开端。虽然以明确的概念来表述自然和习俗的对立是智者时代的产物，比荷马史诗的成书晚了好几百年，但我们认为，古典时期的智者和哲学家之所以能够用自然和习俗这对概念来表述希腊文明的内部张力和自我反思，恰恰是因为他们都是荷马的精神后代；古典时期的自然与习俗之争只不过是把荷马史诗的直觉性洞察变成了概念性的论述。[1] 毫不夸张地说，阿基里斯摔权杖的一幕开启了古希腊思想对于自然和习俗之张力的根本反思，而奥德修斯的树床则凝聚着古希腊人对于自然和习俗之融合的原初体悟。但正如我们已经看到的，在诗人荷马看来，自然和习俗要实现"文质彬彬"的融合，前提是那些站在自然与习俗之边界的英雄们必须面对超乎常人的命运抉择和人性历险。

---

[1] 比较亚里士多德《物理学》，194a9-17。智者安提丰提出的"种床生木"论就是对于奥德修斯树床之典故的哲学运用，而亚里士多德基于形式质料二分的框架对安提丰的批判则是对自然与习俗问题的形而上学转化。相关讨论，参见陈斯一，2017：93-99。

参考文献

[1] Arieti, James A. (1986): "Achilles' Alienation in 'Iliad 9'", *The Classical Journal*, 82 (1).

[2] Benardete, Seth (1996): *The Bow and the Lyre: A Platonic Reading of the Odyssey*, Lanham: Rowman & Littlefield Publishers.

[3] Benardete, Seth (2005): *Achilles and Hector: Homeric Hero*, St. Augustine's Press.

[4] Hammer (2002): *The Iliad as Politics: The Performance of Political Though*, Norman: University of Oklahoma Press.

[5] Koziak (1999): "Homeric Thumos: The Early History of Gender, Emotion, and Politics", *The Journal of Politics*, 61 (4).

[6] McCarthy, Mary & Weil, Simone (1965): "The Iliad, or the Poem of Force", *Chicago Review*, 18 (2).

[7] Owen, E. T. (1989): *The Story of Iliad*, Mundelein: Bolchazy-Carducci Publishers, Inc.

[8] Redfield, James M. (1979): "The Proem of the Iliad: Homer's Art", *Classical Philology*, 74 (2).

[9] Redfield, James M. (1994): *Nature and Culture in the Iliad: The Tragedy of Hector*, Durham: Duke University Press.

[10] Rutherford, Richard (1993): "From the 'Iliad' to the 'Odyssey'", *Bulletin of the Institute of Classical Studies*, (38).

[11] Sale, William Merritt (1994): "The Government of Troy: Politics in the Iliad", *Greek, Roman, and Byzantine Studies*, 35.

[12] Schein, Seth L. (1985): *The Mortal Hero: An Introduction to Homer's Iliad*, Oakland: University of California Press.

[13] Slatkin, Laura M. (1995): *The Power of Thetis: Allusion and Interpretation in the Iliad*, Oakland: University of California Press.

[14] 〔古希腊〕荷马（2015a）:《荷马史诗·伊利亚特》, 王焕生译, 人民文学出版社, 1997。

[15] 〔古希腊〕荷马（2015b）:《荷马史诗·奥德赛》, 王焕生译, 人民文学出版社, 1997。

[16] 陈斯一（2017）:《亚里士多德论家庭与城邦》,《北京大学学报》（哲学社会科学版）, (3)。

From "Scepter" to "Tree – bed": On the Relationship between Phusis and Nomos in Homeric Epics

Chen Siyi

Abstract: The thematic issue of the relationship between phusis and nomos, human nature and political life, runs through *Iliad* and *Odyssey*. Based on analyses of the metaphor of the scepter at the beginning of *Iliad* and the tree – bed near the end of *Odyssey*, and with comparisons of Achilles, Agamemnon and Odysseus, this article demonstrates the consistency of this thematic issue in Homeric epics.

Keywords: Homeric Epics; Phusis; Nomos; Human Nature; Politics

About the Author: Chen Siyi (1986—), Ph. D. in Classics (Ancient Philosophy) University of Cambridge, Assistant Professor at Department of Philosophy, and of Religious Studies, Peking University. Main interests: Ancient Western philosophy, ethics, political philosophy. Magnum opuses: *Augustine on Nothing*, *Matter and the Origin of Evil*: *A Metaphysical Interpretation*, *The Priority Argument and Aristotle's Political Hylomorphism*, *Aristotle on Political Priority*: *the Hylomorphic Logic of Classical Political Philosophy*, *From Platonic Ascent to Ostia Vision*, *Aristotle on Family and City*, etc. Email: 13552337161@ 163. com.

症候分析

精神的越界

——西潮中的新时期川剧艺术

廖全京*

【摘　要】 在以解放思想为标志的变革时代,新时期川剧经历了一个精神越界——越过民族文化艺术的既定边界,走向东西方文化艺术的碰撞、融合的过程。在这个过程中,川剧艺术出现了艺术样式越界、戏剧观念越界、人文思想越界等现象。其中,凸显出了一种新浪漫主义诗学引领下的再生性表现主义。相对于传统的中国川剧美学和20世纪的西方表现主义文艺思潮,新时期川剧艺术通过其代表性剧作实现了审美上的质的飞跃。同时,新时期川剧高度重视对川剧艺术本身和其中蕴含的优秀民族文化传统的充分吸纳,在创造传承之间保持一种平衡,确保新时期川剧实现精神越界的戏曲化、川剧化的美学目标。

【关键词】 精神越界　再生性　表现主义　创造与传承

这是一份精神苏醒的记录。

在20世纪的最后20年里,随着中国社会思潮的剧烈变动及演进,

---

* 廖全京(1945~),四川省戏剧家协会研究员,研究方向为中国戏曲史、中国话剧史,主要著作有《大后方戏剧论稿》、《中国话剧艺术史》(9卷本之第4卷)、论文集《中国戏剧寻思录》、评论集《观剧者手记》等,发表论文、评论等300余篇。电子邮箱:jjong_momo@qq.com。

中国戏曲中的一个大剧种——川剧，经历了一次精神苏醒的过程，这个过程一直延续到21世纪的最初10年。在某种程度上，可以说川剧在这个名为新时期的历史阶段中成了一个地域甚至一个民族精神苏醒的记录。而精神苏醒本身，乃是人这种特殊存在的目的所在。

那是一个以解放思想为标志的变革时代。中国土地上热浪奔腾，经历了人生大曲折的中国人在极度亢奋中将目光投向外部世界，争相求新声于异域。一时间，西潮汹涌，国门大开。这里所说的西潮，包括西方现代文化哲学思想以及以戏剧美学和戏剧作品为代表的西方现代艺术思想等。对于华夏民族的子孙来说，这是继五四运动之后的又一次大范围接触西潮，又一次精神的越界——越过民族文化艺术的既定边界，走向东西方文化艺术的碰撞、融合。

不妨将新时期川剧的发展史读作川剧的精神越界史，古老的川剧艺术就在这种精神的越界中悄然发生了变化。

一

晚清以降至五四时期的四川文化史，基本上是一部由被动越界转化为主动越界的历史。其中，基督教传入巴蜀之后随之而来的西方文化向本土文化的越界，尤为显著。值得注意的是，孕育并形成于这段历史时期的川剧，生于乡镇，扎根草野，魂系东土，并未凸显多少上述文化背景下被越界的痕迹。随着时间的推移，川剧在自身发展过程中开始出现不同程度的主动越界现象。20世纪20~40年代，川剧舞台上先后出现了据说是名丑王国仁根据莎士比亚的《哈姆雷特》改编的川剧《杀兄夺嫂》，以及著名编剧刘怀叙创作的川剧时事新戏，如《哑妇与娇妻》《是谁害了她》等。在堪称浩茫的中国戏曲世界中，这些现象不过吉光片羽，但也可以由此窥见川剧的精神越界渊源。

1976年的那场地质学和政治学意义上的双重地震，让死寂的川剧与中国所有的角落同时体验到了强烈的震感。继起的思想的余震迅速引发了改革开放的潮流。当此之时，西潮再度东渐，浪花逐一拍岸：欧洲的启蒙主义、尼采的艺术观、弗洛伊德的精神分析学、萨特的存在主义以及荒诞派戏剧……面对这一切，川剧并未能在第一时间做出整体反应。以下状况与这种在大波到来之际的感应迟缓有关。首先是地理位置偏远。且不说"天梯石栈"之前的"尔来四万八千岁，不与秦塞通人烟"，即便在20世纪50年代左右，资讯的发达程度也不足以根本改变巴蜀这种对外沟通的困难局面。远离海洋，深居盆地，山水阻隔，幽闭之中难免耳目失聪，乃是旧时代巴蜀之地的基本状况。延至20世纪70年代前期，仍未见太大改变。其次是思想牢笼的关锁。虽然经历过辛亥革命中保路运动的冲击和五四前后新文化运动的激荡，以传统蜀学为根基的近代四川学界及其思想的主流，依然趋于保守。影响所及，令改革开放之初的川剧处于一堆矛盾之中。这里有外在环境氛围与内心情绪冲动的矛盾、本土文化心理与异域的文化冲击的矛盾，创造意识与创造能力的矛盾、改革的热情与改革者的素质（包括文化素养、知识结构、观念意识等）的矛盾，等等。其中，东西方文化的新的剧烈碰撞带来的兴奋与尴尬，尤其将川剧置于拘束、惶惑、迷茫之中。总之，长期被物理的和心理的牢笼禁锢过的川剧，在整体上对于这场倏忽而至的变动缺乏必要的精神准备。在盆地以外同时出现的种种日益加速的变易中，这种状态无疑成了包括川剧在内的四川文化不得不承受的精神压力。

　　从另一个角度看，压力也是动力。亘古以来，巴蜀之人便有一股走出盆地的冲动，君不闻"蜀麻吴盐自古通，万斛之舟行若风"（杜甫《夔州歌十绝句》之一）么？当整个民族将一度紧闭的国门对外打开，不可逆转的历史大趋势把包括川剧人在内的四川人推进时代的激流，一种渴望创造、渴望开拓、渴望通过走出盆地而使盆地腾飞的情绪，在巴蜀大地上躁动起来。走出盆地，远不只是一个地理方位的向度，它首先是一个精神文化的向度。走出盆地，可以视为长期拘囿于农耕文化的四川民众向着日新月异的新的文化形态和精神世界，用落地生响的行动发出的呼唤。这种心境或情绪，可以从20世纪80年代前期发生在四川思想文化领域的一些事件中反映出来，比如对于所谓"盆地意识"的批判。当时，成都文坛上的几位年轻人发起了一场酝酿已久的关于"盆地意识"的讨论,并在《青年作家》杂志上发表了题为《超越盆地眼光,强化自主意识》的文章。今日重读此文,依然可以感受到那个时代人们的脉搏和心跳。川剧就是在这样一种既寻常又不寻常的氛围中,开始了它的精神的越界。

迟疑中的起步毕竟是起步。从整体上说,川剧的这种显得节奏稍缓的起步是以艺术样式的越界为标志的。1980年前后,音乐家沙梅根据传统高腔剧目《红梅阁》改编的《红梅赠君家》问世。这枝乍暖还寒时节报春的梅花,迎来了20世纪80年代川剧领域的第一场争议。论辩双方的观点聚焦于像不像川剧、姓不姓"川"。回头看去,这个戏从文本到音乐的改编,实质上是一种改革。表面上看,喜爱川剧的现代作曲家沙梅不仅对传统文本动了较大的手术,更侧重从以情写人出发,将钢琴及现代管弦乐引入川剧,让它与川剧传统打击乐相结合,并在川剧传统曲牌的基础上运用和声、对位等作曲技巧,采用男声、女声、混声帮腔和齐唱,对川剧高腔音乐进行了全面和深层次的改革探索。其实,这是作为传统艺术样式的川剧向西洋歌剧样式的一种越界。在越界的过程中,川剧大胆吸收了西方古典和现代音乐表现形式或手段的有益成分,使《红梅赠君家》这个戏较之古人的《红梅阁》更好看、更动听、更感人。这里有一个重要的质的飞跃,即不再是以工具论、实用论的艺术观而是以审美的艺术论眼光重新对传统剧目进行全面的解读。毫无疑问,《红梅赠君家》依然是川剧,而且是现代川剧。

起步之初,几乎是每出一部新戏就伴随着一场争论,仍旧是围绕"像不像川剧"的老问题,20世纪80年代初由新都县川剧团推出的神话故事剧《芙蓉花仙》又引起了不同意见的交锋。与传统老本《花仙剑》不同,经过改编的这个戏侧重表现芙蓉花仙的反叛精神以及她与凡人陈秋林的爱情。以"轻歌曼舞,抒情写意,色彩斑斓,赏心悦目"作为这部戏的艺术目标,就意味着川剧开始向舞剧和歌剧越界,同时,还合理吸收了一些体操和武术的因素,结果大出一部分对此举持否定意见者的意料:连续演出1000余场。新都县川剧团也由此而改名为成都市芙蓉花川剧团并蜚声全国。《芙蓉花仙》的艺术实践,虽然仍旧是一种艺术样式的越界，但其重要意义，已明显超出了戏曲形式的范畴。

川剧的越界在起步时的创新，也可以说是一种创旧——在传统的川剧剧目的改编和二度创作中对传统的戏曲样式加以越界式的改造。上述艺术样式的越界幅度不算大，力度也不算强，但它让川剧本身悟到了艺术的真谛乃在于艺术美本身的巨大魅力。不同的艺术样式，哪怕是相去甚远的东西方艺术样式，都能在人类共通的爱美之心中融合起来。刘勰在谈到中国的儒学与印度的佛教时说过，"孔释教殊而道契"，虽然"梵言菩提，汉语曰道"，说法不同，但是"梵汉语隔而化通"。在川剧与外来艺术样式（包括东西方其他民族的艺术样式）之间，也是似隔实通的，正所谓"至道宗极，理归乎一；妙法真境，本固无二"（《灭惑论》）。无论东海西海，艺术之道，艺术之真，艺术之妙，大率如此。

二

川剧艺术的精神越界，在实践上必然经历了一个非驴非马的阶段。这一阶段产生的那些乍看上去两不像、三不像甚至四不像的作品，主要是不同的戏剧观念相互碰撞的结果。它们表现了川剧艺术在内外作用力之下的实验和推进，呼应着国内出现的"探索性戏曲"的潮涌，以坚实的大步，成就了转型中的、以再生性表现主义为审美特征的现代川剧。

这是一次戏剧观念的越界。

20世纪80年代中期，川剧领域中的先知先觉者已经强烈地感觉并深刻地认识到，要振兴川剧必须首先解决戏剧观念问题。川剧是在戏曲界最早提出"振兴"概念的剧种。这正表现了它也许是最早感受到戏剧危机的剧种，更可能是最早从危机中被逼出生机的剧种。生机在哪里？在改变戏剧观："改变我们的戏剧观，这是振兴川剧的前提。"（徐棻，1985）这里所说的戏剧观是广义的戏剧观，即包含对戏剧的社会学属性和美学属性的认知、观念；这里的戏剧也是指由各种戏剧样式的文本延伸至舞台乃至剧场的广义的戏剧。在风云浪涛转瞬即变的短短不到10年的时间里，川剧艺术在实践中首先纠正了将戏剧的社会功能压缩在宣传政策、时事和中心工作等的狭小圈子里的错误观念，不同程度地认识到戏剧的认知功能、教育功能必须通过审美功能才能得以实现。唯有审美，是戏剧的根本、舞台的关键、剧场的核心。更重要的是，川剧通过对现代西方戏剧思潮和戏剧作品的越界思考和借鉴，并在实践中反观中国戏曲传统的美学观念，从而获得对自身的认知提升。当时，不约而同地出现在川剧舞台上的《四川好人》《潘金莲》《红楼惊梦》《田姐与庄周》等，可以视为川剧艺术的戏剧观念越界的重要成果。其中，与一反常规、轰动一时的《潘金莲》《红楼惊梦》相比，同样充满热烈灵动的浪漫主义情怀的《四川好人》在戏剧观上的启示似乎更值得注意。

不能忽略20世纪80年代初期发生的有全国影响的"戏剧观"大争论，以及同时发生的布莱希特热潮。作为川剧艺术戏剧观念越界的大背景，这些争论和热潮无疑是越界的催化剂或助燃剂。紧随着话剧《伽利略传》、《高加索灰阑记》和《第二次世界大战中的好兵帅克》在北京、上海的公演，两卷本《布莱希特戏剧选》的出版，以及丁杨忠、张黎、郑雪莱尤其是黄佐临介绍和论述布莱希特的著作的问世，川剧《四川好人》由成都川剧院推出。很显然，川剧艺术家们是想通过这个布莱希特的作品的川剧化处理，进行戏剧观念（包括对戏剧本体、戏剧手法等的认知）的探索和实验。因为这部戏除了题材、人物与川剧的天然契合之外，在它所展现出来的"史诗戏剧"或"辩证戏剧"与中国川剧之间，存在戏剧美学、戏剧思维和演剧方法上的彼此呼应性。《四川好人》基本遵循了布莱希特的总体思路，那就是揭示具体的人在特定的社会环境中心灵的扭曲、人性的异化、生存的两难。但是，它在舞台表现时又不拘束于布氏的"陌生化"或"间离"，而是大量运用中国戏曲的程式化的虚拟的手法和川剧丑角戏夸张、幽默的表演，充分发挥川剧表演细腻而又富于幽默感的长处，努力避免生硬的"陌生化"所导致的变"间离"为"隔离"的效果。演出结果表明，川剧改编布莱希特戏剧的过程，既是一个借鉴布氏的过程，又是一个批判、扬弃布氏的过程。《四川好人》的问世，不仅是中国川剧史上的一个事件，而且是中国戏曲史上的一个事件。作为第一个通过越界反观布莱希特和中国川剧的戏曲剧目，它生动地向世界传达了中国戏曲在自信的基础上更新、拓展戏剧观念的自觉精神。

在当时的一部分观众眼里，川剧《潘金莲》是非驴非马，《红楼惊梦》也是非驴非马。在那个时期的新编川剧中，此类非驴非马还可举出一些。殊不知恰恰就是在这种非驴非马的几不像之中，孕育着精神越界的美学成果——再生性表现主义。所谓"再生性表现主义"，是笔者的杜撰，但并非完全没有根据。其重要的根据就是中国戏曲在诗学原理上与现当代西方艺术中的表现主义有若干相通之处。包括川剧在内的中国戏曲与东西方其他民族的艺术样式一样，是一种艺术地掌握世界的方式。它那由具体的民族文化心理和审美习惯决定的戏剧观念，总体上显示出一种传神写意、神形兼备、非再现而重表现的美学倾向。而以奥尼尔、斯特林堡、布莱希特等戏剧家为代表的西方表现主义艺术思潮，在克罗齐、科林武德的"一切表现都是艺术"的主张基础之上，强调艺术表现情感而不是激发情感。两者之间有明显的相互包容性和审美共振点。应当指出的是，中国戏曲历来并不把文本中和舞台上的美的戏曲式呈现完完全全看成戏曲作品的创作者们的主观心灵活动的非理性化的产物，尤其是从不把它与社会生活隔离开来。虽然如此，两者的趋同性仍然大于彼此的相异性和相斥性。于是，在川剧的精神越界过程中，我们欣慰地看到了高高飘扬着的表现和情感这两面浪漫主义诗学的旗帜。这是表现和情感在现代川剧中的再生，是表现主义在新时期川剧中的再生。相对于传统的中国川剧美学和20世纪的西方表现主义文艺思想，新时期川剧艺术在其代表性剧作中实现了质的飞跃。

显而易见，新时期川剧代表作中的浪漫主义诗学，是新浪漫主义诗学。在这种新浪漫主义诗学引领下的新时期川剧的表现主义，是再生性表现主义。我们不难从《潘金莲》《红楼惊梦》等20世纪80年代中期的惊世之作中，见到这种再生性表现主义的实绩。魏明伦和他的荒诞川剧《潘金莲》激起的舆论烟尘，已经消散在历史的天空。然而，这部戏给人的强烈精神冲击却在历史上留下了闪光的记忆。《潘金莲》的闪光之处，其实主要不在于通过潘金莲对性爱的自由的追求而张扬一种现代意识（这种意识早在欧阳予倩的同题作品中已经有所表露），它在更大程度上引起震动的，是魏明伦这个戏的有些石破天惊的表现方式，凸显剧作者的主体性和主体意识，是这部戏的美学特征。全剧情节在两条线——故事线和对故事中的人物的评论线中展开。叙述的成分之外，渗入较多思辨的色彩：编剧不仅通过主角潘金莲表现自己的思考，而且创造性地引进一些"代言人"表现自己的思考。变幻的时空舞台上，不同时空、不同种族的真实人物和虚构人物如武则天、安娜·卡列尼娜、贾宝玉、上官婉儿、施耐庵、红娘、吕莎莎、女记者、女法官、现代阿飞等纷纷入戏，或者在他者的立场上叙事抒情，或者身心投入、交流情感、比较命运、展开冲突。这些人物带着不同的思想倾向、不同的伦理观念，在剧作者主观意识的调度下出入虚实间，自由上下场。有评论者从中见到让观众的审美欣赏过程从被动感知向主动思考转化的布莱希特的"间离效果"，也有评论者从中发现对艾略特《荒原》的借鉴以及拉美魔幻现实主义的影子，更多的评论者一眼就看出了其中的荒诞派色彩。凡此种种，归结到一点，就是《潘金莲》展示了一种新浪漫主义诗学引领下的再生性表现主义。

它既继承了中国戏曲在演剧观上的"传神论""启迪型"（夏写时，1985）的传统，又借鉴了西方现代表现主义的成分，从整体上突出艺术的表现特征尤其是艺术创造主体的表现特征，让东西方不同的美学观念在反对艺术的教条主义和道德主义，张扬艺术的主体性、想象性的基点上融合了起来。尽管《潘金莲》这个戏还有这样那样的不足之处，但它仍然是20世纪80年代戏剧新潮中再生性表现主义的一次胜利，仍然可以视为川剧改革的一个标志性成果。

深知流变与转型乃中国戏曲生存与发展之规律的徐棻，也在20世纪80年代中期进行了一次现代主义对现实主义渗透的探索与实验，川剧《红楼惊梦》与《田姐与庄周》就是她的探索记录或实验报告。其中，《红楼惊梦》在某种程度上简直就是对魏明伦的《潘金莲》的审美呼应，她曾经谈道，"我度过了大半个人生，我经历了世路的风雨坎坷，于是有了川剧《红楼惊梦》。这个'红楼戏'，不同于过往所有的'红楼戏'

（包括我自己的戏《王熙凤》）。……它所展现的是我对《红楼梦》的一幅印象图"。（徐棻，1987）这里的"印象图"三个字，正是开启这场惊梦的钥匙。剧中的人物和场景，是"贾府的屈原"（鲁迅语）焦大和人称"凤辣子"的王熙凤二人眼中的人物和场景；剧中的情节结构是排除了宝黛爱情的非线性、跳跃式的情节结构。透过这一切，观众强烈感受到剧作者内在的情绪和思考在满台流动。剧作者这种主观世界的表现与《红楼梦》的虚幻色彩十分契合，她借助现代舞美、灯光、音乐等手段，进一步强化了这部戏分别从川剧传统和西方现代文艺思潮中获得的象征性、荒诞性、表现性和陌生化效果等，完成了一次再生性表现主义的成功的舞台呈现。

三

转瞬之间，一切都开始发生变化。

对于川剧本身和巴蜀文化乃至中国新时期文化来说，影响最大的变化，似乎还不是戏剧观念的变化，而是这种变化反映出来的思想史领域的变化。这是一种更为重要的人文思想越界的结果。

在探寻这种变化之前，应当先极简要地做一点新时期相关的重要文化语境的还原。改革开放的大潮在激起各个领域、各种人群不同程度的创造热情的同时，也在人们心底播下了新的思想的种子。其中，有传统文化精神经过重估和开拓之后的结晶，也有将异域文化思潮"拿来"加以筛选和过滤之后的凝聚。我曾经在一篇文章中给这种新思想的种子撒播过程安了个名称，叫"中国式启蒙"。（廖全京，2017）尽管至今对这股活跃的思潮本身存在种种不同的甚至是截然相反的评价，但从总体上说，这种中国式启蒙作为思想解放时代的一个表征，仍然在中国现代思想史上留下了难以磨灭的履迹。仔细梳理，这股思潮在人文领域的反映包括这样一些主要的方面，比如哲学与文学层面的"主体"和"主体意识"的学术探讨，美学界对马克思《1844年经济学—哲学手稿》（以下简称《手稿》）的讨论。又比如文学界对于文艺心理学的复苏和重建，关于国魂的反省（以反省民族性格弱点为中心的忧国思潮）和文化重建的研究和争论等。其中，学术界关于《手稿》的讨论及其影响，是相当重要的。遗憾的是，这一点至今未引起新时期文学或戏剧及其他艺术的研究者们的充分注意。无论从中国的具体国情出发，还是从当时马克思主义在世界范围的影响考虑，中国当代哲学、政治经济学、美学的学者们对马克思青年时代的这部手稿的重新发现和深入探讨，都在不同程度上对文学艺术界产生了思想的折射。对于当时的文学艺术创作者来说，问题并不在于《手稿》是不是成熟时期的马克思的理论创造，或者是不是青年马克思思想发展过程中唯物史观从萌芽到形成的一个重要转折点，而在于马克思在《手稿》中提出的异化劳动理论，尤其是私有制下异化现象的本质在于人类自身的劳动被异化了的论述，引起了一些艺术界人士和非艺术界人士的联想，从而引申出对一些社会现象和美学现象的思考和判断。著名美学家朱光潜先生深入研究《手稿》并重译了其中许多重要段落（朱光潜，1980），在某种程度上可以视为《手稿》在整个人文学界和艺术界的这种感应。一时间，"异化"和人的本质成了人们热议的话题。归结起来，20世纪80年代前期，整个人文领域都翻滚着一个以正确把握人的本质为中心的或主流的现代人本主义的潮涌。围绕着重建人的个体精神史这个问题，中国的学术界和文艺界开启了思想之舟的锚碇，迎着巨浪奋然前行。这正验证了马克思当年在《〈黑格尔法哲学批判〉导言》里说过的那句话："德国唯一实际可能的解放是从宣布人本身是人的最高本质这个理论出发的解放。……德国人的解放就是人的解放。"（马克思，1972：15）

毫无疑问，上述人文语境和文化氛围，直接或间接对改革中的川剧产生了不同程度的影响。纵观那个历史阶段的新编川剧作品，无论是选材于历史，还是取材于现实，或者改编自文学作品，基本上与人的发现、人的解放、人性的揭示和思考有关。

魏明伦的《夕照祁山》，重新搬演了《三国演义》中诸葛亮与魏延的故事。当时的舆论几乎一致地认定这是一篇有影射之嫌的翻案文章，其实，魏明伦不过是希望还原一个真实的古人。若以阐释学的眼光看，

《夕照祁山》就是对历史上的诸葛亮进行现代阐释——作为一个特定历史环境中的特定的生命个体，诸葛亮有运筹帷幄、聪慧过人的一面，也有偏颇固执、气量狭小的一面。魏明伦努力揭示诸葛亮性格和内心的复杂性与他晚年悲剧结局之间的内在联系。《夕照祁山》的创作，可以视为川剧史上的一次以古代人物为对象的"人学"探索。隆学义编剧、胡明克执导、沈铁梅主演的《金子》，是川剧艺术在人性的揭示和认知上的综合性探索。仔细揣摩，在曹禺的话剧《原野》与改编的川剧《金子》之间，区别是明显的。这区别不仅在于后者的焦点集中到了金子的身上，更重要的是《金子》一反传统戏曲对人物的类型化处理，充分调动川剧的艺术手段，集中、突出而有层次地对金子这个人物做了新的舞台阐释。有评论指出，川剧《金子》完成了"花金子性格的由'野性'向'内敛式'的转变"，并且"伴随着现代川剧对唱词、技巧和表演形式的精细化打磨探索，加深了刻画人物心理的功力，使得这个作品由《原野》中的刻画幻觉转化为刻画心理，朝着'心理剧'的方向迈进"。（周津菁，2017）这种从一度创作到二度创作整体贯通、多方发力、更深地走进人物内心世界的川剧化艺术实践，是又一种类型的对现代人物的"人学"探索。

更为重要也更有现实意义的"人学"探索，出现在谭愫编剧、熊源伟导演的《山杠爷》中。这是一部表现当代中国农村生活的现代戏。与其说这个戏关注的是法治还是人治的社会问题，不如说它的着力点在于表现承载着传统精神重负的中国农民的现代生存尴尬。剧中山杠爷的悲剧，是历史的悲剧、命运的悲剧，归根结底是人的存在的悲剧。《山杠爷》并没有停留在对主要人物两难的生命状态的冷静呈现上，而是进一步满腔热忱地将观众引向关于人的存在的本质、人与社会历史的关系的深沉思索。正是这一点，决定了这次以当代人物为对象的"人学"探索的价值。

不能不特别提到徐棻编剧、谢平安导演的《目连之母》。编导从人性、人情、人欲与人生价值的角度切入，将曾经列为禁戏的川剧传统戏《目连救母》彻底颠覆，完全翻新。新戏《目连之母》里的刘氏四娘和儿子目连都是普普通通的凡人。与旧戏《目连救母》中的刘氏四娘截然不同的是，这是一个坚持要做真正的自由自在的人的典型。她曾经被"三从四德"的精神枷锁所囚禁，曾经希望通过吃斋念佛得到解脱。然而，现实给予她的却是残忍、残酷的报答。于是，她以"开荤"的行动向鬼神宣示了自己的强烈抗议和坚决反叛。尽管因此而获罪，因此而被"勾魂"，惨遭地狱中的种种酷刑，哪怕因此而永世不得超生，刘氏四娘仍然大无畏地发出对性爱的自由、母爱的权利的呼喊，义无反顾地以血肉之躯与命运相抗争。这是一部有震撼力的个人精神史，一曲对人的颂歌、对人性的颂歌、对自由的颂歌。从这个戏里，可以强烈而鲜明地感受到那个时代剧烈跳动着的人本主义精神脉搏。

四

川剧艺术在现代的精神越界，在催生了一系列令人欣喜的创造性成果的同时，也带来了一个古老的话题：如何在创造与传承之间保持一种平衡？这个困扰了许多作家、艺术家的难题，同样困扰着川剧艺术家和一些热心的观众。坦率地说，无论是事发当时还是事发之后，都一直有人担心：作为一种主动的文化行为，川剧艺术的精神越界，会不会导致在吸纳、借鉴西方现代人文和文艺思潮的同时丢失或者背离戏曲文化的优秀传统？回答是否定的。

正如创新在一定程度上其实是创旧，传承也是创造或革新的一个不可或缺的组成部分。传承是创造或革新的前提，没有传承的创造或革新，等于修建空中楼阁——没有土地，它无法打下根基。对传承与创新在精神越界中的平衡关系的把握，关键在于对"变""易"的理解。中国古人早就表达过对这个问题的看法。刘勰的"通变"说可以视为这方面的代表性论述："参伍因革，通变之数也。""赞曰：文律运周，日新其业。变则其久，通则不乏……望今制奇，参古定法。"（《文心雕龙·通变》）这里的"通"可以理解为传承，"变"指创造或变革，只有经过"通变"（"参伍因革""参古定法""望今制奇"），才能达到"新"，才能不至于

"乏"（贫乏）。这种源自老子的"易穷则变，变则通，通则久"（《周易·系辞下》）的思想，以素朴的辩证思维，表达了对于传承与创造革新的对立统一关系的认知。时隔1000余年，新时期的川剧艺术家们用他们新的观念和舞台实践，印证、丰富并发展了上述关于创造革新与传承传统的关系的艺术思想。

从审美感觉出发的徐棻、魏明伦、谢平安等川剧编导以他们的锐敏与灵动，首先在创作实践中体验到转益多师、左右逢源的主体感受，并由此获得对自身和作品的境界提升。在转益多师、左右逢源的过程中，对川剧艺术本身和其中蕴含的文化传统充分吸纳，是一个相当重要的甚至是关键的环节。正是对这个环节的高度重视，确保他们实现精神越界的戏曲化、川剧化的美学目标。

魏明伦曾经将他在20世纪80年代初根据周克芹的长篇小说《许茂和他的女儿们》改编的川剧《四姑娘》，看作自己创作现代戏的一篇试卷。在这篇试卷里，他着重回答了现代戏如何"戏曲化"的问题。我把此剧视为他本人川剧精神越界的起点。这个起点值得重视。因为，这个戏中的"三叩门"一场，当即获得广大观众以及专家的首肯和好评，并成为新编折子戏的经典。这画龙点睛的一笔，正是魏明伦在创作中转益多师、触类旁通的结果，而这既是受"舶来品"的启发，更是从传统戏中取宝。对此，他有一段形象的自述："我想起少年时代唱过的那些'生旦戏'：李慧娘夜会裴生，红拂女私奔李靖，卓文君勇投相如，焦桂英情探王魁……一男一女隔门'背供'，女唱'此时黑月无光风露凉'，男唱'夜深沉是何人叩玉窗'。外面感叹'千回万转，触目伤怀'，里面迟疑'睡定又还起，无风门自开'。那一整套身段，唱腔、锣鼓、曲牌，可否古为今用，发展其优美的形式为我所用呢？"（魏明伦，2015：162）从文化生态的形成和发展史上看，这是一种戏曲文化之树的移花接木——在古老的中国戏曲这棵大树的主干上嫁接新时代的思维枝条，开出新的艺术之花。可见，魏明伦是立足于对中国戏曲的优秀传统的传承，开始他的川剧的精神越界之旅的。一路上，在左顾右盼、东张西望的同时，他从不让自己的作品失却川剧艺术优秀传统的魂魄。直到20世纪

90年代中期，他对意大利歌剧《杜兰朵》进行大胆的传奇再创，依然以川剧化作为这部戏的艺术目标。在这部戏里，魏明伦一方面从西方现代表现主义、象征主义文艺思潮中受到启发，追求这个中国人再创的外国传说在哲理层面的深化；另一方面，他又与导演谢平安合作，在对原西洋歌剧的演出样式和格调进行改变和丰富的同时，对这部戏进行川剧化的整体再创。为此，他们将剧中公主杜兰朵向求婚的王子提出的分别以"希望""热血""杜兰朵"为谜底的三道谜语，改为富有川剧味道的三道难题：考臂力、考智力、考武艺；并且以川剧的动态性和喜剧传统，消解原作中西洋歌剧的相对板滞和悲剧氛围。

徐棻在川剧精神越界过程中的川剧主体意识，始终鲜明而强烈。她一再宣称，自己的包括探索性戏曲在内的作品，"是川剧，但不是老川剧；不是老川剧，但一定是川剧"。（徐棻，2008）她就是在准确、灵活地把握老川剧中传统的精髓与新创川剧中所吸取的西方现代文艺思潮的有益成分之间的平衡，并以传统的精髓为基础，实现她的川剧的精神越界的。人们至今仍常常提到徐棻根据奥尼尔的《榆树下的欲望》改编的《欲海狂潮》，尤其是她在这个戏中的一个令人叫绝的创造——让人们内心存在的本能"欲望"化作一个活生生的舞台形象。这个形象是原作中没有的，却是生活中普遍存在的。通过这一形象的无处不在，徐棻不仅意象化地揭示了"人欲横流"的社会现象，而且生动、深刻地提出了"如果没有欲望，你将怎样生活？如果只有欲望，生活又是什么？"的哲理性命题。而这种带西方哲思色彩的表达，运用的却是十分传统的东方戏曲的表现手段和表演技巧。请注意她根据李劼人同名小说改编的《死水微澜》。这部戏是徐棻川剧创作历程上的一个重要转折点，是她的川剧的精神越界过程中的鲜明标志。通过这部戏，不仅擅长文本写作而且熟知舞台呈现的徐棻，从理论与实践结合的立体思维层面上提出了构建以"无场次现代空台艺术"为核心理念的新形态的戏曲美学思想。在她看来，包括川剧在内的传统戏曲本身就是"一桌二椅，白光照明"的空台艺术，它是以人物的上下场来分场次的。徐棻的"无场次"，则是人物有上下场而演出无场次，目的在于让人物和情节在悄然推进中显得行云流水、顺畅自然。她的"现代空台艺术",则是在上述无场次的基础上,尽量空出舞台给演员,尽量多给演员留出施展才艺的空间,让戏曲的虚拟性、程式性、综合性、节奏性、符号性、时空自由性等美学特征,都可以得到尽情表现。同时,充分调动现代科技提供的新的灯光手段,用灯光的变换取消从话剧舞台引入的"暗转",从而节约时间、扩大容量、加快节奏,让戏曲的叙事进一步简明化、诗意化、现代化。《死水微澜》就是这种戏曲美学思想的集中体现。仅以剧中罗德生跑江湖的那段戏为例,在不分场次的演出中,徐棻和导演谢平安共同设计了几个组合成T字形的灰色长方木箱置于舞台上。随着情节的推进,这些木箱的组合在观众的想象中发生变化;随着空间的转换,舞台的灯光发生变化。就在这个时空被无穷物化过的舞台上,扮演罗德生的演员在较短的时间里运用诸多川剧的表演方法和技巧,出色地表现了这个人物从成都天回镇的店铺出发,翻山越岭,走州过县,转到内江的妓院再转回成都天回镇店铺的长达一年多的经历。这种"无场次现代空台艺术",徐棻将其还用到了她编写的戏曲剧本《尘埃落定》《千古一人》《贵妇还乡》《都督夫人董竹君》等作品中。创作《死水微澜》时的徐棻,已经超越了她自己在精神越界之初的"川剧为体,话剧为用"的设想,初步形成了属于自己的以"无场次现代空台艺术"为核心理念的构建戏曲新形态的美学思想。这一戏曲美学思想,正是建立在对于创造革新与传承传统相统一的认识论和方法论的哲学基础之上的。

在无可逆转的全球化现实面前,新时期的中国川剧用开放的思维与改革的实践写下了一份精神越界的时代报告。这份报告不只是与戏曲有关,还与文明有关——川剧的精神越界,实际上是在给世界提供一种特殊的文明态度。因此,不妨将时代之风催生的新时期川剧视为彼时彼地的中国的缩影。20世纪20年代中期,曾经到过中国的英国哲学家罗素这样谈到他对中国的印象:"据我所知,除中国以外,世上已无其他文明拥有如此开阔的胸襟,如此脚踏实地、心甘情愿地面对现实,而不是试图将现实扭曲为特定的模样。"(杜兰特,2013:384)80年后,人们从新时期川剧艺术的精神的越界中仿佛又见到了如此胸襟开阔又脚踏实地的中国。

愿这样的中国永远保留在世界的记忆中。

参考文献

［1］廖全京：《风云际会之后的反思——新时期戏曲的一种解读》，《戏剧艺术》，2017（3）。

［2］《马克思恩格斯选集》第1卷，人民出版社，1972。

［3］魏明伦：《转益多师是吾师——从我怎样写"三叩门"谈起》，《戏剧艺术》，2015（4）。

［4］徐棻：《振兴戏曲的思考》，载《戏曲研究》第17辑，中国戏剧出版社，1985。

［6］徐棻：《一幅印象图》，《成都舞台》（内刊），1987（3）。

［7］徐棻：《创新咏叹调》，《戏剧文学》，2008（8）。

［8］朱光潜：《马克思〈经济学—哲学手稿〉中的美学问题》，载中国社会科学院哲学研究所美学研究室、上海文艺出版社文艺理论编辑室合编《美学》第2期，上海文艺出版社，1980。

［10］周津菁：《话剧〈原野〉的川剧化——论现代剧表演形态中的〈金子〉剧本改编》，《四川戏剧》，2017（1）。

［11］夏写时：《论中国演剧观的形成——兼论中西演剧观的主要差异》，载李小菊编《二十世纪戏曲学研究论丛戏曲文学研究卷》，安徽文艺出版社，1985。

［12］〔美〕威尔·杜兰特：《哲学的故事》，蒋剑锋、张程程译，新星出版社，2013。

Spirit Crossing the Border：The New Era of Sichuan Operaart in Western Tides

Liao Quanjing

Abstract：During the changeable age marked by emancipating the minds, the new era of Sichuan Opera has gone through the spirit crossing the border which is to cross the border of national culture and arts, experiencing the collision and integration of oriental and western culture and arts. During this transfer, Sichuan Opera begins to appear phenomena like crossing the border of artistic style, theatrical concept, humanistic idea and so on. The most prominent feature is the reproducible expressionism guided by new – romantic poetics. Compared with traditional Chinese aesthetics of Sichuan Opera and Western literary trend of expressionism in the last century, the new era of Sichuan Opera has realized a substantial leap in the aesthetic aspect by its most representative works. Meanwhile, the new era of Sichuan Opera highly values its implied excellent national cultural traditions and the balance between creation and inheritance, so as to achieve the aesthetic objective of making the spirit cross the border.

Keywords: Spirit Crossing the Border; Reproducible; Expressionism; Creation and Inheritance

About the Author: Liao Quanjing (1945 –), Researcher of Sichuan Dramatists Association. Research interests and specialties: Chinese history of traditional opera, Chinese history of modern drama. Magnum opuses: *Operas in Rear Area*, *The History of Chinese Modern Drama Art* (the 4th Volume), *Thoughts on Chinese Opera*, *Notes from an Opera Audience*. He has published more than 300 essays. E – mail: jjong_ momo@ qq. com.

现代主义建筑在现代德国的命运[*]

张 黔[**]

【摘 要】 德国城市建筑总体上并没有明显的现代主义特征,因为现代主义建筑在20世纪上半叶的德国不占主导地位。李格尔所主张的艺术意志论在德意志制造联盟内被广泛接受,而现代主义所强调的技术与材料的重要性在联盟内不被重视。包豪斯成立后,其所倡导的非德国的现代主义设计理念不被广大德国设计师认同,他们认为民族风格才是更重要的。纳粹上台后,希特勒政权喜欢的是象征性、具有历史连续性的新古典主义,包豪斯的现代主义被看作德国文化堕落的象征。格罗皮乌斯作为德国现代主义的代表,与绝对的、纯粹的现代主义保持着距离,这使德国虽然有广义的现代主义建筑,却很少有极端的现代主义建筑。

【关键词】 现代主义建筑 设计史 德国 民族

来自中国的参观者在参观慕尼黑、汉诺威、柏林、德累斯顿、汉堡等德国城市后会发现,德国城市建筑在"现代化"程度上远不如国内,

---

[*] 本文得到教育部人文社科项目"作为一种设计方法论的设计之美学"(13YJA760067)和国家留学基金委员会2016年项目资助。
[**] 张黔(1970~),博士,武汉理工大学艺术与设计学院教授,研究方向为设计美学与艺术美学,著有《艺术美学导论》《设计艺术美学》《白居易诗赏读》等,电子邮箱:1952197778@qq.com。

这里的建筑楼层普遍不高，大多是四层左右，超过十层的很少；国内那种玻璃幕墙式的临街建筑也很少见，玻璃窗普遍较小；在平顶与尖顶之间，德国建筑明显更倾向于尖顶；别墅多，公寓式房子少。这些都让人不禁深思：德国这个现代主义建筑的发源地，何以在建筑领域并没有体现出充分的现代主义？

Eric Katz 主编的《死亡设计》及 Frederic J. Schwartz 的《制造联盟：第一次世界大战前的设计理论大众文化》这两本书可能会为这类疑惑提供答案。前书本身的目的并不是全面分析某一阶段的德国设计史，而是反思纳粹德国时期技术精英们的道德责任缺失问题，其结论是发明与使用技术（包括设计）的人在从事相应的活动时，必须有伦理的维度。技术本身是中立的，但技术的发明者、使用者是有价值选择倾向的。这本书不仅在这方面给人以启发，其中揭示的纳粹时期的一些与设计有关的事实，对理解德国这段特殊历史时期的设计无疑也是很有帮助的。而后书更多关注的是 20 世纪初到第一次世界大战前（实际上一直延伸到纳粹上台之前）德国设计的理论热点问题，也必然会触及德国设计如何面对正在兴起的现代主义、功能主义问题。20 世纪初期到纳粹上台前这段自由争论的历史时期，设计师和广大受众对英国的工艺美术运动与法国的现代主义有了深入的了解，并最终对现代主义与功能主义持一种批判态度，尤其是它的非历史、非传统而仅仅关注功能与商业效应方面。这种批判是纯粹的学术之争，这使德国人能容纳以包豪斯为代表的现代主义实验在其境内的发展但也仅是非常有限的发展。而在纳粹上台后，包豪斯及其所代表的现代主义受到主流意识形态的批判，并最终作为一个政治事件而被禁止，现代主义建筑设计在纳粹时期完全处于被压制状态。这种压制，一方面是集权政治的产物，另一方面也是德意志民族的民族精神、民族个性的自觉选择。正如在这个时期德国人选择了纳粹一样，德意志民族的强烈自尊与民族自豪感使包豪斯及现代主义建筑理念在德国的发展受挫。受此民族意识的影响，即使在战后德国人也对这种现代主义持怀疑态度，从而使德国建筑在基本形态上与现代主义保持着足够大的距离。

20世纪上半叶,是现代主义建筑及设计发展的黄金时代,但是德国现代主义建筑的黄金时代是20世纪最后10年,而且完全是在政府主导下为解决原民主德国地区人民的居住问题的产物。这两本书告诉我们,为什么现代主义建筑在20世纪上半叶的德国并不占据主导地位。

一

就艺术或设计的内部发展来看,19世纪末20世纪初,在德国或德语国家内部,由李格尔(奥地利人)倡导的以精神为主导的设计与创作理念,已经完成对森珀的以材料与技术为主导的设计与艺术理念的清剿。李格尔及其支持者认为,艺术或设计发展的内在动力,不是外部的材料与技术,而是一种特殊的精神,精神性是艺术与设计发展的最高原则与动力,"精神自身统治并改变了时代;大的世界-历史的力量在它的流动中发展。正是这种精神给予文化以印记"。(Schwartz,1996:21)艺术与设计中的精神,他称之为"艺术意志","基本的原则对所有的……媒介都是一样的,如艺术意志就是这样的原则,它统治着它们全部;但是并不能认为这些原则在所有媒介中有着清晰性。最清晰的例子是在建筑中,其次是工艺美术,特别是当它们没有形象化的动机时,建筑与工艺美术总是让艺术意志呈现出近乎数学般的清晰性"。(Schwartz,1996:22)

由于"艺术意志"这一概念被德意志制造联盟的多数设计师接受,德国设计的走向问题变得简单起来:设计(包括建筑)不是技术的直接呈现,也不是像英国工艺美术运动先驱所认为的那样要回避技术。技术是不得不面对的对象,但其地位既不应该是工艺美术运动所认为的是洪水猛兽般的存在,也不应像未来主义者与一些现代主义者所津津乐道的是颠覆我们当前的视觉经验、与传统脱节的存在。德国知识分子的唯意志主义与理性精神很快找到了一个绝大多数人所能接受的解决问题的途径:传统风格中体现出的精神是根基,而现代技术只是将精神或意志外化的手段。二者在新的历史条件下应该结合,但绝对不是像现代主义者所设想的机器美学那样，是技术的赤裸裸的呈现，如果真是那样，传统、意志、风格都将不复存在，人将被机器牵着鼻子走，这一异化是德国知识分子坚决不愿看到的。

"艺术意志"这一概念，直接来源于叔本华与尼采的唯意志哲学。而艺术意志与现代技术的结合，让人不禁想起尼采在著名的《悲剧的诞生》中的观点：古希腊悲剧是源头性的酒神精神与手段性的日神精神的结合，而前者更纯粹地表现在音乐艺术中，"我们可以把音乐理解为意志的直接语言"（尼采，1998：66），意志也就是酒神冲动，音乐因为更接近艺术的源头因此是最高的艺术。后者则停留在现象层面，梦神（亦即日神）在其中"歌颂现象的永恒光荣"（尼采，1998：67），显然造型艺术要低音乐艺术一等，而悲剧则是这两者的结合，地位介于这两者之间。由尼采的观点推而广之，所有艺术（包括设计）都可理解为酒神精神与日神精神的结合，而且由于这两者在其中地位的不同而区分出同一艺术门类内部不同艺术作品的地位高低，越是接近精神或意志的，地位越高，反之则越低。李格尔的观点之所以能在短期内获得德意志制造联盟多数参与者的认同，形成对森珀以客观技术与材料为主导的机械观点的致命一击，与他自觉地以尼采的观点为蓝本不无关系。具体到设计中来，森珀看到了技术与材料的重要性，但他显然将其强调到一个不恰当的高度。李格尔与德意志制造联盟的参与者（包括格罗皮乌斯）看到了技术会让当代设计在形态上不同于传统的手工艺，但是他们认为民族风格及其内在的艺术意志应该是主导性的，而不应该被技术与材料左右。

一般艺术中的两个要素经过适当转化后，成为设计中两个地位不等的组成部分：艺术意志或德意志精神，对应于尼采的酒神精神；材料与技术，对应于尼采的日神精神。一个有传统情怀、有人文诉求的设计师，在衡量这二者的轻重时是不难得出结论的，这也正是李格尔这个奥地利人能对德意志精神产生直接影响的原因。其直接结果反映在建筑艺术上，就是以柯布西耶为代表的法国式的现代主义设计并不代表德国建筑师所要选择的道路，贝伦斯与格罗皮乌斯在20世纪二三十年代所做的设计，与"新精神馆"式的无民族个性的国际主义风格明显是有距离的。

对于技术，德国设计界的领导者在设计实践中会大量地使用，但在理论上持一种有距离的态度。作为德意志制造联盟的领导者，穆特修斯"对于技术的观点是用否定性的字眼，并且自身就是否定性的：客观性不是功能性形式的审美回报（并且诸如功能主义之类在联盟内部是被广泛讨论并拒绝的），而是对作为时尚的形式的回避，并因此是日常物品与环境的一种意义上的中立"。（Schwartz，1996：42）"客观性"这个概念很容易与技术、物质条件联系起来，但是德意志制造联盟所接受的"客观性"不是技术的客观性，而是德意志人精神的客观性，是对商业目的与技术制约下的风格的超越的客观性。技术－功能等客观因素并不是"客观性"的成因，也不应是具有历史文化内涵的风格的直接成因，相反，"客观性"就是"民族性"与"历史性"。设计师不同于高度客观化、无历史感、无民族性的工程师，这是这位联盟领袖对设计师这个群体的特殊要求。这也必然会使联盟内的设计师在面对技术时持一种警惕的态度：不排斥技术，在其中寻求实现的手段，但是对于设计而言，这些只是基础性的东西，它绝对不是设计的全部，甚至也不是设计的本质。这就使德意志制造联盟不同于法国式激进的现代主义，在德国人看来，它可能只算得上时尚，而达不到风格的高度；它只有技术的客观性，却被商业污染，而缺乏一种文化上的客观性（普遍性）与中立性，更没有精神上的久远根源。

二

由于格罗皮乌斯领导的包豪斯过分追求现代化或现代性、与传统完全脱节，德国同行对其并不看好。"包豪斯建筑师们将房子或其他建筑转化成工具。他们寻求融合手工艺、艺术和工业到一个现代美学中。他们在设计中追求如民主、乐观和效率之类的观念。……这些建筑的民主目的干扰了保守的德国人。"（Josephson，2006：76）德国人在文化上要么是浪漫主义者，要么是保守主义者，他们可以统一在德意志制造联盟旗下，但对包豪斯的现代主义保持足够的距离。而作为包豪斯产生的土壤，文化浪漫主义与保守主义的共同目标却是一致的，是包豪斯所没有充分重视的，这就是德国的民族风格问题。"风格"是德意志制造联盟的一个核心议题，是德国设计师在现代功能主义的冲击下反思的一个问题。在这一反思中，绝大多数设计师认为，民族风格、统一的风格对于德国设计来说必不可少，机械化大生产不应取消民族风格。相反，如何使其与民族风格合流，才是设计师应该解决的问题，而不应该像功能主义者那样，仅仅以功能与简单的形式的结合作为最终的答案。当时的设计师普遍认同的价值标准是功能而又传统，典型的表述是"新风格：醒目但不能太炫目，基于传统、功能与艺术"（Schwartz，1996：32）。不难看出，在功能主义的冲击下，德国的广大设计师与批评家们坚守的首要标准恰恰是传统。

注重传统的手工业与现代技术的结合，以此实现艺术与技术的结合，是包豪斯成立伊始的基本价值目标，这一目标与德意志制造联盟的目标是基本一致的，这也反映出包豪斯与德意志制造联盟的历史渊源。目标虽然设定了，在如何实现上却是路径各异，这也是包豪斯成员与他们曾经的制造联盟同行分道扬镳的原因之所在。德意志制造联盟不把技术当作一个卖点，而是将其当作不说话的存在，更强调历史文化传统，在其中寻找"客观性"。包豪斯却更多地转向技术以及受此技术制约的简单几何形，由此导致的结果是过分依赖于技术，而艺术的维度则日渐丧失，文化内涵变得日益单薄，其"客观性"转化成李格尔等批判的技术与功能的客观性。这一发展路径应该是格罗皮乌斯主观上左右不了的，因为包豪斯的教员并不全是德国人，俄国人康定斯基、瑞士人保罗·克利、匈牙利人莫霍里·纳吉、美国人费宁格……这样一支教员队伍显然不可能团结在抽象的"德国艺术意志"旗下，而更容易达成妥协，是平均的、"客观的"现代主义，教员队伍的国际化背景契合了现代主义的国际主义特征。

在包豪斯活跃的时代，"绝大多数德国工程师相信这种技术风格不能在国家主义的意识形态内与德国文化相妥协。尽管包豪斯事实上被国际上认为是德国文化的成就，但对于保守分子而言，它的基于统一化的工业美学、无产阶级的社会政策和'布尔什维克主义者'帮助大众的政治计划等使其就是'非德国的'。他们攻击预先构制件和标准化的建筑技术。保守的建筑师诉求的是民族的建筑传统。例如，他们认为平屋顶不足以使雨水和雪融化后的水快速流走，因此是不适应德国天气的；按照某些人的观点，平屋顶是一种'东方的形式'且等于扁平的脑袋。其他建筑师声称，标准化的建筑技术产生的是'流浪者的建筑'，将导致'无根、精神上贫穷和无产阶级化'。还有一些人运用反城市化思想，攻击摩天大楼并且号召回到德国的土地上。最终，对包豪斯的这种批评与种族争论结合起来，包豪斯风格的根源被归因为文化上的倒退，它植根于生物学上的原因。这些类型的批评，当然获得了纳粹当局的支持"。（Josephson，2006：77）包豪斯的平均主义虽然包含了民主的理想，但同时也包含了德意志民族自信心被摧毁的可能性，它所显现的不是德意志民族的优越感，而恰恰是德意志民族能力上的缺陷，它是第一次世界大战德国战败后德意志民族在经济能力上贫穷的象征，与那些大城市中的犹太商业贵族所建的高楼大厦相比更是如此。

德意志制造联盟在包豪斯成立后逐渐走向了分裂，民主、平等与民族、历史尖锐对立，德国的精英分子不再把包豪斯看作自己的同路人，包豪斯的设计理念无法获得其同行的认可，这必然使包豪斯风格在德国仅仅是小范围的实验。

三

包豪斯的国际主义或非德国化的设计理念，在民主时期仅仅是受到批评与责难，而到了独裁时期，因纳粹的政治诉求与建筑取向最终只能走向失败。

纳粹独裁政权在技术政策上有几个典型特点，"最明显的是政府是发展与融合的主要推动力。……另一个技术独裁的特征是对研究与发展的过于集中化的管理。……第三，独裁统治下的技术以自大狂妄为其特征，如斯比尔计划的宽尺寸（4米）铁轨和双层小汽车"。（Josephson，2006：74）这与自由经济条件下的自由选择是有区别的，反映在建筑上突出表现为纳粹更乐于见到具有宣传、广告效应的宏大建筑，而对以节约、高效为特点的现代主义建筑不感兴趣，后者被认为是一个国家经济上相对薄弱的体现，不能体现出德国人的优越感，因此在政府主导设计尤其是较大的投资项目时，现代主义风格显然不受欢迎。正如有学者所指出的，"纳粹理论家们从他们这部分出发，憎恶魏玛技术的现代符号。他们将其节约、功能建筑理解为'布尔什维克主义者'的设计，这种设计放弃了自然的反城市化的审美性，而这恰恰被纳粹当作民族技术的特征。纳粹德国需要现代技术来达到其帝国目的，但拒绝这种基于时代错误的意识形态之上的技术，并且发现苏联技术风格上的巨大失误。但是纳粹的技术风格——对相关服务人员的社会和政治上的控制导致对集中式的项目管理的偏爱以及自大狂妄，是独裁统治的范例"。（Josephson，2006：75）

对于包豪斯来说，现代主义设计隐含的绝对平等、大民主观念并不为纳粹当局所接受，这正是它在纳粹时期被关闭的原因。表面上看，纳粹的"社会主义"应该与包豪斯的平均主义、民主思想有相通之处，但是纳粹的"社会主义"——"National Socialism"中的"National"，更准确的翻译不是"国家的"，而是"民族的"，即仅仅属于德意志民族的。包豪斯"各个方面都是非德国的现代技术的象征"。（Josephson，2006：76）这一特征，对于德国纳粹当局来说，是不可接受的，相反，它被认为是"非德国化和堕落的形式"。（Jaskot，2006：125）"非德国化"是指它并非德国所独有，甚至是德国历史传统中所没有的这个特征，也就是后来人们总结的"国际主义"。而"堕落"则是指其反映的不是向上升腾的力量与信心，而更多的是满足日常生活需要的细小打算——提供居住的机器，这对于"志存高远"、自我感觉非常好的纳粹来说显然格调太低。他们需要的是宏大的政治象征，而非提供狭小的、平实的生活空间。作为纳粹的竞选对手，魏玛社会民主党被认为是现代主义建筑的支持者。二者的联系一旦建立，对社会民主党的攻击也必然伴随对包豪斯及现代主义的攻击。"作为20世纪20年代末期和30年代初期的竞选策略，国家社会主义党的意识形态强调了对建筑的负面评价，现代建筑代表一种被假定的德国人的种族和民族价值的堕落；他们从不认为有某个现代建筑可以作为纳粹意识的正面表达。由于社会民主党一直与支持和投资某些由现代主义建筑师或包豪斯成员设计的建筑项目有关，纳粹文化批评会用平屋顶、混凝土建筑作为他们批评社会民主党的本质性的国际主义和非德国化政策的陪衬。"（Jaskot，2006：125）其实，社会民主党在台上时也并未真正给包豪斯提供什么像样的项目，包豪斯名为建筑学校，实际上所做的建筑项目屈指可数。

希特勒所喜欢的建筑类型，是有强烈的象征意味的，是纪念碑式的。对此，他的御用建筑师斯比尔回忆道："希特勒喜欢说他的建筑的目的是传达他的时代和精神给其后代。他试图将其哲学化：最终所有留下来提醒人们历史的伟大回响的是他们的纪念碑式建筑。"现代主义建筑在希特勒看来，由于它与德国历史与民族精神脱节，不适于形成"连接传统与未来的后代的桥梁"，而他恰恰需要这种连接过去与未来，尤其是向未来宣告他这一代人存在的纪念碑式建筑。（Speer，2006：149）虽然纵向的摩天大楼在一般人看来亦足以当作时代精神的象征——现代主义者就是这样认为的，但其国际化、非德国化是希特勒所不能接受的，历史感与民族性让他选择了新古典主义，再加上现实政治的诉求，希特勒及其政党完全将现代主义看作其宏大使命的对立面。

对于纳粹来说，象征着德意志民族的伟大力量的建筑才是他们所需要的。纳粹的上台意味着包豪斯的终结，包豪斯小范围的实验也不可能了，德国流行的建筑风格是新古典主义建筑，这被认为是巴洛克建筑的简化形式。"对于官方政府与政党建筑，希特勒喜欢保罗·路德维希·布鲁斯特的直条向下的新古典主义，在其死后，是斯比尔的。"（Jaskot，2006：126）与现代主义讴歌的摩天大楼不同，这类建筑普遍较为低矮，但所占面积较大，强调的是横向的体量而非高度，从而也有很好的象征功能。而对相对较低的建筑的喜爱，无疑与德国知识界精英呼吁的"回到德国土地"这一诉求有关，摩天大楼总让人感到不稳定，这与德国人沉稳的性格不相吻合。平面展开的宽度一样能让人产生震撼，因此，与希特勒对"大"的推崇一致，德国建筑设计师也放弃了对高度的追求，而转向对横向空间的追求。纪念性建筑如此，民用建筑更是如此。

除了更强调横向上的宽度这一特点外，这种新古典主义建筑还强调立面的纵向柱状结构，伴以长条形窗户，而这与柯布西耶的新建筑的"横向长窗"正好是相反的，这也是德国人凸显其民族个性的一种方式。而在民用建筑领域，狭长的窗户显然更适合这个欧洲国家：在保暖性上比大玻璃窗更符合国情，而接近平房的建筑形式同样也有与此类似的功能诉求。至于尖顶，则被看作一种民族传统的符号，更容易让德国民众认同，这也是后来德国的一些现代主义建筑不得不接受的符号，从而与更常见的平顶式现代主义建筑拉开差距。

不仅如此，新古典主义建筑由于源于巴洛克式，因此巴洛克建筑注重装饰的特点也被其继承，装饰元素的适当简化使它在中产阶级中获得良好的效应，而在其作为体量较大的纪念碑式建筑的组成部分时，其历史文化内涵也非常明显。新古典主义建筑在横向空间上的拓展，使其能与装饰元素结合。至于摩天大楼，如果其高挂的装饰元素不是整体结构式的，那么将无法成为欣赏者注意的对象。一方面，横向结构使装饰元素得以被欣赏；另一方面，这种建筑无论是从政治的象征方面还是从经济的象征方面又都要求装饰元素，因此二者的结合就形成了它的又一个特色。

四

即使是现代主义，格罗皮乌斯这个德意志制造联盟和包豪斯的双重代表所代表的现代主义方向，与他的法国同行柯布西耶的现代主义也有着明显的区别，后者显然更为纯粹、更为极端。柯布西耶对新技术的赞赏是无原则的，其"新精神"依存于新的材料与技术，他将建筑理解为"居住的机器"的观点也饱受现代主义同行的批评，其"新精神馆"更是现代材料与技术的直接呈现，在其中找不到一点历史风格的痕迹。而格罗皮乌斯则更关注"工业建造形式中的风格形式问题",而这个"风格",不是以技术与材料为主导,而是由艺术意志主导的,"人们重新认识到艺术意志是艺术品的真正价值",而"强烈而统一的以文化为导向的意志这一开端,在今天无疑是正确的"。(Schwartz,1996:23-24)这是他当年在德意志制造联盟内部所获得的基本理念。而文化,在格罗皮乌斯看来,就是民族精神及其历史,对文化与历史的强调构成德国设计师与柯布西耶这类绝对的现代主义者不同的方面,其中甚至还掺杂着德国知识精英所特有的民族主义自尊。当然,后面的这方面被同时代的纳粹政权利用,这可能是很多格罗皮乌斯们没有想到的。但不管怎样,历史-民族的维度,使德国的建筑设计即使是广义的现代主义,也与无国界、无民族、无历史的极端现代主义保持着距离。这也导致我们在看到德国(包括格罗皮乌斯)的现代主义建筑时不会简单地将其与法国或美国的现代主义建筑等同。

因此,笼统地讲,我们经常将格罗皮乌斯与柯布西耶视作同一类人:伟大的现代主义设计先驱。但分开来看,二者其实有非常明显的区别:一个是温和的、折中的现代主义者,一直在传统与现代、客观化与主观化、个性与民族性之间寻找折中点;另一个则追求绝对的时代性、与历史脱节的当代性、无民族的普遍性、依托于技术逻辑的客观性。格罗皮乌斯的现代主义不同于柯布西耶的现代主义,与柯布西耶相比,他相对温和;但与他的总体上持文化保守主义的国内同行相比,他对现代主义的态度已经非常激进。

作为人类20世纪最伟大的设计师之一,格罗皮乌斯虽被冠以"现代主义者"的标签,但其实更合适的标签应该是"风格多变的设计探索者",从早期对工艺美术运动的追随到融工艺美术与现代技术为一体的尝试,接着到倾向于现代主义,最后到在现代技术基础上重新融入工艺美术,他从来不是一个绝对意义上的现代主义者。而包豪斯的关闭,恰恰是在米斯这个绝对的现代主义者任校长后的"成果"。也许格罗皮乌斯是纳粹所能接受的底线,而到了米斯任内,它就变得完全不能接受,而只能将其关闭了。格罗皮乌斯的探索,不同于柯布西耶和米斯的绝对的现代主义,他带有更多的德意志制造联盟的印记,这也使他与他的追随者的作品虽然可以归入现代主义,但在视觉感受上与柯布西耶、米斯等人的作品其实并不一样。这也使在德国广义的现代主义建筑不难发现,但绝对的、极端的现代主义建筑很少。

德国知识分子较早实现了对技术理性的反思,这使直接体现技术甚至鼓吹技术至上的现代主义建筑饱受责难,这是德意志的民族个性使然。在建筑领域,李格尔等人在引入自律性的"艺术意志"概念后,德国人也由技术回归历史与文化,将风格看作历史文化的结晶而非技术的结果。在技术与民族性的地位比较上,德国人优先选择的是民族性,尽管在我们看来德国人对技术极端偏爱,甚至走火入魔。因此,即使在德国重获民主之后,人们也并不因为希特勒反对现代主义建筑就将现代主义推上神坛。相反,在某种意义上,希特勒对现代主义的反对,剔除其好大喜功的成分,本身就是一种德国精神。这种深层的民族性,使现代主义在德国建筑中并未广泛流行,而顶多只是德国本土风格建筑一个点缀性的存在。

德意志民族的民族自尊,对于近代德国的发展无疑是把双刃剑,尤其是在纳粹德国时期。因此,反省这种极端的民族自尊,一直是战后德国历史教育的核心课题。而对于我们中华民族来说,目前仍然要做的,恰恰是保持足够强大的民族自尊心与自信。德国人对现代主义建筑的态度,应该成为当代中国建筑与设计发展的一面镜子。

参考文献

[1] 〔德〕尼采:《悲剧的诞生》,载章安祺编订《缪灵珠美学译文集》第 4 卷,中国人民大学出版社,1998。

[2] Jaskot, P. B., "Architecture and the Destruction of the European Jews," in Eric Katz, ed., *Death by Design*, New York: Pearson Education Inc, 2006.

[3] Josephson, P. R., "From Totalitarian Science and Technology," in Eric Katz, ed., *Death by Design*, New York: Pearson Education Inc, 2006.

[4] Schwartz, F. J., *The Werkbund: Design Theory and Mass Culture before the First World War*,

New Haven: Yale University Press, 1996.

[5] Speer, A., "Inside the Third Reich: Memoirs," in Eric Katz, ed., *Death by Design*, New York: Pearson Education Inc, 2006.

The Destiny of Modernist Architectures in Modern Germany

Zhang Qian

Abstract: In general, there are not obvious modernist characteristics in German urban architectures, for the modernist architectures did not play a dominant role in Germany in the first half of the 20th century. Riegl's theory of artistic – will (Kunstwollen) was widely accepted in the Germany Working League (Deutscher Werkbund), and the importance of technology and material emphasized by modernism was not taken into account in the Werkbund. After the founding of Bauhaus, its non – German modernist design concept was not recognized by the majority of German designers who thought that the national style was much more important. After the Nazis came into power, the Hitler's regime preferred the symbolic neoclassicism with historical continuity, while Bauhaus' modernism was viewed as a symbol of the degeneration of German culture. As a representative of German modernism, Gropius kept a distance from the absolute and pure modernism, which made less emergence of radical modernist architectures although many generalized modernist architectures existed.

Keywords: Modernist Architecture; Design History; Germany; Nation

About the Author: Zhang Qian (1970 –), Ph.D., Professor in School of Art and Design, Wuhan University of Technology. Research interests and specialties: aesthetics of design and art. Magnum opuses: *Introduction to Art Aesthetics*, *Design Art Aesthetics*, *The Appreciation of Bai Juyi's Poetry*, etc. E – mail: 1952197778@ qq. com.

后现代文化思潮下的文献戏剧[*]

倪 胜[**]

【摘　要】 文献戏剧就是将历史上实存的文献材料（电影、投影、录音、扩音器、机器、多元播放器等）直接搬用到舞台上的戏剧。它的目的是寓教于乐。它试图揭示真相，尤其试图站在反抗权威和主流观点的立场上，为民众说话并进行启蒙。这一点符合后现代对一切元叙事都进行怀疑和颠覆的精神。因此，20世纪20年代产生的文献戏剧在20世纪60年代后成为后现代戏剧的重要组成部分。

【关键词】 文献戏剧　后现代　元叙事

20世纪60年代国际社会风起云涌，麦卡锡主义、"冷战"、反越战、"文化大革命"、五月风暴、性革命、避孕套的发明、切·格瓦拉……这一系列重要事件和人物标志着社会的巨大转变：从工业时代向后工业化时代转变，进入后现代社会时期。

根据法国学者利奥塔尔的解释，后现代就是不同的叙事方式、不同的形式体系之间和平共处和相互借鉴。这是对单一叙事的反动，是对单

---

[*] 本文系上海市教委科研创新项目"早期德语文献戏剧的阐释与研究"（15ZS053）研究成果。

[**] 倪胜（1970~），博士，上海戏剧学院副教授，主要研究方向为德国古典哲学、西方当代戏剧、佛学等，已出版《判断力批判体系探微》《早期德语文献戏剧的阐释与研究》等著作，电子邮箱：nisheng555@126.com。

一思维的对抗,其表现就是怀疑传统的观点和立场,反抗主流的叙事方式。"叙事的传统同时也是标准的传统,这些标准的传统界定了三种能力,即说话的能力、倾听的能力和做事的能力,共同体与这些能力本身以及与这些能力所处的环境的关系在这里成为游戏。一组构成社会关系的语用学规则与叙事一起得到传递。"(利奥塔尔,2011:80)

利奥塔尔说:"我们可以把对元叙事的怀疑看作'后现代'。"(利奥塔尔,2011:4)

文献戏剧(Documentary Theatre)就是对元叙事的怀疑。

简单说来,文献戏剧就是将历史上实际存在的文献材料(协议、档案、书信、统计表格、证券信息、银行以及工业企业年终财务报表、政府声明、演讲、访谈、名人所发表的意见、报纸和电台报道、照片、新闻影片以及当代其他传媒工具)直接搬用到舞台上的戏剧。这是一个比较简便也很容易得到的定义,然而却是一种避开实质的定义,它只抓住了文献戏剧外在形态上的一个特征,却没能深刻阐明文献戏剧的意义和本质。具体讨论请参见拙著《早期德语文献戏剧的阐释与研究》。

我们介绍过,著名剧作家魏斯说:

> 尽管传播媒介达到了散布的极大程度,以至世界各地的新闻我们都能获取到,然而对我们的当下以及未来产生影响的、隐藏在动机和相互关联之中的、最重要的事件仍未能得到。我们只有通过那些可以解说的原材料,能给我们提供说明的那些事实,才可以达成结论,然而我们难以接近它们。文献戏剧关心着,比如暗杀帕特里斯·卢蒙巴、肯尼迪、切·格瓦拉,血洗印度尼西亚,日内瓦关于印度支那半岛协议的内部商讨,中东最新的冲突和联合国对越南战争的政府安排等等事件,由于目前人为的模糊,专制政权有意隐瞒了其中阴谋。(倪胜,2015:77)

文献戏剧的目标就是揭露这些故意的隐瞒,向人民宣布真相,并鼓舞人民进行斗争。

根据美国学者道森的研究，文献戏剧的发展可以进行如下分期。

第一阶段（魏玛时期）的代表剧目是皮斯卡托的《尽管如此》（1925），第二阶段（活报剧时期）的代表剧目是《三度深耕》（1936），第三阶段（新文献戏剧时期）的代表剧目是《代理人》和《生活在白人的美国》（1963），第四阶段（活报文献戏剧时期）的代表剧目是《静物》（Still Life，1980）。（Dawson，1999：164）

皮斯卡托（1893～1966）是一位非常重要的戏剧家，他发明了整体戏剧（Total Theatre）概念，利用一切我们知道的和拥有的东西来创作戏剧作品。他第一个在剧场里使用投影幻灯片和电影，他发明了叙事戏剧（Epic Theatre），然而世人却将这个功劳归到布莱希特身上。不少学者都为皮斯卡托鸣不平。笔者就亲耳听到皮斯卡托的学生、著名的生活剧团创始人 Judith Malina 大声惊呼："皮斯卡托是一切时代里最伟大的戏剧家。"

皮斯卡托更为重要的成就是对文献戏剧和后现代戏剧运动的贡献。

后现代戏剧所使用的互动、拼贴等手段，早在 20 世纪初就已经为一些先锋戏剧家如梅耶荷德、皮斯卡托等人所尝试。

他们探索戏剧新形式是出于苏联革命政治宣传的需要。苏联著名理论家、第一任文化部长卢纳察尔斯基表示："可以设想搞这样一个小型剧院，当晚就能演上午发生的事，可以想办法演些鲜活的喜剧和正剧，反映我们每天发生的事，因此，苏联戏剧创作的高度艺术，就是迅速快捷，说干就干。不要看不起这项任务，我们需要这样的戏剧。"（卢纳察尔斯基，1998：572）

"在膝头上而不是在书桌上急就的报道剧是很有用的东西，但它们很少是真正的艺术作品。有时候为说明一份材料，十万火急，这种记者－剧作家非赶着办不可；常常有这样的事——你刚临时急就一个剧本，但由于有了新的指示，你必须改弦更张，完全改变对问题的处理。凡此种种，给这种政论剧的形式带来不少不稳定因素。"（卢纳察尔斯基，1998：572）这样一来，剧本的毛糙是不可避免的。

然而，这是时代的要求，也是急迫的政治形势的要求："决不能容忍这样的情况：剧院抱怨没有可上演的剧目，或者是有好的剧本，却是去年的。……有一些紧迫、急就的东西会在艺术中长期保留下去,只要它们的作者具有艺术技巧和政治敏感性,能够通过短小精悍的剧作,反映我们斗争的重要时刻。"(卢纳察尔斯基,1998:573)

这类戏剧所追求的目标就是尽可能地表现当下最新的状况:"我们的剧作——用时代本身的声音来讲述时代的历史。"(卢纳察尔斯基,1998:577)

通俗易懂的快板书、顺口溜、口号等曾经是宣传最重要、最直接的手段,原因在于受众文化程度比较低,讲革命道理没有太大效果,只有非常切合民众生活实际、语言活泼亲切的东西才能打动他们。"宣传鼓动剧曾经是向文盲传递核心社会的信息的手段。那么,它最宽泛意义上的主要目的就是教育。'事实广播'也服务于召唤那些既不是马克思主义者也不是革命家的市民听众行动起来。组合手段被用来扩大宣传,火车被涂上口号在乡间穿行,轮船航行在俄罗斯的水道散播革命的新闻和信息。"(Dawson,1999:19-20)

"1923年,梅耶荷德组建了蓝色工作服宣传队,乘坐涂装得花花绿绿火车行遍俄罗斯,为农民和工人教授表演技巧。"(Malina,2012:6)

Innes说:"活报剧作为一种新的戏剧形式是在1917年革命后形成,源自'报纸朗读'。由于文盲率太高,新闻报被大声地朗读给聚集而来的听众。'报纸朗读'的生气逐渐转移到'活报剧'上,阅读报纸发展到用视觉手段(在舞台上使用海报,使语法和统计数据舞台化)、戏剧手段(独白、对白、集体演说以及快速素描)、音乐手段(将新闻变成歌曲)来呈现新闻。"(Dawson,1999:20)也就是说,他认为,正是从因宣传鼓动需要形成的活报剧形式中慢慢发展出独特的文献戏剧(政治戏剧)形式。

当时梅耶荷德、布莱希特等人都身处苏联,为苏联革命工作,因此这些新手段十分革命,左翼倾向十分明显,或者说直接就是左翼革命的产物。在德国进行同样的新尝试的重要导演皮斯卡托后来也到达苏联,并被推选为革命作家联盟的主席。

另一个对后现代戏剧产生深刻影响的是达达运动,达达运动的反艺术激进思想对后现代艺术家影响巨大。皮斯卡托等人在其艺术活动的早期就曾经是达达运动的积极参与者。

斯大林时代大清洗开始，随后纳粹在德国上台。左翼戏剧受到压制，皮斯卡托、布莱希特被迫出走美国，梅耶荷德受到迫害。这些新鲜的戏剧手段因此沉寂下来，直到20世纪60年代后现代思潮兴起，才被后现代艺术家发掘继承并进一步发展。

1951年10月6日，已经在美国勉力支撑了11年的皮斯卡托收到非美活动委员会（HUAC）的一张传票，为逃避传唤，第二天他就离开美国去了联邦德国，从此再也没能返回美国执导或教授戏剧。然而他在这11年间对包括美国文献戏剧在内的先锋戏剧（激进戏剧）运动产生了深刻影响，并随后引发了美国的后现代戏剧运动。他的遗孀Maria Ley-piscator说："皮斯卡托为美国新戏剧所设计的蓝图正是在他重返欧洲的那一天开始变成现实。"皮斯卡托开启了外百老汇戏剧运动，并且间接影响了美国另类戏剧的发展。（Dawson，1999：59）

直到20世纪70年代后现代主义盛行，一些导演才重新找出这些方法并使它们变成后现代戏剧的重要手段，只是这时的后现代戏剧已经摆脱了明确的苏联式的左翼立场（比如皮斯卡托的学生Judith Malina建立的著名的生活剧团就崇奉无政府主义），或者说明确地不准备先在地确定某个政治立场。他们知道这些戏剧手段的不真确，知道这些手段不是追求真理的有力武器，于是将它们改造成探索和了解社会现状的工具。

后现代是与现代相区分的一个概念，开放、非决定论、碎片化、游戏性、分立的意识形态、使用现成品、沉默的祈祷等是后现代戏剧的一些特征。在后现代戏剧里，单向的宣传鼓动的思路被放弃，尊重并挖掘多元思维的做法被崇尚。而文献戏剧从一开始就试图为被压制、被迫沉默的事实发声，提供与主流不同的声音，向单一社会观念发起挑战，因此非常符合后现代戏剧的思路。

文献戏剧从20世纪20年代兴起，发展到20世纪60年代也伴随时代的前行进入后现代阶段。"从20世纪30年代美国工人戏剧运动以来，《生活在白人的美国》成为第一个美国文献戏剧，因此它应该被认定为美国的一个文献戏剧的原创。"（Dawson，1999：95）这部剧由 Duberman 创作，首演于1963年。正好在这一年，皮斯卡托导演、霍赫胡特编剧的《代理人》于柏林上演。笔者已经介绍过，《代理人》是德国文献戏剧的代表性剧作，讲述的是天主教会和教皇敢于拒绝迫害犹太人的故事，该剧被视为文献戏剧发展第三阶段的标志。也有学者认为，《生活在白人的美国》受到了《代理人》的影响，然而这个说法遭到了 Duberman 的否认。（Dawson，1999：163）

《生活在白人的美国》表现了从奴隶贸易时代到20世纪60年代民权运动期间非裔美国人的生活经验，获得了当季百老汇最佳戏剧奖（Vernon Rice Drama Desk Award）。

"黑人的历史常被分开去，仿佛与美国的主流历史相排异一样。《生活在白人的美国》提醒我们黑人的美国历史跟美国历史是同一的……关于奴隶的丑恶故事，抵抗奴隶制度的白人和黑人美国人的勇气，以及内战时期黑人兵团的英雄事迹由那些经历了这些事件的人们说出来。主人、奴隶、自由人、教友派信徒、反叛者、教师和士兵跟我们讲述保留在他们日记、信件和公共文献里的记录。我们听到普通的男人和女人，也听到杰出和著名如 Sojourner Truth、Frederick Douglass 和 Woodrow Wilson 这些人的故事……如果在开幕式当晚，有观众在第一幕结束时还眼睛干干，那几乎是不可能的。"（Dawson，1999：96）

其中提及的人物，比如索杰娜·特鲁斯［Sojourner Truth，原名为伊莎贝拉·范瓦格纳（Isabella Van Wagener）］，是一名美国福音传教士和改革家，原为一名黑奴。身为奴隶期间，索杰娜·特鲁斯和其五名子女受到了她主人的无情对待。1827年纽约州废除奴隶制后，索杰娜·特鲁斯开始投身于福音派的传教工作，并在传教的内容中加入了废奴和女权主义思想。索杰娜·特鲁斯一生积极与当时社会中的不公制度做斗争，成为19世纪美国人权卫士的代表之一。"从这个介绍可以看出《生活在白人的美国》如何打动人们的心。

"很多当代的美国文献戏剧都可以类比于20世纪30年代美国联邦戏剧计划（Federal Theatre Project，FTP）时期的活报剧风格。这些活报剧包括布鲁姆斯堡剧团（Bloomsburg Theatre Ensemble）的《给编辑的信》（*Letters to the Editor*）、史密斯的《黄昏：洛杉矶 1992》（*Twilight: Los Angeles, 1992*），以及曼的《格林斯博罗：挽歌》（*Greensboro: A Requiem*）。"（Dawson，1999：95）

美国联邦戏剧计划是大萧条时期五大联邦复兴计划之一，从 1935 年一直到 1939 年资助演员、导演等戏剧表演工作。每年雇佣 1.5 万人，总投入达到 4600 万美元。关于这个计划以及其他四个计划在历史上的作用，褒贬不一。但美国联邦戏剧计划对美国戏剧的发展的确非常重要，这是没人否认的。

同仁剧团（Group Theatre）的《格里菲斯案件》（*Case of Clyde Griffiths*）被剧团成员视为巨大的失败，然而它却是美国文献戏剧的成功之作。除了皮斯卡托本人对美国戏剧的贡献之外，它也给美国舞台带来了皮斯卡托式的舞台技术，为美国联邦戏剧计划里的活报剧演出反复使用。这些技术包括使用文献、多个舞台、指挥观众互动，以及使用一个叙述人对舞台上的行动做评述等。（Dawson，1999：163）

我们介绍过英国导演奇斯曼的《为谢尔顿酒吧而斗争》（1977）（倪胜，2015：16），那是一部典型的反霸权的戏剧。霸权（Hegemony）的概念是由意大利著名学者、共产党领袖葛兰西提出来的，这是理解后现代社会的一个重要概念。由于美国社会充满乐观主义和各种机会主义，反霸权的政治需求比欧洲小，因此美国的文献戏剧与欧洲的文献戏剧对社会问题的反映是不相同的。

改变美国文献戏剧的是曼，当时文献戏剧已经是一个世界流行的戏剧种类。曼使美国的文献戏剧进化成一种与欧洲的皮斯卡托模式不同的独立的混合形式。她通过私人口述历史和证词来创作文献戏剧，从而令更广阔的社会问题进入戏剧，其代表作就是《格林斯博罗：挽歌》，随后又创作了《静物》。

文献戏剧的目标就是回应社会的问题，美国文献戏剧的重要作品，比如朱莉·克拉彻（Julie Crutcher）和沃恩·麦克布莱德（Vaughn MacBride）的《深耕：肯塔基的农场危机》描写了破产农民问题，达梅谢克（Barbara Damashek）的《无名者在何处》描写了无家可归的群体，莫尔（Todd Jefferson Moore）的《森林深处》描写了花旗松社群等，都是对当时社会各种问题的反映和回应。

进入21世纪，现代技术手段（广播、杂志、电影、电视、网络、手机等）提供了比过去更多的文献材料，并且使观众能轻易得到各种文献素材。观众们对真实事务的关心和喜爱越来越深。后现代社会碎片化、反讽、个体化等特征在人们对真实文献的追求里得到反映和实现。因此，文献戏剧在当代有着广泛的群众基础，受到广泛欢迎。我国目前从美、日、韩等国引进的真人秀电视节目相当火爆，其真正来源就是文献戏剧。文献戏剧的各种探索和尝试包括失败的教训，都被真人秀这类节目借鉴吸收。

这里笔者想再区分一下两个词。笔者已经解释过，文献剧（Docudrama）和文献戏剧并不相同。Docudrama是文学创作，是类似于真实记录的戏剧。（倪胜，2015：4）

1996年，托普林（Robert Brent Toplin）在《纽约时报》上撰文说："人们对电视化的历史与戏剧之间的关系有强烈的质疑。学者们警告说，文献剧提供了太多虚构的事实。他们说剧作家们发明了对话，创造出从未存在过的人物，并且将事件时尚化以适应他们故事叙述的需求。"1998年10月5日《纽约时报》又发表了专业作家卡琳·詹姆斯（Caryn James）的文章，她说文献剧是"天生的喜欢夸张的电视节目"。她举NBC关于Sammy Gravano的《直击暴徒》和HBO关于拳击经纪人的《唐·金》作为新型文献剧的例子。她说："文献剧仅仅依靠使用虚构技术而存活，将角色现实化，这种现实化需要超越法庭记录和其他公开记录可以提供的内容，还要一个从某种观点看的叙事线索。……典型的文献剧仅仅只提供假象。"[①]

我国电视真人秀节目的兴起，也曾引起人们的困惑，因为他们发现某些真人秀节目是有剧本的，还有人物设定。根据以上介绍的美国经验，

---

① Dawson, *Documentary Theatre in the United States*, Westport: Greenwood Press, 1999, p.167.

我们可以将这类真人秀称为文献剧，而不是文献戏剧。

真人秀、网络直播等的强势兴起，都在表明观众对非虚构类作品的消费需求的强劲增长。与文献采集和使用相关的企业也在蓬勃发展。文献纪录片《内战》和《垒球》的制作人肯·伯恩斯（Ken Burns）说："我们看到希望了解我们过去所经历的事件的渴求在明显增长，他们同时也渴求了解我们会走向何方。"①

文献戏剧从20世纪20年代在左派运动中产生，其发明出的新手段多被后现代戏剧借鉴，其自身也在后现代状况下继续发展，直到今天仍是戏剧的重要类型。可惜目前我国对文献戏剧的介绍无多，本土的文献戏剧作品也未发现，希望将来能看到这类戏剧在我国的蓬勃发展。

参考文献

［1］〔法〕让-弗朗索瓦·利奥塔尔：《后现代状态：关于知识的报告》，车槿山译，南京大学出版社，2011。
［2］〔苏〕卢纳察尔斯基：《艺术及其最新形式》，郭家申译，百花文艺出版社，1998。
［3］倪胜：《早期德语文献戏剧的阐释与研究》，上海远东出版社，2015。
［4］Dawson, *Documentary Theatre in the United States*, Westport: Greenwood Press, 1999.
［5］Malina, Judith, *The Piscator Notebook*, New York: Routledge, 2012.

The Documentary Theatre Affected by the Post – modern Culture

Ni Sheng

Abstract: The Documentary Theatre focuses on the historical documented background of an event by using film, projections, recordings, loudspeakers, machinery, and multiple playing areas, whose end is to teach and to en-

---

① Dawson, *Documentary Theatre in the United States*, Westport: Greenwood Press, 1999, p. 166.

tertain. It tries to discover the truth, to resist the authority and mainstream ideas, to enlighten people, which reflects the post-modern spirit of overthrowing meta narration. Therefore, the Documentary Theatre born in 1920s has become a part of post-modern Theatre since 1960s.

Keywords: Documentary Theatre; Postmodern; Meta Narration

About the Author: Ni Sheng (1970 -), Ph. D. , Associate Professor at Shanghai Theatre Academy. Research interests and specialties: German classic philosophy, Aesthetics, art theory and western linguistics. Magnum opuses: *An Exploration on Critique of Judgment*, *The Interpretation and Study on Germany Documentary Theatre in Early Periods*, etc. E-mail: nisheng555@126.com.

热点聚焦

视觉崇拜·图像修辞·身体偶像[*]

——当代视觉审美文化转型的基点、机理与指归

龚举善[**]

【摘 要】 在归真诉求的激发和视觉传统的支撑下,视觉崇拜意识伴随技术进步日渐凸显,推动视觉审美文化转型升级。在此过程中,具有感性叙事特征和意义重建功能的图像修辞体现出视觉审美文化当代建构的机理作用,身体偶像则以视觉形象的活态表达方式彰显了人类本体实现的价值指归。在认同当代视觉审美文化转型的正当性与合理性的同时,也应注意视觉崇拜现象的伴生性文化风险,从而自觉抵御视觉中心主义以及由此而来的图像通胀和视觉暴力倾向,警惕非理性视觉快感对人类审美惰性的默许和纵容,谨防庸俗身体唯物主义和低俗消费欲望的侵蚀。

【关键词】 视觉审美文化 视觉崇拜 图像修辞 身体偶像 文化转型

有关视觉和听觉谁先谁后、孰轻孰重的争论由来已久,但清醒的学者早就注意到了两者之间的高度关联性。黑格尔曾经说过,在人的所有

---

[*] 本文为 2016 年国家社科基金项目"新中国少数民族比较诗学体系建构研究(1949~2015)"(16BZW183)的背景研究成果。

[**] 龚举善(1964~),博士,中南民族大学文学与新闻传播学院教授。研究方向为文艺理论。主要著作有《文化境遇与文论选择》《图像叙事的发生逻辑及语图互文诗学的运行机制》等。电子信箱:jushangong103@126.com。

感官中，视觉和听觉是认识性的感官，因而也是最重要的艺术审美感官。伴随着工业化、技术化、数字化步履的加速，全球性的图像文化和身体偶像簇拥起视觉崇拜的宏大气象，一场无时不有、无远弗届的视觉文化运动正在持续展开，国内随之出版了一批与视觉审美文化相关的学术著作[①]，初步实现了中西视觉文化研究视域的接续与对话。

广义的视觉活动俗称"观看"，主要由四大要素构成：一是视觉主体——观看者及其作为"出发点"的眼睛；二是视觉对象——包括人体自身在内的一切可看之物；三是有形视觉介质——由光线、线条、色彩等所构成的平面图画或立体图像；四是视觉效能机制——观看者在视觉活动中所获得的外在视像和内心体验。视觉活动的本质属性是视觉性（Visuality），达成视觉性的基本过程是视觉化（Visualization）。基于上述认知，本文将源自中西视觉传统和现实需求的视觉崇拜心理视为当代视觉审美文化发生的重要基点，将图像修辞看作达成当代视觉文化审美效果的核心机理，将身体崇拜界定为当代视觉审美文化形态的本体指归，以期从审美角度宏观把握处于正在进行时态的视觉文化转型的总体运动轨迹。

一 视觉崇拜：归真诉求与传统积淀

就其本义而言，视觉是指光作用于视觉器官并经视觉神经系统编码加工和综合分析后所获取的主观感觉。现今科学实验表明，作为人和动物最重要的外部视觉器官，80%以上的外界信息是经由"眼睛"获取

[①] 21世纪以来，国内出版的相关成果为数不少，如周宪的《视觉文化的转向》、曾军的《观看的文化分析》、朱永明的《视觉语言探析》、罗岗和顾铮的《视觉文化读本》、陈永国主编的《视觉文化研究读本》、陈平原的《看图说书——小说绣像阅读札记》、彭亚飞选编的《读图时代》、高字民的《从影像到拟像——图像时代视觉审美范式研究》、路文彬的《视觉文化与中国文学的现代性失聪》、徐巍的《视觉时代的小说空间视觉文化与中国当代小说演变研究》、高燕的《视觉隐喻与空间转向思想史视野中的当代视觉文化》、于德山的《中国图像叙述传播》、朱耀伟的《当代西方批评论述的中国图像》等，基本形成视觉文化研究的中国版图。

的，其中，视觉神经网络对光线、结构、大小、色彩、动静等至为敏感。文化意义上的视觉崇拜显然是人类特有的感官选择现象。需要强调的是，这里所说的视觉崇拜并非传统意义上对造型艺术等精英艺术样式的推崇，而是人类进入工业时代特别是电子情境以后对以影视、网络等为龙头的可视化影像和数字化形象集合体的时尚化共享趋态。

造成当下视觉崇拜的缘由固然复杂，但归全反真的现代诉求和深厚的视觉传统积淀无疑是其中最为根本的原因。

归全反真的现代诉求可谓人类拒假求真的普遍心理。这里之所以特别提及"归真"问题，是因为现实生活中特别是数字化虚拟世界里充斥着大量虚浮现象。这些虚浮现象不仅偏离了文化正途，黯淡了艺术光晕，而且干扰了正常视线，异化了人与世界的互通关系。因此，相信视觉的感性力量，通过"眼睛"来重新打量周边生活，尽力保持主体和客体之间相对真实的关系，借以恢复或增强人类对于世界的认知信心，成为促成现代视觉崇拜的社会心理基础。在此过程中，现代技术和媒体拉动起到了推波助澜的作用。

人类对世界的认知、描述和记忆，尽管始终有赖于语言和文字，但它们与自在的世界之间毕竟隔了一层乃至数层，对于接受者来说总是具有一种非融入性的间离效果。人们听民间故事、读文人作品，虽然时常获得如见其人、如闻其声、如临其境的心理体验，但"其人""其声""其境"乃头脑中想象的悬浮物。只有在摄影机特别是影视技术出现以后，借助必要的现代科技手段以获取尽可能丰富多样的亲历性或非亲历性的"逼真"图像方才成为现实，而这恰恰是人类渴盼已久的心理需求和价值取向。换言之，"眼见为实"是人类集体无意识的重要体现，贡布里希所界定的"目击者原则"（Eyewitness principle）从一个侧面道出了其中的创作机理："艺术家在他的图像中必然不包括视觉目击者在一个特定的瞬间、从一个特定的点不可能看见的任何东西。"（Gombrich，1974：190）将这一双重否定句置换为肯定性陈述，即艺术家在他的图像中必然包括视觉目击者在一个特定的瞬间、从一个特定的点可能看见的任何东西。艺术创作如此，图像接受同样如此——特定主体的观看角度、观看方式可能会因观看时间、观看环境的不同而有所变化,但"目击者"的视觉性和现场感必须得到保障。

归真诉求固然是激发视觉崇拜直接而显要的社会因素,但悠久的视觉文化积淀才是推动现代视觉文化版图转型升级的内在动力。

西方素有视觉中心主义传统。柏拉图曾借蒂迈欧之口表达了视觉对理性的极端重要性:"在我看来,视觉是于我们最为有益的东西的源泉,因为如果我们没有见过星星、太阳和天空,那我们就不可能有用来描述宇宙的语言。"(柏拉图,1986:123)亚里士多德更是明确强调:"无论我们将有所作为,或竟是无所作为,较之其它感觉,我们都特爱观看。理由是:能使我们识知事物,并显明事物之间的许多差别,此于五官之中,以得于视觉者为多。"(亚里士多德,1959:1)古罗马的贺拉斯在比较后指出:"通过听觉来打动人的心灵,不及通过视觉方式对人的思想激发来得更强烈。把情节呈现在观众的眼前,他们自己看见某个事物,会感到更可靠。"(贺拉斯,2007:129)到了莱辛,他本人虽然更偏爱诗歌,但对诗、画界限的深入阐述以及关于二者间跨界影响的观点仍不乏启示意义。被誉为20世纪西方最伟大的艺术史家之一的英国文化史家迈克尔·巴克森德尔,进一步讨论了绘画与修辞的密切关系。高建平认为,西方的视觉传统催生了照相术的发明。他说:"到了16世纪,一些艺术家使用一个盒状的设备,盒子的一边有一个小孔,另一边有一片玻璃,称为camerao bscura(拉丁语,意思是'黑房间')。这种盒状设备可以取代计算,画家只要将透过这种装置看到的物象记录下来即可。据记载,当时的著名艺术家列奥纳多·达·芬奇和米开朗琪罗都曾使用过这种装置。正是在这种装置的基础上,19世纪初有人发明了照相机(camera)。"(高建平,2005)此后,照相术从黑白到彩色、从静止到活动、从机械到数码,不仅日渐逼近真实,而且可以在虚拟时空中创造真实,并最终促成了图像社会的到来。

米歇尔虽然认为听觉先于视觉,承认观看的后天习得性,但他异常关注并深入研究了无处不在的图像情境,明确强调"对于任何怀疑图像理论之需要的人,我只想提请他们思考一下这样一个常识性的概念,即我们生活在一个图像文化的时代,一个景象的社会,一个外观和影像的世界"。(Mitchell,1994:5)为适应视觉图像时代的文化需求,欧美学者相继出版了一系列相关著述,其中的一部分已经译介到中国,刺激并推动了中国当代视觉文化观念的自觉。

与西方相比,具有中国特色的视觉崇拜传统同样源远流长、积淀深厚。这突出表现在四个方面。

一是汉字汉语自身的视觉性与图像美。以汉字为代表的中国文字,"就其本质而言,属于象形文字。在其创造之初,可以说与图像同源,互为表里。图像性是象形文字的最主要特征"。(刘跃进、周忠强,2015)总体而言,人类的文字符号起初都是视觉化的象形标识,其后越来越脱离所指原型而不断简约为能指性符号,并逐渐丰富发展为若干自成一体的语言-文字系统。媒介环境学派第二代核心人物沃尔特·翁总结说,楔形文字和象形文字无疑是拼音文字的基础。前者如"公元前3500年两河流域的楔形文字(大致年代依据 Diringer 1962年的主张)、公元前3000年埃及的象形文字(或许受到楔形文字的影响)、公元前1200年弥诺斯(Minoan)或迈锡尼(Mycenean)的线性文字……公元前1500年中国人创造的甲骨文、公元50年玛雅人(Maya)创造的象形文字和公元1400年阿兹特克人(Aztec)创造的象形文字"。(翁,2008:65)显然,作为形象地感知、记录世界的符号系统,象形汉字也是视觉性文化的重要组成部分,具有形象美和立体美。在此基础上,汉字日渐象征化、延展化,衍生出指事、会意、形声、转注、假借等功能。正因为其象形性和象征性,汉字至今仍被誉为最具诗意的文字之一,亦即最贴近世界本原、最切合文学本性、最适宜文艺创作的文字符号系统。唐代张彦远《历代名画记·叙画之源流》明确提出"书画同体"说,认为见形传意的书画不仅同体共生,而且汉字及汉字书法本身就具有视觉上的绘画美。

二是中国艺术的诗画合一追求。中国自古就有"诗画一律"的说法。单向而言,诗画合一指的是诗作的画面感或绘画的诗意性;多向来看,诗画合一包括题诗画和题画诗两个基本层面。前者的典型代表莫过于王维的诗画书乐创作。苏轼在《东坡志林》中对其诗画境界给予经典概括："味摩诘之诗,诗中有画;观摩诘之画,画中有诗。"(郭绍虞,2005:305)至于依诗题画或据画题诗,虽然实际情形十分复杂,但均反映出语图互文的美学追求。现有资料表明,题画诗几乎伴随绘画艺术始终,但规模化运作应该始于宋代。其中,有关宋代文人画的品题极具代表性。如苏轼题宋初僧人惠崇画作的《惠崇〈春江晚景〉》这样写道:"竹外桃花三两枝,春江水暖鸭先知。蒌蒿满地芦芽短,正是河豚欲上时。"可谓诗画俱佳。相比而言,宋代文人画擅长"梅竹兰菊"的君子形象;元代绘画钟情于山居水村趣味;明清时期画派林立,风格多样,花鸟虫鱼和山林雅集争相斗艳。上述画作催生了一批题画诗,它们要么侧重于形象描述,要么侧重于表达某种艺术理念,客观上推动了我国古代诗画互惠、语图互文诗学理论的发展。不过,从视觉文化建构立场出发,我们尤为关注题诗画的互文模式,因为该模式似乎更能体现中国传统知识分子独特的视觉情怀。赵宪章将题诗画称作"诗意图",并将其分为五种类型:应文直绘、旁见侧出、语篇重构、喻体成像、统觉引类。(赵宪章,2016)他的分型研究和阐释路向,对我们宏观把握古代文人的图像意识颇有助益。

三是图文出版格式。"图文并茂"是中国文学及其理论批评所崇尚的传统。所谓"图书",其本义应为"附图之书",即有图有文,图文互证。鲁迅曾论及"左图右史"、绣像小说以及《圣谕像解》《二十四孝图》等读物的文化启蒙价值。其中指出:"古人'左图右史',现在只剩下一句话,看不见真相了,宋元小说,有的是每页上图下说,却至今还有存留,就是所谓'出相';明清以来,有卷头只画书中人物的,称为'绣像'。有画每回故事的,称为'全图'。那目的,大概是在诱引未读者的购读,增加阅读者的兴趣和理解。"(鲁迅,2005:28)按照鲁迅的理解,那种类似于"看图识字"的图文格式,具有直观化、通俗化、大众化的品相优势,因而能够更好地唤起人们的阅读兴致。"宋元以后,绣像小说逐渐兴盛,绘画与小说相得益彰。"(刘跃进、周忠强,2015)光绪二十九年(1903),上海商务印书馆创办《绣像小说》,共发行72

期，所载小说每回正文之前增以绣像，以使故事更为直观通俗。古代绣像小说及《山海经》追求图文互惠，现代著述更以"图说"为时尚。据彭亚非梳理，"已经图说的文学名著可说不胜枚举。如书海出版社出版有《中学生必读文学名著图说》，新华出版社出版了《鲁迅小说全编绘图本》，有的出版社更是准备将世界文学名著全部'图说'一遍……与之相关的图说化现象则有所谓诗配画（或配摄影作品）、摄影小说、电视散文等"。（彭亚非，2003：34）由此可见，图文格式确是我国印刷出版文化的一个传统。

四是图文批评和意象诗学理论建构。广义的图像批评可分为两类情形：其一是图文（或称语图）共享文本中的图像批评，其二是语言文字文本中的语象批评。张玉勤将中国古代图文共享文本中的图像批评归纳为三种形态：化语成图、驻足凝视、象外之象。（张玉勤，2012）毛杰则分析了古代小说插图的功能机制，其中指出："在插图的编纂过程中图像作者并不仅仅着眼于用画面'再现'文本，同时还有可能借助小说插图自身独特的表意机制和'语法'规则，通过图像选编、题榜、排序、钤印等方式，或有意、或无意地将他们对文本的理解和评论带入到插图之中，使小说插图实际上具备了一定的批评功能。"（毛杰，2015）这种看法大体切当。关于中国古代的语象批评，其要旨精义集中体现在"言象意"诗学理论之中。该诗学理论又包含以"象"为基质的两个显在子系统——"言象"系统、"意象"系统，以及以"象"为中介的隐性子系统——"言意"系统。前述形、声、义高度融合的汉字本身就将言、象、意"合三为一"，因此汉语批评具有语象批评的天然优势。正因为"言—象"的显在一体化特征，所以古人几乎忽略了对言象诗学的追问，而将主要精力投放在言意诗学特别是意象诗学的建构上。中国历代文学家、理论批评家高度重视汉语创作的形象美和意蕴美，要求作家立象以尽意。所谓"立象"，意为取法万物形象。《易·系辞上》载"圣人立象以尽意"，《后汉书·曹褒传》有"题期立象"，南朝《重答颜光禄书》称"立象之意"。不仅要"立象"，还要"明象"，然后才能"得象"，并达至"寻象以观意""忘象得意"的高级审美境界。就中国古代意象诗学建构之旅的总体进程而言，唐代和明代堪称两座高峰，先后涌现出王昌龄、皎然、刘禹锡、殷璠、司空图，以及李东阳、王廷相、何景明、王世贞、胡应麟等一批意象论的倡导者和实践者。正因为如此，叶朗曾将意象说视为中国古典艺术研究的"四大奇脉"之一，[①] 贺天忠则称之为中国古代"第一个系统的诗学理论"。（贺天忠，2000）无论怎样命名，由生活现象到作家意象再到作品形象和读者心象，"象"都是艺术生命的存在方式和人类的情感驿站。也正是在这种意义上，伴随感性形象的语象批评和意象诗学才拥有如此长久的生命力。

图像崇拜的现实情境和历史逻辑，促使我们不得不正视这样的问题：当代视觉审美文化转型的机理何在？

二 图像修辞：感性叙事与意义重建

无论是表情符号、声音符号、文字符号抑或图像符号，都有或隐或显、或浓或淡的修辞功能。西方早期的修辞理论与演说术、辩论术密切相关，目的是劝服接受者最大限度地接受发言人的观点，因而包含诸如逻辑的、人格的和情感的各种技巧。从这种意义上讲，说话、写作等人类文化活动本身都具有广义修辞功能。做出这样的判断，应该符合亚里士多德对"修辞学"的原初理解。为了批判柏拉图以降的形而上学哲学传统，尼采强调，修辞不仅是语言活动中概念得以生成的基本方式，而且是逻辑范畴和原理命名的重要途径。这种现代修辞观深刻影响了德里达、保罗·德曼等人的后现代修辞理论。德里达在《白色的神话：哲学文本中的隐喻》中意欲说明，所有的概念都在隐喻中运作并总是拥有一个隐喻性质的起源和功效。保罗·德曼试图构建"语法修辞化"和"修辞语法化"的双向互动模式，彰显了语法和修辞之间的张力关系。在语言修辞论的基础上，罗兰·巴特明确提出图像修辞（Image rhetoric）理

[①] 参见叶朗主编《现代美学体系》，北京大学出版社，1988。此书于1999年再版时删除了美学分支学的相关阐述。

论，揭开了"图像"作为当代视觉审美文化转型核心机理的隐秘面纱。

毫无疑问，"图像修辞"是在世界总体性地进入"观看情境"之后所提出的一个视觉文化问题。按照金元浦的理解，现代图像文化经历了三波浪潮：一是摄影术的发明，二是电影的诞生，三是电子模拟电视的兴起。在他看来，"当代视觉图像转向的基础是新的巨大的视觉传播机制的建构，一个从全球电视网、互联网到手机传输的无所不在的网络，和一个庞大的从事视像传播的人群或阶层"。（金元浦，2007）可见，今天所说的"图像时代"并非传统图画的现代翻版，而是对新型技术文明催生下人类进入图像化生存境遇的一种强调性称谓。

严格说来，表情、动作、语言、文字、物象、图像等，都可用于修辞实践。相比语言、文字修辞，物象和图像修辞的历史更为久远，因而时常撩起相关学者从中探寻人类早期文化痕迹和艺术灵韵的冲动。邓启耀研究后得出结论："传统的记事、表意和叙事，除了通过语言和文字来实现，还可以通过物象或图像来实现。用物象和图像作为媒介，通过象形、指事、形声、会意等视觉'组词'和谐音、形容、比喻、象征等视觉'修辞'手段，形成具象的可视符号进行远距传播和错位传播，是历史和民俗中最具'艺术'精神的文化遗产。"（邓启耀，2015）事实确乎如此，就人类感觉系统来看，视觉化的修辞方式在生活和艺术中的表现极为普遍，人们最常用的文本修辞（Text rhetoric）和图像修辞都具有视觉修辞（Visual rhetoric）的特征。不过，从视觉修辞系统内部观察，图像修辞的视觉效果无疑更为直观和强烈，感性叙事特征更为显著，客观上成为视觉修辞的关键形态。

罗兰·巴特于1964年在《交流》（*Communications*，No. 4，1964.）集刊上发表两篇文章：《符号学原理》（*Éléments de Sémiologie*）和《图像修辞学》（*Rhétorique de l'image*）。后者主要以"庞札尼"[①]（Panzani）广告为例，深入分析了图像修辞以及建立图像修辞学的相关问题。在他看

[①] 一种意大利品牌面条，罗兰·巴特在《图像修辞学》一文中以该品牌广告为核心展开图像修辞学的相关论述。

来,"修辞因其实体的不同(或是分节声音,或是图像、动作等)而非形式的不同发生变化,并且很有可能只存在一种修辞形式,对梦、文学、图像等一律适用。如此一来,由于图像受制于视觉上的物理限制(与发音所受到的限制有所不同),所以图像的修辞(即它的内涵指符的分类)具有其特殊性;但是同时,因为其中的'修辞格'永远只是要素之间的形式关系而已,所以它又具有普遍性"。(Barthes,1964)在此,罗兰·巴特论及修辞的种类以及图像修辞的特殊性与普遍性关系,并特别关注图像系统中内涵指符的象征效应。

按照现今的解释,罗兰·巴特的图像修辞理论对我们至少有着三方面的启益:一是各种修辞手法对图像本体的建构机理,如线条、光线、色彩等元素的结构机理,比喻、象征、对比、变形、夸张等修辞格的表现机理,文化典故、形式聚合、连类比物等衍生机理;二是语图互文方式对图像蕴含的生成机理;三是创作与接受空间对图像意义的重建机理。

罗兰·巴特将图像信息分为原本信息和外延信息,认为原本信息主要以线条、形状和色彩的形式呈现。这些原本状态的视觉信息对于创作者而言具有选择上的指向性或排他性,但对于接受者来说,原本信息的意义阐释空间又具有敞开性和充分性,从而使图像的潜在状态获得外延性的显在意涵。这是因为,"整个图像都渗透着意义系统,犹如人在其内心深处以不同的语言自我表达。图像的语言既包括全部发送出的言语(如在符号的连接者和信息的创造者层面),也包括全部接收到的言语:语言应该容纳意义的'意外'"。(Barthes,1964)图像修辞及其审美活动中"意内"和"意外"的间性关系,体现了创作者的经验世界和接受者的重建之间具备多元化的阐释可能。尽管如此,有一点可以肯定,在长期的认知过程中,所谓原本信息和外延信息已被赋予程度不同的文化契约性,惟其如此,方才有望保证图像修辞的可能性以及图像接受的有效性。

从语言修辞走向图像修辞虽然兼顾了图像时代的大众趣味,但图像本身的隐喻性常常造成表意的暧昧性和理解的困难性。从修辞伦理的角度看，修辞的既定功能在于借用各种必要的修饰手段以美化主体表达的审美效果，其间的文学性、艺术性、多义性在所难免。然而，明晰性乃至唯一性才是信息接受者的永恒追求。面对这一悖论，罗兰·巴特主张采用总体性语图互文修辞方式予以解决。他认为，纯粹的图像表达是半文盲社会的文化症状，语言的"锚定"和"中继"作用不可忽视，因而图像之中及其周边总有语言文字文本，如标题、图解文字、媒体文章、电影对白、连环漫画等（Barthes，1964），以便对暧昧不清的图像寓意进行释放性解释。这种语图互惠共生的看法无疑是中肯的，因为"面对图像时代的综合性视听叙事动向，偏于传统的语言文字分析和单边化的现代图像解说都不是文艺阐释的最佳选择。比较而言，语图互文诗学几乎涵盖了人类迄今为止的全部艺术门类及其理论批评范式，并兼顾文学创作的既有传统和图像展示的现实情境……尊重了多重主体、多元文本、多向阐释的自律性与合法性，响应了全球化时代的生活风尚、艺术向往和价值取向，具有观念的集纳性、方法的适用性和绩效的周全性"。（龚举善，2017）

其实，在巴特之前，德国艺术史家阿比·瓦尔堡便涉及了图像中"特殊细节"的修辞功能。"这些特殊的细节是什么？它们是图像的附饰，是散布在文本边缘、游离于主题之外、看似无关紧要的文本要素，例如维纳斯随风而动的秀发、女神的衣饰和褶纹、仙女躲避追逐时滑脱的衣装等等，瓦尔堡称之为'附属的运动形式'（accessory forms in motion）——既是所再现的对象的附属，也是图像本身及其主题的附属。"（吴琼，2016）现在的情形已经完全不同于瓦尔堡时代，甚至也有别于巴特撰写《图像修辞学》的年代。换言之，世界已经进入了数字化、信息化、网络化、全球化的"四化"语境，图像的质量、规模、渗透性和影响力急速提高和提升，图像修辞的政治、经济、文化、艺术功能显著增强，正视并重视图像艺术的必要性与正当性，运用并利用图像艺术来反映生活、表达感情、揭示社会本质与人类本性，进而描绘出更具人性化和愉悦感的未来生活图景，显然是重要而紧迫的现实课题。

三　身体偶像：活态表达与本体实现

继罗兰·巴特的图像修辞论之后，福柯等人将修辞的目光投向了人的身体。作为图像修辞的人本化实现方式，身体偶像堪称现代视觉崇拜的极致。因为身体偶像内含的社会性、审美性几乎富集了人类的全部审美经验，所以更能激发人们的现实围观心理，"追星"现象以及各式各样的"真人秀"可谓视觉崇拜景观中的活态表达，充分体现了当代审美文化转型的人本指归。

人类对自身身体的关注和迷恋并非始自今日，古希腊的雕塑、中国古代的仕女图等，都体现出人们对于美好身体的赞美与倾慕。特别是照相术和影视艺术诞生以后，明星照以及由明星主演的影视剧迅速成为视觉崇拜的新宠。历史地看，随着人类文明进程的推移，身体被越来越多地注入社会内涵，亦即分担着越来越复杂的社会角色及相应的责任配额，人的肉身和心灵随之变得沉重起来。正如安东尼·吉登斯所说："我们作为人类是肉体的，即我们都有身体。但身体并不只是存在的问题，它也不仅仅是存在于社会之外的有形的东西。我们的身体受到我们所属的规范和价值观的影响，也深受我们社会经验的影响。"（吉登斯，2003：182）布莱恩·特纳更是明确指出，"我们主要的政治和道德问题都通过人类身体的渠道进行表达"（Turner，1996：6），并提出"身体化社会"（Somatic society）的概念。进入消费社会以来，现实身体特别是女性身体不仅成为审美对象，而且某种程度上成为消费对象，身体的柔性表达、本体回归和异化特征同时显露出来，在貌似轻松的审美观照中，身体话题再次变得沉重起来。所以，鲍德里亚说："在消费的全套装备中，有一种比其他一切都更美丽、更珍贵、更光彩夺目的物品——它比负载了全部内涵的汽车还要负载了更沉重的内涵。这便是身体。"（鲍德里亚，2008：120）

在非充分消费社会的语境下谈论身体偶像问题，明显具有中国式表达的特殊风味。人们既看重精神性的身体——漂亮、清秀、阳光、帅气，也追逐生理性的身体——香腮、美眉、粉唇、玉臂、酥胸、翘臀、小鲜肉，有时也将身体的生理性与精神性予以统合考量——白富美、高富帅。总体上说，现今的身体评价指标趋向开放性、多样化，但也出现了物象化、体表化的倾向，这从"看脸时代"、颜值爆表、性感女神等有关身体描述的关键词中可以获取真切的感受。

消费社会对身体尤其是偏于柔美化的女性身体的膜拜与塑造不独体现在文学作品中，而且大面积充溢于平面图画、影视艺术、网络平台和生活现场。

文学中的身体书写早已引起学界关注。20世纪90年代以来，中国文学界的美女写作以及写作中的美女景观颇为醒目，其中的身体叙事和欲望言说已被广泛关注，产出了一批相关成果。关于20世纪60年代以来西方文学中身体意识形态的多维表现，徐蕾做了简明概括，并重点考察了身体视角对文学研究的重要意义："因着身体多变的属性，身体开启的视角既可以深入到文本内部的修辞和美学特质，导入文学与哲学思想、社会文化、政治经济的交界面，以跨学科的视野审视文本与社会之间的互动；还可以在后现代理论的工具箱中寻找援助，解放传统二元论笼罩下的身体、重构身体之于人类自我的意义。"（徐蕾，2012）显而易见，此种判断同样适用于中国当代语境下的身体写作态势。

平面图画或图片中的身体偶像大量充斥各种娱乐杂志、影视画报甚至某些知性刊物，其中尤以"封面女郎"为甚。周宪专文论述过封面女郎问题，并将其命名为"美女修辞学"。在论及女性形象的视觉消费功能时，他认为："封面女郎之所以成为当今杂志封面最普遍的视觉元素，是因为女性美在消费社会结构中被经济学法则所操纵，青春美的女性形象已转化为有视觉吸引力的商品。女性形象的消费者不仅是男性，也包括女性。在封面女郎产业中，美就是商品的价值，美的标准就是商品的交换价值所在，女性形象的商品化强化了男性中心主义的地位，同时也强化了女性被看的意识。"（周宪，2006）需要补充的是，女性形象的封面展示，具有视觉修辞的突出和放大效果，其"置顶处理"方式不仅隐含着消费社会中的男权观念，而且宣示了女性话语地位的提升，体现出女性身体作为强势审美对象的文化自信。

数字化时代的影视、手机、互联网等现代媒体传播，尤其是网络化电视平台和移动手机推送，通过形象设计、情景预置、面部化妆、服饰搭配、光电组合等辅助性修辞手段，使选美活动、模特儿表演、影视明星和部分"行为艺术"等可视化、动态化、奇丽化、偶像化，从而掀起了新一轮全球性、规模化的身体偶像造神运动。一度被冠以"亚洲第一美女"的韩剧明星李成敏（CLARA LEE，克拉拉）、"世界第一美女"的张梓琳（Eilin），在一定程度上将东方式女性身体推向了世界。而新兴的网络主播以及隐藏其后的"打赏"现象，则将身体特别是美女身体作为艺术展示、吸引粉丝乃至刺激欲望的利器，构成所谓"美女经济"的新形态。最新出炉的"韩国十大网红美女"——孙允珠、李妍静、Daunni、Jeee 622、孙珠熙、DJ Sod、Park Su Yeon、Soy Kim、雷杨、郑娜利，以及2016年度中国"十大美女主播"——张琪格、冯提莫、陆雪琪、慕诗琪、MISS、酥酥、小苍、小悠、伊芙蕾、赵小臭，其身体形象及其延伸性"表演"活动，带有明显的符号化、商标化色彩，需要理性对待。女性化妆品、服装、配饰等日常用品的电视广告，更是将本该属于背景性的女性身体前台化、特写化、碎片化，借以突出相关商品对女性局部身体（如眼睛、嘴唇、头发、胸部、臀部、手臂、长腿等）的修辞作用。在这种情形下，面霜、面膜、洗发水、隐形眼镜、胸罩、丝袜等与美女身体一道以互文方式沦为消费广告，尽管其间不乏视觉美感，但总是弥漫着一股人体异化的气息。

与影视、网络中的身体偶像相比，现实生活中的"真人秀"可能更具亲近感。上述张梓琳既是体育健将，又是时尚模特儿和影视演员。这位出生于河北石家庄的"80后"女孩，14岁便获得北京市第10届运动会"女子100米栏"丙组冠军，2003年获得新丝路中国模特大赛全国总决赛十佳，2006年被选为中国十佳职业时装模特儿，2007年摘取第57届世界小姐选美大赛总决赛冠军。这表明，她是通过时装模特儿和选美之路走上"第一美女"神坛的。难怪罗兰·巴特如此看重模特儿的视觉修辞功能。他说："模特儿的年轻不断被强调、维护，因为它天然就受到时间的威胁（而性别则是天赋的），必须不断重申，年轻是所有衡量年龄的标签（仍很年轻、永葆青春），它的脆弱带来它的声誉。"（巴特，2000：287）年轻对于模特儿来说固然重要，但诸如漂亮、标致、阳光等指标同样不可或缺。正因为如此，美容和整容才变得如此紧要和普遍。英国《每日邮报》2017年1月10日报道，纽约45岁的女演员马诺什·瓦斯奎兹自1998至今已整容36次，并称即使到了90岁也会继续接受整形手术。[①]

通过美容和整容以满足身体美化乃至身体偶像化的需求，既是前述图像修辞的高级形态，也是人类视觉文化转型的必然结果。英国诺丁汉特伦特大学的迈克·费瑟斯通于1988年4月在新奥尔良举行的"大众文化协会大会"上明确提出"日常生活审美化"（The Aestheticization of Everyday Life）的命题，从大众美学角度印证了身体偶像的必然性与合理性。"日常生活审美化"的基本观点是，在后现代消费社会中，生活日趋艺术化，艺术不断生活化，日常生活审美化正在消弭艺术与生活之间的距离。从积极的方面来看，在生产力高度发达和物质财富总体富足的消费社会，人们在创造财富的同时开始正视自身，美化环境，享受生活。在这种大众化的文化氛围中，各种身体偶像成为触目可及的时尚，从而使普通民众在现实生活中实现了世俗欲望表达、视觉审美愉悦和人性本体回归的统一。

以上我们概略地检视了当代视觉崇拜思潮的社会历史生成，初步探讨了图像修辞和身体偶像对当代视觉审美文化转型的作用机理和本体意义，进而认识到当代视觉审美文化转型的必然性、必要性和可能性。不过，在认同当代视觉审美文化转型的正当性与合理性的同时，也应注意到视觉崇拜现象已经或可能伴生、衍生的某些文化风险。简要说来，这些风险要素主要表现在三个层面：一是基于视觉中心主义而出现的图像过量和尺度失当；二是影像观看的快适性导致的对传统语言艺术的挤兑；

[①] 参见《女演员18年整容36次，耗费约43万元人民币》，http://news.sina.com.cn/o/2017-01-12/doc-ifxzqhka2729061.shtml。

三是基于狭隘的身体消费趣味而产生的世俗功利主义时尚。

鉴于上述显在和潜存的风险，设计相应的预警机制是完全必要的。

首先，抵御视觉中心主义以及由此而来的图像通胀和视觉暴力倾向。与视觉崇拜相伴而生的，是现实生活和影视网络中的图像过剩。周宪对此早有反思："我们正处于一个视像通货膨胀的'非常时期'，一个人类历史上从未有过的图像富裕过剩的时期。越来越多的近视现象仿佛是一个征兆，标志着人们正在遭遇空前的视觉'逼促'。从广告形象到影视节目，从印刷图片到服饰美容，从互联网图像传输到家庭装修，甚至在医院里，透视、CT、核磁共振图像，我们的眼睛从没有像今天这样忙碌。一方面是越来越挑剔的视觉索求，另一方面是越来越重的视觉负担。"（周宪，2001）面对铺天盖地的影像符号以及由此而来的视觉压迫，他呼吁反抗"人为的视觉暴力"。（周宪，2000）今天看来，这种警示并非多余。

其次，警惕非理性的视觉快感对人类审美惰性的默许和纵容。视觉力量的持续释放，以"气场"的方式促成审美主体对于视觉快餐和浅阅读的依赖惯性，久而久之将损害人们其他感官的灵敏度、协调性和综合感知能力，带来艺术创造活动中主体心灵的弱化乃至人文精神的退化，并有可能阻滞语言艺术的生长空间，破坏审美文化的生态平衡。对此，法兰克福学派和新马克思主义的部分学者均有清醒认识。尽管马尔库塞和弗洛姆等人对电子媒介特别是电视传播的批判近乎苛刻，但他们对人类理性思考水平退化的焦虑是弥足珍贵的。好在国内学者已经意识到这一问题的严重性。刘涛从接受心理学的角度分析了图像文化盛行的原因："由于人们的大脑总是会本能地通过某种快捷和简单的途径来做出选择，而图像恰好迎合了大脑的认知惰性，这也使得图像文本往往会产生一种强大的瞬间认同力量，人们很容易按照修辞者预先设计的认知管道进入图像背后的话语、秩序与意义中——尤其是当图像化的表征结构中被植入了特定的神话内容时，认同行为甚至会以一种不假思索的、悄无声息的方式展开。"（刘涛，2011）当此之时，与图像文化保持必要的间距或许正是挽留人类审美理性的途径之一。

最后，谨防庸俗身体唯物主义和低俗消费欲望的侵蚀。珍爱身体、亲近身体、书写身体是正常人性的表现，也是艺术创作的权利，无可厚非。但是，执意模糊自然身体和艺术身体的界限，在审美文化谱系中将人的身体做商品化、世俗化、欲望化的处理，使一元多维的身体符号局限于视觉感官消费的逼仄空间，既有悖艺术职能的多向发挥，也违拗生命的绽放规律。因此，防止庸俗的身体唯物主义偏向和低俗的身体消费欲望，与赋予生命鲜活的价值同等重要。

辩证地看，即使单纯与听觉相比，视觉的优长与缺陷也同样明显，就如同听觉本身也有其优长和缺陷一样。图像直观和身体感性虽然同人与生俱来的感知方式相关，或者说直观形象"看"起来更为简便轻松，但有一点毋庸置疑，那就是"看"一首诗或一篇小说常常不及"听"一首诗或一篇小说的审美效果，所谓"悦耳动听"就是这个意思，何况听觉艺术更能激发人们的审美想象。所以，听觉的音乐性和视觉的绘画感，或者说听觉的历时性和视觉的共时性均各有所长，二者兼备方为至美。这也是联觉现象和通感修辞给予我们的最好启示。

参考文献

[1]〔法〕罗兰·巴特：《流行体系——符号学与服饰符码》，敖军译，上海人民出版社，2000。

[2]〔法〕让·鲍德里亚：《消费社会》，刘成富、全志钢译，南京大学出版社，2008。

[3]〔古希腊〕柏拉图：《理想国》，郭斌和、张竹明译，商务印书馆，1986。

[4]〔英〕安东尼·吉登斯：《社会学》，赵旭东译，北京大学出版社，2003。

[5]〔古罗马〕贺拉斯：《诗艺》，郝久新译，九州出版社，2007。

[6]〔美〕沃尔特·翁：《口语文化与书面文化》，何道宽译，北京大学出版社，2008。

[7]〔古希腊〕亚里士多德：《形而上学》，吴寿彭译，商务印书馆，1959。

[8] 邓启耀：《民俗现场的物象表达及其视觉"修辞"方式》，《民族艺术》，2015（4）。

[9] 高建平：《文学与图像的对立与共生》，《文学评论》，2005（6）。

[10] 龚举善：《图像叙事的发生逻辑及语图互文诗学的运行机制》，《文学评论》，2017（1）。

[11] 郭绍虞：《中国历代文论选》（二），上海古籍出版社，2005。

[12] 贺天忠：《"意象"说：中国古代第一个系统的诗学理论》，《襄樊学院学报》，

2000 (6)。

[13] 金元浦:《视觉图像文化及其当代问题域》,《学术月刊》,2007 (5)。

[14] 刘涛:《文化意象的构造与生产》,《现代传播》,2011 (9)。

[15] 刘跃进、周忠强:《"左图右史"的传统及图像在古代社会生活中的运用》,《苏州大学学报》(哲学社会科学版),2015 (3)。

[16] 鲁迅:《连环图画琐谈》,《鲁迅全集》第 6 卷,人民文学出版社,2005。

[17] 毛杰:《试论中国古代小说插图的批评功能》,《文学遗产》,2015 (1)。

[18] 彭亚非:《图像社会与文学的未来》,《文学评论》,2003 (5)。

[19] 吴琼:《"上帝住在细节中"——阿比·瓦尔堡图像学的思想脉络》,《文艺研究》,2016 (1)。

[20] 徐蕾:《当代西方文学研究中的身体视角:回顾与反思》,《外国文学评论》,2012 (1)。

[21] 赵宪章:《诗歌的图像修辞及其符号表征》,《中国社会科学》,2016 (1)。

[22] 张玉勤:《论中国古代的"图像批评"》,《中国文学研究》,2012 (1)。

[23] 周宪:《反抗人为的视觉暴力——关于一个视觉文化悖论的思考》,《文艺研究》,2000 (5)。

[24] 周宪:《反思视觉文化》,《江苏社会科学》,2001 (5)。

[25] 周宪:《论作为象征符号的"封面女郎"》,《艺术百家》,2006 (3)。

[26] Barthes, Roland, "Rhétorique de l'image," *Communications*, 1964 (4) .

[27] Gombrich, Ernest H., "Standards of Truth", in W. J. T. Mitchell, ed., *The Language of Images*, Chicago: University of Chicago Press, 1974.

[28] Mitchell, W. J. T., *Picture Theory*, Chicago and London: University of Chicago Press, 1994.

[29] Turner, Bryan, *The Body and Society*, London: Sage, 1996.

Visual Worship, Image Rhetoric and Body Obsession: The Basis, Mechanism and Implication of Cultural Transformation in Contemporary Visual Aesthetic

Gong Jushan

Abstract: Based on the appeals of returning to nature and traditional visual culture, visual worship becomes increasingly important with the technical progress, which upgrades the transformation of visual aesthetic culture. During the transformation process, image rhetoric featuring the functions of sentimental narration and meaning reconstruction reflects the theoretical importance of contemporary visual aesthetic culture, and the stories of body obsession as live examples of visual expression externalize our desire for self – realization of fundamental human values. While the legitimacy and rationality of contemporary visual aesthetic cultural transformation should be accepted, the accompanying cultural risks originated from visual worship should also be emphasized. Only in this way can we consciously refuse to follow the trend of image dilation and visual violence based on the optical centralism, be aware of the acquiescence and indulgence of irrational visual pleasure towards human aesthetic inertness, escape from the erosion of vulgar body materialism and degrading consuming desires

Keywords: Visual Aesthetic Culture; Visual Worship; Image Rhetoric; Body Obsession; Cultural Transformation

About the Author: Gong Jushan (1964 –), Ph. D., Professor in School of Literature and Journalism, South – Central University for Nationalities. Research interests and specialties: literary theory. Magnum opuses: Cultural Context and the Choice of Literary Theory, The Occurrence Logic of Image Narration and the Operational Mechanism of the Intertextuality between Image and Language, etc. E – mail: jushangong103@ 126. com.

存在主义与道家思想互通的艺术样式*

——以高兹沃斯的大地艺术为例

郭硕博**

【摘　要】高兹沃斯是大地艺术的代表艺术家之一，擅长以自然之物为材料、工具以及作品主题，引发观者对于自身文明、自然环境及因果循环的反思，以无声的脆弱性以及易逝性追问人与自然的关系。高兹沃斯创作艺术作品，于细微之处折射自然与生命的诗意，不仅将对存在主义的思考纳入创作视野，更与东方的道家自然观产生契合与互通，将观者带入对自身所处世界的感动与思考之中。这也是艺术家通过自然之物以及仪式性的自然创造，试图超越自身在自然之中感到的无家可归与无根性，寻找一条重返存在之家园的道路。

【关键词】　大地艺术　高兹沃斯　自然　存在主义　道家思想

　　安迪·高兹沃斯（Andy Goldsworthy）是英国雕塑家、摄影家和环境主义者，他通过创作与特定地域息息相关的自然雕塑以及大地艺术而闻名。他于艺术学院学习期间，受到英国大地艺术的代表者之一——理查

---

* 本文为重庆市教育委员会人文社会科学研究项目"图像与个体身份——视觉文化领域下的中国当代实验艺术"（16SKGH122）的研究成果。
** 郭硕博（1983～），博士，四川美术学院副教授，研究方向为哲学与美学、现当代艺术理论，著有《尼采：作为艺术的强力意志》《谱系与在场：川渝地区当代实验艺术研究》，电子邮箱：guoshuobo@gmail.com。

德·朗（Richard Long）的影响，对大地艺术产生了兴趣，开始决定以自然环境中已有的材料进行艺术创作，以自然为工具、材料、主题，用艺术作品引发观者对自身文明以及宏大叙事的进步性历史中被破坏的自然环境及因果循环的反思，并以其无声的脆弱性以及易逝性进一步追问人与自然的关系。与当代世界其他地区的大地艺术家相比，譬如罗伯特·史密森（Robert Smithon）等，高兹沃斯的作品更为单纯、朴素和优美，观者驻足观看作品时，会对自然以及生命本身产生不可言说的艺术感悟。

由于大地艺术家在创作过程中大量使用自然材料，故高兹沃斯的艺术作品便与其被放置的环境产生了和谐的融合，与自然之间的协调使其作品看起来几乎就是自然的一部分。在东方的道家思想之中，道的基本特性是自然。不论是天地还是人自身，都必须遵循道，而道只是遵循自然。自然的含义有两重：一是自然界中的事物，包括矿物、植物与动物，以及人类；二是自然而然，作为最高的本源，道为自身设立依据，而自然便是自己的本性。但是，道家思想也体现出辩证的特点，而道本身就是矛盾的统一体，世界之中的万事万物皆是如此。矛盾双方虽然互为对立，却也是共同存在、相互依存的，更是相互转化的。事物的发展之所以如此，是因为它自身作为矛盾的展开表现为一个过程，也就是从开端到终结，又从终结到开端，如此循环不已。（彭富春，2014：193）在高兹沃斯的作品中，人们能够观看到的那些空间内静止的几何造型、作品中与自然形成强烈对比的颜色与线条，却时时刻刻与自然法则发生冲突与抗争。在他的作品中，人、植物、动物、自然之物经过生生死死的轮回，一层又一层地铺盖在自然材料里、大地之上、时间之中，这一切都吸引艺术家去触摸与感受，并加以仪式性的图腾纪念。对于高兹沃斯来说，万事万物都是活生生的存在，艺术家能够感受到它们的能量（energy），这就是生命本身。因此，他总是使用在自然之中找到的物品进行创作，这些暂时性的或永久性的作品则很容易将观者带入对身边自然的感动与思考之中。

高兹沃斯反复用于创作的艺术材料通常包括色彩鲜艳的花、冰柱、叶、泥、松果、雪、石、树枝和荆棘。他说:"我想用鲜花、树叶和花瓣的工作是令人难以置信的勇敢。但我不能编辑我的工作材料。我的职责是与大自然融为一体。"(Sooke,2007)无论以什么方式凝望高兹沃斯的大地艺术,观者总是能够从这位寡言的艺术家的作品中感受到一种人栖居于大地之上的自然的诗意之境,这与晚年海德格尔所提出的天地神人四重奏之美学精神相契合。作品表达的不仅是自然与时间的运动,更是一切生命从成长至枯竭的过程——从固态到流动、从过去到将来、从瞬间达至永恒,这是高兹沃斯的大地艺术之中流露出的自然生成转化之超越性的美。而这种对不可见性的把握和表达,是艺术家艺术造诣的最高表现。艺术家不应该满足于眼前可见的事物,而要超越现实和世界,在自身的内心深处和现实世界的彼岸,看到常人所看不到的那些"不可见性",完成从现实走向抽象的创作过程。①

从其艺术作品的创造过程出发,观者可以总结出以下特征。第一,在高兹沃斯那里,大地艺术作品的材料来自自然,艺术家通过思考该材料对这一片自然景观产生的原本影响进行创作及再创作。第二,艺术家对所选取的自然材料在自然中进行再次创作,譬如色彩变化丰富的树叶,以及产自特殊地点的枯木枝。第三,艺术家任其作品在自然之中自我接受和发生,即作品被放置回自然,自然又返回作品中,作品被包容、摧毁(Decay),甚至是再生长(譬如源自艺术家故乡的树枝排列)——作为艺术品的材料之自然之物又回到了自然之中。第四,从高兹沃斯的作品中可以体验到艺术家和艺术品之间的张力,既顺从自然又对抗自然(Unpredictable)。第五,在其作品中能够感知艺术家将自身的记忆与体验、自身生命之中用来创作作品的时间融入自然与作品之中。第六,艺术家在自然赋予的成功与失败中成长,自然之物也许并不需要艺术家,而艺术家却需要它们。在大地艺术中,作品常常以某种简单纯粹的几何形式得到体现,即西方艺术中的核心元素,如点、线、面,再以自然环

---

① 参见高宣扬《艺术是生命自身的自我展现》,此为高宣扬在中国当代雕塑家提名展开幕式上的发言,上海,2008年8月30日。

境中俯首可得的事物进行创作，如泥土、落叶、石头、枯枝，甚至是以难以把握的光线塑造艺术造型。理查德·朗认为，大地艺术所追求的目标是"轻轻地触摸大地"，艺术家则是自然的守护者，而不是自然的开发者。若是以福柯式的语言来描述高兹沃斯的艺术经验，那么艺术作品就如同沙滩上的一张脸，那些经过艺术家双手选择的自然材料，终将复归于身后的自然之中，这也正是对艺术家和自然不停创作的解读，它们记录、留下他者解读的符号。在高兹沃斯的作品之中，人们能够察觉到的不仅是艺术家对家园的情感体验（譬如在其作品中常常出现的树枝、荆棘、松果以及石头等，以上材料通常能够传达作者在观看自然时由内而发的对自然居所的强烈情怀）和面对大自然所感受到的召唤，即艺术家作为个体所看到的自然的律动，还有自然（神）对大地和自然的印记。与此对应，道家思想蕴含着与之互通的自然之观。道家的自然美学观念，全然不同于传统的器物自然观。譬如，《逍遥游》透露出的观点，便是超越了自然之物作为工具对象的功利考量，将其意义还原于自然，合于自然和生命自身的一种纯然的审美态度："何不树之于无何有之乡，广莫之野，彷徨乎无为其侧，逍遥乎寝卧其下。"以庄子为代表，道家思想体现出一种"自在"的自然之美的观照模式，奉行以主客交融的方式关注人与自然的和谐相处，更强调了一种自然无为的创作理论。在高兹沃斯那里，大地艺术与自然之道在创作中相互游戏，人、作品和自然消除了彼此的界限，相互观照，重新成为整体，借以思考人对一去不复返之物的追忆。在艺术作品中，人作为创造者，其和作品、空间及其边界、自然形成了饱满而又富有张力的关系，而这也引发了艺术家与海德格尔心中天地神人四重奏之间的共鸣，甚至可以被视为西方之存在主义与东方道家的思想碰撞之后，艺术家多元仪式性的作品在空间与时间之维度中的艺术化呈现。正如荷尔德林那句著名的诗："依于本源而居者，终难离弃原位。"[①] 可以说，诗人所指的本源就是诗意，就是艺术自身。

[①] 此诗德语原文为"Schwer verläβt, was hahe dem Ursprung wohnet, den Ort"，参见〔德〕海德格尔《荷尔德林的诗的阐释》，孙周兴译，商务印书馆，2000。

艺术家，尤其是大地艺术的实践者，即是"依源而行"的人——作为居于大地之上、自然之中、诸神之前的人，艺术家的一切栖居都源自这个本源。艺术之所以能够成为本源，正是因为艺术让存在者从无蔽状态脱颖而出，让本真的物显现，让古希腊巅峰时期的完整世界得以敞开自身。

托马斯·李德施米尔（Thomas Riedelsheimer）于2001年为高兹沃斯制作的一部纪录影片《潮汐与河流》，叙述了艺术家本人最具有代表性的作品的创作过程。在此，影像作品与艺术作品之间的联系，即以一种言说的语言去表达不可言说的世界。由于高兹沃斯的诸多艺术作品在自然生活中的呈现往往是短暂的和转瞬即逝的，因此作为纪录片的摄影发挥了重要的作用。艺术家在创作中取材于自然，这些自然材料复归于自然后极易被破坏，与其说是被自然之力破坏，不如说是源自自然的材料重新返回自然，就像河流的潮汐，美丽却易逝，如轮回般周而复始，遵循自然之道，追随万物自身微妙的征兆。

根据艺术家本人的说法，"作品的每一次生长、停留、衰退——都是某个周期的内里部分，而影像在此显示了它的高度——它记录下作品最具有生命力和活跃性的时刻。这是作品巅峰状态的高强度表达，我希望通过图像有所表达。而过程和衰减是隐性的"。（Goldsworthy，2006）从片中传达出的整体过程来看，高兹沃斯常常以组装方式——排列、组合、堆积与平衡——进行艺术活动，这也体现了艺术家与自然材料之间的一种不需语言或声音的对话。其中，无声的对话反而带来无尽延展和生成的艺术内涵。关于不可言说，道家思想也体现出精妙的洞见。老子的道虽然具有大道和语言两种语义，但两者不是同一的，而是分离的。大道不是语言，语言不是大道。常道本身是作为无的有，因此是不可言说的。常道也是常名，因此是不可名的。反过来讲，语言是不可言说常道自身的。（彭富春，2014：7）由此，大道的奥妙在不可言说之处，其与高斯沃斯作品中所呈现的沉默的符号之内涵，都高度吻合艺术诗意的表达。譬如，艺术家本人故乡出现的石围墙与艺术家在斯坦福用地震碎石筑起的作品，以及他通过先人们曾经筑起的石墙的大量碎石再次建造一片墙壁的空间作品之间所建立起的强烈联系，在独特的精神化层面上表达出人之重构－回忆－纪念的意义（Remade－Souvenir－Memory）。

除此之外，在他的一些作品中常见到以具有特殊意义的符号为主要艺术表现手段。譬如，红色之物在作品中的大量使用，如红色的石头、人的血液，其中的联系并不能用人的言语解释。艺术家本人相信，在界限之外存在另外一个世界，而我们无法以语言界定。红色代表着能量、警告和暴力，或许体现了生命的神圣性；而"流动"作为永恒的存在状态，带着鲜红颜色的观念奔流不息——穿透所有一切而流动变化着，这也是仪式性的靠近和体验自然之神的一种方式。另外，高兹沃斯作品中还常出现一种特殊形状——圆，此种形式符号作为一种特殊的场域，引发一种暗示性的感官体验，即有一股能量流将要通过这个出口溢出。另外，艺术家在纪录片中谈及自己关于黑洞的作品，这种符号在他的作品中表现的是某种缺席，是不在场、不可触的存在，是一种自然发生的超越性与神秘性。然而，自然和时间的力量会使黑洞重新生长出新的存在，并生长变化。其作品中曲线代表流动（The flow）和圆形体现能量（Edge of energy）的符号内涵，都是不可以用具体语言阐述穷尽其意义的，正如无尽的虚无之中包含无尽的存在之可能性。

从不同样式的自然材料出发，大地艺术家们只是完成了一部分工作，剩下的部分不如说是自然之手赋予材料以艺术的生命力。艺术家使用自然材料制作出自然的"雕塑"作品，但是似乎并不醉心于通过人类的强力意志改变自然来反映人之伟大。高兹沃斯的大地艺术作品通常都是短暂的创作——将制造出的"半成品"放置在自然中，任其自我回归，而自然的任何细微变动都会引发作品的变化，在时间和空间面前，作品最终消逝在自然之中。通过静观，艺术家只是将变化记录下来，并向后来的观者传达一种自然的无穷力量，以及人们自身存在的渺小、脆弱、不确定、充满偶然以及转瞬即逝的特性。

在海德格尔那里，艺术作品以自己的方式开启存在者之存在。这种开启即解蔽（Entbergen），亦即存在者之真理是在作品中发生的。在艺术作品中,存在者之真理自行设置入作品。艺术就是自行设入作品的真理。(海德格尔,2004)在影片中,河流说的是水,水的流动与静止、潮涨汐落,是生生不息的自然之力;潮汐说的是时间,从追忆过去的踪迹到静待作品生命的尽头再一次汇入天地,皆为自然之力——一切都是自然,都是天、地、人与神组成的整体。在高兹沃斯那里,艺术作品的创作正如一条沿着潮汐涨落不断生成循环的道路,这与道家思想中的核心之道又一次产生共鸣。这种生生不息、周而复始的流动并非我们日常行走的道路,而是天、地与人的根本道路。高兹沃斯的大地艺术呈现的并不是人开辟的道路,而是依存着大道的自然为自身开辟的道路,甚至是自身展开和运行的道路。

在大地艺术中,其作品的独立性在于它建立起一个独立的意义世界,艺术家手中呈现的种种自然质料共同进入了大地。由此,在大地艺术的范畴之中,就必然会持续发生世界和大地的争执,艺术作品中所显现的世界与大地在固守自身特性上的争执才能归于本源。澄明让万物保存个性,为艺术的美敞开了门。艺术让真理脱颖而出。作为创建者的保存,艺术是使存在者之真理在作品中一跃而出的源泉。使某物凭一跃而源出,在出自本质渊源的创建的跳跃中把某物带入存在之中,这就是本源(Origin)一词的意思。(海德格尔,2013)

对于艺术家来说,言说并不能找到自身的家园,言说只会使自身感觉为他者。老子在《道德经》中说道:"不言之教,无为之益,天下希及之。"基于道不可言说的本性,道家思想推崇不言,不言便是沉默无语,通过观物而观道,体悟自然之道。只有在自然之中与自然之物进行互动,体验构建、生成与衰竭的艺术创作,甚至将自身的生命也融入其中,进行具有仪式感和图腾性的追寻,或许才能感受到自身存在的意义。从思想的观照方式与心理蕴含出发,东方的道家智慧与大地艺术对人与自然的诠释虽在细节上具有诸多不同,但是两者都在自身本性与自然同化之中追寻着通往本源的道路,它们都将对"自然之道"的理解转化为文化与艺术创作,从而在这种动态的"天文"与"人文"对立统一的过程之中,将作为本源的"道"视为一种至高无上的美学理想。艺术只能是艺术生命自身的自我创造、自我展现和自我实现的过程。艺术家,首先只有真正把握自身生命的脉动频率,只有掌握自身生命内在要求之精华,才有可能创造出富有生命力的艺术作品。艺术家只有以完全不同的方式,以冒风险为代价,经历不同的危机,连续地进行探险,在最后才有可能达到自己所追求的目标。① 从某种意义上来说,这也是艺术家通过自然之物以及仪式性的自然之自然创造,试图超越艺术家自身在自然之中感受到的无家可归与当代的无根性,从而寻找到一条重返存在家园的道路。

参考文献

[1]〔德〕海德格尔:《林中路》,孙周兴译,上海译文出版社,2004。

[2]〔德〕海德格尔:《依于本源而居——海德格尔艺术现象学文选》,中国美术学院出版社,2013。

[3] 彭富春:《论老子》,人民出版社,2014。

[4] Goldsworthy, A., *Art of Nature*, http://www.ninemsn.com.au, 2006 - 02 - 19 (Retrieved 2007 - 06 - 18).

[5] Sooke, A., "He's Got the Whole World in His Hands", *The Daily Telegraph*, 2007 - 03 - 24.

The Artistic Style that Interflows between Existentialism and Taoism:Take the Land Art of Goldsworthy as an Example

Guo Shuobo

Abstract:Goldsworthy is one of the representative artists in Land art, who is good at making natural things as materials, tools and subjects of the work, triggering reflections on our own civilization, natural environment and the cycle of causation, asking the relationship between human beings and the

---

① 高宣扬:《艺术是生命自身的自我展现》。

nature, through its soundless vulnerability and perishability. Goldsworthy applies the subtlety of his art works to reflect poetry of nature and life, who not only absorbs the existentialism into his creative vision, but also makes great interoperability and correspondence with the wisdom of Oriental Taoism, which makes the viewer deeply touched and brings the viewer deep thoughts about the cosmos that we all live in. This is also the artist's attempt to go beyond the feeling of homeless and rootless in nature, by the ritually natural creation and natural things, so that we might find one way returning to the house of Being.

Keywords: Land Art; Goldsworthy; Nature; Existentialism; Taoism

About the Author: Guo Shuobo, (1983 –), Ph. D. , Associate Professor at Sichuan Fine Arts Institute. Research interests and specialties: occidental philosophy and aesthetics, modern and contemporary art theories. Magnum opuses: *Nietzsche: the Will to Power as Art*, *Genealogy and Presence: Research on Contemporary Experimental Art in Sichuan and Chongqing*. E – mail: guoshuobo@gmail. com.

文化空间的争夺

——涂鸦是怎样变成一门艺术的

赵 战 刘 宁[*]

【摘 要】 20世纪60、70年代兴起于美国的涂鸦,与其说是一门艺术,倒不如说是一场文化运动,一场发端于底层青少年、反叛公序良俗的文化运动。涂鸦艺术的发展历史,甚至可以看成涂鸦艺术这个反叛者与公序良俗之间的文化空间争夺史。正是由于涂鸦艺术家们在墙壁、地铁和画廊三个战场上的激烈争夺和坚守,在经典艺术体系看来逻辑不那么自洽、介质没那么独特、风格也没有多么突出的涂鸦艺术才获得了现实的生存空间、传播渠道和自我定义权,成为一个无法忽视的独立的艺术存在。

【关键词】 涂鸦艺术 文化空间

涂鸦(Graffiti)的意思很好理解,就是随手涂画,无论是在纸上、墙上,还是任何其他地方。但是,在今天,要是一个时尚的年轻人给你

---

[*] 赵战(1970~),博士,西安美术学院讲师,主要从事新媒介艺术的研究,著有《数码图案》一书,公开发表有《我走过克里姆特之路》《具身观看——视觉设计的新媒介变革》《新媒介不是新媒体》等多篇译文和论文,电子邮箱:johner@163.com;刘宁(1970~),西安广播电视台主任编辑,主要从事文化史及新闻传播学研究,主持和参与了《长安菩提》《柳青在皇甫》等多部纪录片的制作,出版专著《仲裁故事》,发表《海伦·斯诺的新闻精神》《直面收视需求,重建地方传媒价值》等多篇文章,电子邮箱:losona2008@163.com。

提到涂鸦，你就要小心应答。因为，一般他们说的并不是通常我们理解的涂鸦，而是 20 世纪 60、70 年代兴起于美国，以在公共场合的墙壁上绘画为主的涂鸦艺术。

不要轻率地认为，给涂鸦后面加上艺术两个字只是某些"后现代理论家"的闭门造车。涂鸦艺术不仅已经产生诸如美国的巴斯奎特（Basquiat）、基思·哈林（Keith Haring），英国的班克西（Banksy），以及法国的"老鼠"布莱克（Blek le Rat）等一大批世界级艺术家，而且在全世界范围都正赢得越来越多的青年人的认可。中国也不例外。最重要的是，涂鸦艺术家们旺盛的创作能力，20 世纪 80 年代之后少有绘画艺术流派和运动能望其项背。

当然，无论影响力有多大，对尚不了解涂鸦艺术的人来说，涂鸦（纯粹地胡涂乱抹）能变身而成为艺术，按照通常的逻辑，也仍然是不太好理解的。

举凡一种绘画方式，能在绘画艺术中据有一席之地，大致说来，要么是因为绘画介质、工具自成系统，并在此物质系统的基础上形成其独特的绘画技巧、技法，如油画、版画等；要么是在绘画风格上独树一帜，如印象派、野兽派等。

从绘画介质和工具来看，涂鸦艺术的绘画介质是墙壁、车厢等物体的立面，和壁画基本没什么大的差别；常用的工具是马克笔、喷漆罐，倒是略微有些独特之处，但也没有独特到形成独立画种的程度。

从风格来看，除了一些固定的、符号化的图形样式，如泡泡字（Bubble writing）等，涂鸦艺术家们并没有形成显著的、较为趋同的群体性绘画风格。更准确地说，涂鸦艺术家们的作品涵盖了从写实到抽象几乎所有的绘画风格，根本就是完全不同的。涂鸦艺术的两位翘楚——巴斯奎特和基思·哈林就因为视觉风格迥异而被认为绘画风格完全不同。

那些享誉世界的涂鸦艺术家们如果是在纸上绘画，水平应当还是很高的，但很难脱颖而出，领一时风气之先，拥有现在这般世界性影响。如果你既在墙壁上看过他们的作品，也在画册上看过他们的作品，就会知道，当他们的作品印在画册里面，与同风格类型的其他绘画艺术家作品放在一起时，就没有在街道墙壁上时那么夺人眼球了。

那么究竟是什么原因能让涂鸦艺术在绘画艺术中赢得一席之地呢？答案其实只有两个字——非法。涂鸦恐怕是唯一一种到目前为止仍然"非法"，并且以后也不太可能合法的艺术。涂鸦艺术家们因为未经同意或者授权就在公共场所或私人领地涂鸦被警察抓捕、罚款，这种情况如今已经稀松平常。

涂鸦违反的并不是为大家所诟病的恶法，而是大多数人所理解和接受的理性法条——不在公众场合乱涂乱画，这恐怕是没有什么人会反对的基本公共道德。从来没有一种艺术像涂鸦艺术这样，是因为和公序良俗尖锐对立才得以产生和发展。并且，一旦失去这种对立，即便不能说完全失去了存在的合理性，至少也失去了最灿烂的一束艺术光辉。

所以，涂鸦与其说是一门艺术，倒不如说是一场文化运动，一场发端于底层青少年、反叛公序良俗的文化运动。涂鸦艺术的发展历史，甚至可以看成涂鸦艺术这个反叛者与公序良俗之间的文化空间争夺史。正是涂鸦艺术家们在墙壁、地铁和画廊三个战场上的激烈争夺和坚守，从经典艺术体系看来逻辑不那么自洽、介质没那么独特、风格也没有多么突出的涂鸦艺术才获得了现实的生存空间、传播渠道和自我定义权，成为一个无法忽视的独立的艺术存在。

一　墙壁——第一场争夺

有墙壁就会有涂鸦，这是城市文化不可避免的杂音。或强或弱，或多或少而已。作为涂鸦艺术诞生和发展的最初和最牢靠的根据地，墙壁当然会是争夺时间最长也最为激烈的战场。

20世纪60年代，美国成为世界第一强国，城市发展达到巅峰，建筑墙面上的涂鸦也随之泛滥。尤其是在拉丁移民和黑人聚集区这些低收入社区，由于受教育程度较低、治安差、市政管理投入少，孩子们在墙上写下自己的名字，或者涂涂画画自己学会的几个单词，各种帮派通过在墙面上留下自己的标志来标明地盘的现象已经见怪不怪。和别的城市不同，费城和纽约两个城市出现了以涂鸦为乐事的涂鸦手（Writer），他们不再像一般的孩子那样有事没事想起来在墙上涂画一下，也不像帮派那样只在自己的地盘上涂画，标明势力范围就行了，而是满城留下自己的签名。涂鸦手们把这叫作"轰炸"（Bombing）。最早开始"轰炸"的是费城的玉米包（Cornbread）。

玉米包是黑人少年达里尔·麦克雷（Darryl McCray）的绰号，20世纪60年代开始涂鸦"轰炸"的时候他还是个十四五岁的调皮孩子，因为爱和少管所的厨师抬杠得了这个绰号。他开始涂鸦是因为喜欢上一个叫辛西亚（Cynthia）的女孩子，为了表达这份爱意，就到处用喷漆罐涂写"玉米包喜欢辛西亚"（Cornbread Loves Cynthia），并签上自己的绰号。为了让自己的签名看起来牛气一点，他还做了一点小设计，在字母B的头顶画上一顶王冠。到后来玉米包一发不可收拾，不仅涂写的内容多了起来，比如"英雄中的英雄"（The legend of legends）、"累了"（Be tired）等，涂写的地方也越选越大胆，费城各个标志性建筑基本上都遭到了他的"毒手"，很容易见到他那个字母B头顶有一顶王冠的特色签名。

玉米包的名头因为涂鸦"轰炸"为费城的人们所知道，这让孩子们很羡慕，他自己也引以为荣，甚至为了这个名头，做出了一件很疯狂的事情。1971年，有一个叫玉米粒（Cornelius）的帮派成员因为帮派斗殴死了，大家都以为是玉米包出事儿了。为了证明自己还活着，玉米包把自己的签名涂在了动物园大象的身上，轰动一时。这成为地下涂鸦时代的标志性事件，玉米包也因此被尊为涂鸦艺术的鼻祖。当然，他也因此付出了代价——被警察逮捕。

玉米包的这种涂鸦方式后来被称为Tag（标签），成为涂鸦艺术的第一种视觉形态。这也是为什么涂鸦手们都称自己为Writer（写手），而不是Painter（画手）的原因。他们是在留下自己的标签，而不是画一张画。这也成为后来分辨一件作品是不是涂鸦作品的一项重要原则和指标。

在玉米包的影响下，先是他周围的一些朋友，比如酷伯爵（Cool Earl），后来，费城的其他一些孩子也都纷纷走上了四处"轰炸"的"不归路"。这其中,"顶猫126"(Top Cat 126)还创造出了之后被美国涂鸦手们最常用的 Tag 形式:姓名加上街道号码。"顶猫126"后来移居纽约,这种签名方式也随之在纽约的涂鸦手当中盛行起来。

纽约涂鸦手的签名以前一般是"名字 + of + 街道门牌号",1967年左右,纽约非常有名的波多黎各涂鸦手"Johnny of 93"(93街的强尼)就是这样。后来因为觉得中间的 of 比较多余,涂鸦手们纷纷采用了"顶猫126"那样的名字后直接跟街道号码的形式。

在1971年前的这段时间里,无论是费城还是纽约的市政当局对涂鸦的管理实际上是相对松懈的。他们对涂鸦只是简单的粉刷、清理,对待这些涂鸦手们也只有一个手段,那就是像抓帮派分子那样抓捕他们。但在墙上涂鸦并不是重罪,抓起来关几天就放出来了。公众和舆论也没有对涂鸦有很强烈的警惕和反感,除非发生像玉米包在大象身上留名那样的新闻事件,否则不太会有谁去关注那些乱七八糟的小玩意。这为涂鸦手们留下了一个较为宽松的原始发展空间。

不过,这些涂鸦手实在是太讨厌了,他们不会为了珍惜这种宽松环境而克制自己四处"轰炸"的欲望。

这一时期的 Tag 都是信手涂抹,除了涂鸦手个人的书写习惯外,在视觉形态上并无更多可称为艺术的地方。如果非要说这一时期的涂鸦是艺术的话,那么它们更像是坚持不懈地把自己的 Tag 涂满所有墙壁的行为艺术。很多住宅周围本来干干净净的墙上都被他们涂抹得脏乱不堪,有时候甚至连门窗都不放过。在那些低收入区,生活环境本就不是很好,早就适应了乱涂乱画,这样做影响还不大,但是当这些 Tag 蔓延到高档社区的时候,就很容易引起市民们的不满。

把 Tag 涂到高档社区的始作俑者是 Taki183。

Taki183 是曼哈顿少年德米特里克(Demetraki)的 Tag,Taki 是他的昵称,183 是他居住街道的号码。1970 年夏天,他在邻居的冰激凌车上第一次涂写了自己的 Tag,此后便再也无法收手。和玉米包不同,Taki183 并不是为了给女孩子炫耀和表达爱意才涂鸦的。涂鸦,纯粹就是他的一种生活需要。他也不像玉米包那样会选择一些特别的地方留下自己的Tag，而是随时都带着马克笔，走到哪里就写到哪里。Taki183的涂鸦也很简单直接，不像玉米包那样，要先写上一句酸文假醋的话，然后再签上自己的大名，而是直接重复涂写自己的Tag。这样，凡是他经过的地方就会被大量地涂写上他的Tag。为此，他被学校停过课，有一次甚至因为在联邦调查局车上涂写，还被联邦特工呵斥过。这种阿甘式的疯狂行为，为纽约的少年们所崇拜，纷纷开始模仿他。

这可把纽约市政府折腾惨了。二战后，纽约的涂鸦就没有少过，清理工作也没间断过，但是在Taki183及其追随者开始到处留名之后，清理工作就变得更加艰难。这不仅是因为他们涂鸦的数量和面积急剧增加，还因为他们使用的是马克笔和毡头笔，写到粗糙的墙壁上的涂鸦非常难清理。为了清理这些涂鸦，纽约市政府耗费了8万工时，花费了大约30万美元。更可气的是，刚清理完不久的墙面，很多时候很快就会被这些涂鸦手再次占领。

Taki183经常在曼哈顿上东区（Upper East Side）出没。上东区是纽约的富人区，除了富豪，很多作家、记者、媒体经纪人也住在这里。很快，Taki183就引起了某位记者的注意，采访了他，还写了一篇报道发表在1971年7月21日的《纽约时报》上。

尽管这位记者努力以一种美国式的职业客观角度来表述这件事情，但其实不难发现他还是潜意识地站在了公序良俗一边。文中罗列了管理和清理涂鸦的种种困难和花费，文末还借Taki183本人之口暗示这是一种需要心理医生介入的行为。

这篇报道虽然是为了引起大家对涂鸦问题的重视，但让Taki183一夜之间成了名满全美国的当红涂鸦手、纽约涂鸦界的英雄。涂鸦手们从这篇报道中看到了自己的"光辉"前途，纷纷开始向高尚社区进军，希望自己的名字能被城市"精英"们看到，像Taki183那样一夜成名。1971年后，涂鸦在纽约大爆发。

面对突然爆发出来的公共环境危机，究竟应当怎样看待和管理涂鸦成了纽约乃至全美国的舆论热点话题。涂鸦，一下子从不太有人关注的地下走到地上，引起了一些社会知识分子的注意。他们开始介入，试图引导涂鸦走上符合公序良俗道德标准的正途。

1972年，在纽约城市大学（City College in New York）社会学系大学生雨果·马丁内兹（Hugo Martinez）的倡导下，涂鸦艺术家联合会（United Graffiti Artists，UGA）成立了。雨果·马丁内兹认为，涂鸦是一种艺术，应在合适的场合、合适的时间，以合适的方式出现。尽管看起来颇多劝降的味道，但这是第一次有社会学者把涂鸦和艺术联系起来。在UGA的组织下，还举办了几次涂鸦艺术展。这对于涂鸦手们来说也是前所未有的。这些涂鸦展的办法是，在一段墙壁上贴上纸张，让涂鸦手们涂画完之后再把画满的纸张揭下来。这样既满足了涂鸦手们在墙上涂画的欲望，又能把涂鸦手们的作品保存下来，还保持了墙面的干净整洁。实在是皆大欢喜的三全其美之策。

奈何，涂鸦手们并不完全接受这样的妥善安排，除了参加这些文明的涂鸦艺术展览，涂鸦手们仍然钟情于在墙面上直接涂抹，和警察捉迷藏。其实也好理解，在墙上贴纸再揭下来保存，既需要更多的金钱也需要更多的耐心，有这样的经济实力和耐心，涂鸦手们也不会到街上涂鸦，早去大学里面学艺术、当艺术家去了。

UGA没有把涂鸦手们从墙壁上引导开来，它有关涂鸦的阐述倒是吸引了不少绘画高手进入墙壁涂鸦的行列中来，这其中就有以后名满世界的涂鸦大师巴斯奎特和基思·哈林。不仅如此，涂鸦手们还把争夺的战场延伸到了新的地方——地铁。

二　地铁——第二场争夺

纽约涂鸦大爆发之后，很快，涂鸦手们就发现，纽约市政府清理墙面的速度远远赶不上他们"轰炸"的速度，供他们涂鸦的墙面已经严重不足，地铁实在是一个比墙壁更有施展空间和挑战性的涂鸦场所。

一节地铁车厢，除掉不能涂鸦的底部和头尾衔接处，车厢两侧内外至少可以提供4块涂鸦画布。更重要的是，地铁是纽约的主要交通工具，在城市中穿梭，涂鸦作品可以展示给全城的人看。不仅车厢、地铁站的墙壁，甚至地铁隧道两侧的墙壁也都是可以充分利用的涂鸦画布。而纽约地铁的外国游客又很多，这简直就是向全世界展示自己的最好场所。

由于涂鸦手们的勤奋，不多时日，那种在美国电影里经常能看到的地铁场景就出现了，地铁站墙壁和地铁车厢内外遍布涂鸦作品，甚至地面上都被喷上了各种Tag。

纽约地铁早在1904年就建成了，方便快捷，是当时世界上历史最悠久、规模最大也最繁忙的地下公共铁路系统，是纽约现代文明的标志和脸面，它就这样被涂鸦手们弄得面目全非。更糟糕的是，实际上纽约地铁长达140多公里的线路是在地面上，很多时候，满载着累累涂鸦的车厢完全不被遮挡，暴露在大庭广众之中。

为了恢复纽约地铁的干净整洁，1973年开始，纽约市政府决定整治地铁的公共环境。为此，纽约市政府不仅增加了地铁内的警力，加强执法力度，而且专门拨款1000万美元重新粉刷车身和车站墙壁。尽管如此，传统的市政管理手段还是无法有效应对涂鸦风潮，和以前一样，当你把涂鸦清理干净之后，很快就会被新的涂鸦涂满；你抓住几个涂鸦手，关不了几天，放出来，他们又会投入涂鸦生活当中。他们不仅不思悔改，而且变本加厉，甚至为了给清理工作制造难度，刻意在地铁轨道内壁或车顶等出其不意的地方涂鸦。到后来，涂鸦地点的挑战性都成为涂鸦手们相互较量和炫耀的事情。越难清理的地方越能展现技巧和勇气，也越能得到涂鸦手们的赞许。在这场拉锯式的争夺战中，纽约市政府虽然态度强硬，但显得束手无策。

在地铁之争中，涂鸦技巧和绘制风格大爆发。为了更快速地占满画面，赢得更多躲避警察的时间，涂鸦手们发展出了新的涂鸦技巧——Throw-up。这个词在美国的用法略显粗俗，是呕吐的意思。中文翻译成甩涂，文明了很多，却没有原来那么形象和符合涂鸦艺术的本性。所谓Throw-up，实际上就是双线勾形的绘制方法。较之Tag的单线手写方式，这种绘制方法能够快速地形成大面积的图形，就像呕吐一样，是一片一片地出来，而不是一条线一条线地出来。由此，涂鸦手们还给涂鸦作品起了一个很特别的专业代名词——Piece（片）。甩涂技法的代表人物是 Phase 2，他因为用甩涂技法发展出自己风格的泡泡字而成为涂鸦艺术的传奇人物。

甩涂让造型更加具有可塑性，涂鸦中的图形元素因此更加丰富，更具艺术性。经过甩涂技巧的不断积累，涂鸦手们很快发展出涂鸦的新视觉形态——粗野风（Wild Style）。

粗野风涂鸦的绘制需要把字母的图形要素解散，然后重新组合构型，并增加其他的图形，比如箭头、王冠、火焰来丰富造型，然后用绚丽的色彩填涂。如果说在这之前，涂鸦都还是随便谁都能上手的话，那么粗野风出现之后就不是这样了。首先，绘制者需要掌握字母的图形要素，解散重组之后还能够被很快、很清楚地识别出来的技巧和方法；其次，要让绘制出来的图形具有粗野的视觉效果，手上没点造型功夫是完全不行的，只有经过长时间的绘制经验积累，熟练掌握喷漆罐的喷色特性才能够办到；最后，要用绚丽的色彩填涂和装饰这些图形，那就非得有点艺术天分了，什么样的色彩搭配才会是绚丽的，很多时候不是靠理性和逻辑就能够完全理解和控制的。

甩涂技法和粗野风出现之后，涂鸦中出现图画就是一种必然了。1974年，卡通涂鸦开始在纽约地铁上出现，紧接着，李·奎诺尼斯（Lee Quinones）的壁画风涂鸦也出现了。

从绘制技巧大爆发的20世纪70年代开始，涂鸦手就不再只是涂鸦手，而成长为涂鸦艺术家了。他们不再只是随手留下自己的Tag，而是开始琢磨构图、造型、色彩。只有事先构思好自己的涂鸦作品，才能保证在警察到来之前的有限时间里保质保量地绘制出具有自己个人风格的涂鸦作品。为此，很多涂鸦手在出征之前会在家里勾画草稿，认真准备，到现场再对画稿进行放大制作。

在这样的创作氛围中，不断提高涂鸦的艺术水平也成为涂鸦手们的内在需求。要提高水平，就不仅需要绘制功力的不断磨炼和积累，还需要向别人学习，了解涂鸦圈的整体发展状况。如果你的技巧和图形早已经被人用过，肯定是会被其他涂鸦手小瞧的。原创成为涂鸦手的荣誉。为了争夺谁是原创者，涂鸦手们会互相攻击指责，甚至可能大打出手。

　　涂鸦手们除了通过观看、琢磨别人的作品来学习、积累以外，还形成了固定的小圈子，以交流学习心得。这样的小圈子不仅探讨技法改进，还会为了选择、分析创作主题和题材，进行哲学、历史、政治的讨论。在这些小圈子的基础上，逐渐形成了类似师徒关系那样的技法和风格师承关系，进而形成了一些固定的创作团队，比如著名的 Fabulous 5（寓言 5）团队。团队合作时，除了在涂鸦的过程中有人帮忙把风之外，勾线、填色也可以分工协作完成，不仅更加高效，而且各自发挥自己的长处，绘制的质量也大大提高。当然，团队创作就难免人多嘴杂，无论是在事前的画稿阶段还是在涂鸦现场，团队成员之间为了一块色彩，一个造型应该怎样处理、摆布，也常常会发生很激烈的争论。

　　这么辛苦，当然也会对自己的作品更加珍惜，涂鸦手们也有了给作品拍照保留的习惯。那时，在纽约地铁的铁道旁，常会出现一群年轻人，当列车急速驶过他们面前的时候，他们会指着车厢上的涂鸦兴奋地喊叫，"快看，那是我的那是我的"。那份艺术创作的满足感，也是很令人动容的。

　　大举扑灭涂鸦的行动一直持续到 1975 年，那一年，爆发了震动全美国的纽约财政大危机，财力困顿的纽约市政府不得不暂缓扑灭涂鸦的行动。1973～1975 年，在纽约市政府严厉的管制下，涂鸦不但没有被扑灭、根治，反而从地铁车厢、地铁站、地铁隧道蔓延至货车、公交车甚至私家车上。

　　1975 之后，纽约涂鸦进入全盛期，不仅视觉形态更为复杂、完整，还形成了一整套有专门术语的绘制技巧体系。纽约涂鸦进而在全美国产生巨大影响，并开始向全世界散播。世界各地会有很多游客为了一睹纽约地铁的涂鸦专程前来。英国的班克西和法国的"老鼠"布莱克也都是在这一时期受到纽约涂鸦的影响而投身于涂鸦艺术的创作中的。此时，日渐成熟的涂鸦艺术在艺术体系中拥有自己的一席之地已经成为一种必然。

三　画廊——第三场争夺

美国的艺术系统有着展览、画廊、博物馆、评论家、艺术家团体这样一整套生态环境。这其中，展览、画廊是艺术家赖以生存和发展的物质基础。每天在街头巷尾躲避警察的涂鸦手们最初对进入这个生态系统，让自己从事的事业成为名正言顺的艺术，也让自己成为一个能靠这项事业吃饭的名正言顺的艺术家是没有任何期待的。但到了20世纪70年代末期，他们旺盛的创作能力已经让整个艺术系统没办法不关注他们。

早在1972年，UGA就在Soho举办了涂鸦艺术展。之后，涂鸦手们就开始不断地组织自己的小型展览，但这些展览的目的是相互之间见见面，多多合作，发挥团体力量，以挖掘涂鸦的艺术潜力。真正让涂鸦以独立艺术的面目面对世人，还是欧洲人带的头。1979年，意大利画商克劳迪奥·布鲁尼（Claudio Bruni）邀请以李·奎诺尼斯为首的10位纽约涂鸦艺术家在罗马的美杜莎画廊（Galleria Medusa）举办了专场展览。第二年，也就是1980年，涂鸦艺术才首次作为一个独立的艺术种类，在纽约参加了由Fashion Moda画廊举办的"时代广场展"（Time Square Show）。展览名字听起来很高尚，但其实是在曼哈顿红灯区旁一处荒废的会客厅里举办的。展品除了涂鸦艺术，还有朋克和色情艺术作品。尽管如此，这次展览将涂鸦艺术和观念艺术、新表现主义相提并论，视其为当时反正统艺术实践的一支，说明涂鸦艺术在当时艺术圈中已经拥有了独立的艺术地位。

虽然在艺术圈得到了承认，但涂鸦手们还没有得到社会的真正认可，他们的作品尽管很惊艳，却还是只能作为个人的爱好，在街头昙花一现。

真正让涂鸦手们靠自己的手艺吃上饭的是帕蒂·阿斯特（Patti Astor）。帕蒂是在纽约讨生活的文艺女青年，参加过一些低成本电影的拍摄，和涂鸦手们很熟络。1981年她开了一间画廊，起名Fun，专门售卖涂鸦作品，结果一炮而红，门庭若市。她经手的第一位涂鸦手斯蒂文·

克莱默（Steven Kramer）的20幅作品，以每幅50美元的价格全部售出。1000美元着实不多，对于没有任何收入来源，连涂鸦用的喷漆罐都时常靠偷的涂鸦手来说，实在是一笔不小的收入。此后，Fun画廊成为纽约涂鸦艺术作品的集散地，涂鸦艺术家、画商、收藏家经常光临。

Fun画廊的成功，不仅解决了涂鸦艺术家的生计问题，而且让大家看到了涂鸦艺术的商业价值，其他画廊和商业机构随即纷纷跟进。市场好，大家都要进入，就出现了两个问题。

一是成熟的涂鸦艺术家纷纷离开街头、墙壁、地铁，走向画布。对于市政管理来说这当然是件好事，但是对于涂鸦艺术自身来说，是离开了自己的文化土壤。涂鸦是写出来的个人标签，其中的图画是为了写而存在，而当涂鸦手变成画廊画家，为了市场和买家而绘画的时候，原来基于书写个人标签而拥有的那份生气和创造力就开始消退。而当涂鸦变成架上绘画，和其他画家的绘画作品摆在一起的时候，他们已经定型的风格特征又未必足以支撑起市场长久的兴趣，买家客户即便在开始的时候有新鲜感，时间长了也难免厌倦。这样，在画廊里，涂鸦就慢慢蜕变成一种视觉形态固定、势必匆匆而过的绘画时尚。

二是供应量增大，好的坏的、新人老人，都想进画廊，话语权就自然落到画廊老板手里。谁好谁坏，要谁不要谁，画廊老板说了算。画廊老板的口味不一，眼光其实也参差不一。结果，好多常年从事涂鸦艺术的实力派涂鸦艺术家反倒常常被刚刚开始入行、水平很一般的新手排挤。不仅如此，就连最初因为专营涂鸦艺术作品而爆红的Fun画廊，也因为资金所限无法和后续跟进的许多大画廊竞争，在1985年关门大吉。

为此，很多涂鸦艺术家选择回到街头，坚持在墙壁和地铁上涂鸦，以捍卫自己的荣誉，捍卫对涂鸦艺术的话语权。什么才是涂鸦，是那些画在画布上的绘画作品，还是那些涂写在墙壁、地铁上的标签？谁才是涂鸦艺术家？是那些画廊老板指定的墨守成规的画廊画家，还是那些仍然坚持在大街上和警察躲猫猫，用原创力展示自己的涂鸦手？

基思·哈林清楚地表明了自己的态度："我在全世界都创作了壁画，它们都不能被移走，也没有金钱上的价值。这是对艺术商品化的一种坚定不移的战斗。现在我身陷其中,看到这种情况出现,看到它是经济的、贪婪的,是一个市场,就像股票市场或实际的财产或其他的东西。而你要继续工作下去的唯一途径就是想办法不受其影响。"

四 谁胜谁负?

从 1984 年开始,纽约市痛下决心,制定了专门的法律《纽约州及纽约市反涂鸦立法》来管理涂鸦,明确将城市涂鸦定义为犯罪行为,规定任何人不得携带喷漆罐、无法清除字迹的笔或蚀刻工具进入公共建筑和设施,也不得向 18 岁以下者出售这类工具。这项法律直到现在还能在纽约市政府官方网站上查到。

纽约交通局还发起了一项历时 5 年多的"清洁车辆"计划,在地铁车身外部涂上一种特殊的涂料,使涂鸦更容易从车厢表面清洗掉。到 1989 年,纽约地铁已经完全恢复为干净整洁的公共空间。

此后,纽约市还设立了专门投诉涂鸦的热线。只要接到投诉,清理团队就会赶到现场展开清理工作。如果愿意填写一个"永久无涂鸦表"(Forever Graffiti Free Form),屋主甚至不必投诉,工作人员就会在发现涂鸦时立刻派人进行清理。再加上一系列的社区宣传、教育和引导措施,到 2000 年之前,纽约的涂鸦基本上只集中出现在一些指定场所,而在其他公共场所都已消失不见。

2013 年,就连专门集中展示涂鸦艺术、位于美国纽约皇后区、被称为最后的纽约涂鸦圣地的著名涂鸦艺术地标建筑 5Pointz 也因为商业原因计划拆除。可见,涂鸦在纽约的消失已不可逆转。

不过,不用为涂鸦艺术担心,因为它已经获得艺术的认可,在艺术体系中占有一席之地。而且,它已经和街舞、说唱乐一起作为嘻哈文化的标志,无法从纽约的文化历史上抹去。世界各地的城市甚至也都会专为青年们开辟可以涂鸦的场所,以便他们施展这种艺术特长。

需要担心的反倒是涂鸦。

所有那些反对涂鸦的人,无论是警察、市长、公正的良心记者,还是正义好市民、涂鸦手的妈妈、画廊老板等,他们雷霆指责、好言相劝、谆谆教诲、循循善诱,为的就是让涂鸦手们走上正轨,遵守利人然后利己的社会道德规范,不危害公共环境、荼毒公众文化。因为他们已经习惯了现有的公共秩序,不会再去反思它,并确定地认为这才是通往个人幸福的正确途径。他们或许并不极端,但对弥漫在整个文化空间中的公序良俗形成压力。正是在抵抗这种压力的过程中,涂鸦艺术家获得了他们原初的创作动力。涂鸦被接纳为一种艺术之后,却融入了曾经压迫它的这种氛围和压力之中。

"涂鸦是艺术,不是糊涂乱画",这种观念虽然很符合雨果·马丁内兹的期待,但当这样的教条从两位纽约涂鸦青年的口中说出来并被很多涂鸦手遵循的时候,涂鸦艺术压迫涂鸦就已经成为事实。这一点,现在已在很多崇拜涂鸦大师,但安于模仿他们的个人技巧和风格而缺乏敢于胡涂乱抹精神的涂鸦作品中显现出来。

不过,一旦成为新的规约和压力,就必须面对又一次的挑战和反叛,只是现在还不知道挑战和反叛从何处出现,但一场新的争夺一定会再次出现。

Competition for Cultural Space: How Graffiti Becomes an Art

Zhao Zhan, Liu Ning

Abstract: The graffiti art risen in the United States from 1960s to 1970s, is not so much an art as a cultural movement initiated by the adolescents in the bottom of society for the purpose of rebelling against the public order and good morals. The development history of graffiti art, even can be seen as the history of competition for cultural space between graffiti art and public order and good morals. It is because of the fierce competition and persistence of graffiti artists in the three battle field which are walls, subways and galleries that the graffiti art which is quite different from the classical art in terms of its logic, materials and styles finally acquires a realistic living space, transmission channels and the self-definition right, becoming an independent art that cannot be ignored.

Keywords: Graffiti Art; Cultural Space

About the Author: Zhao Zhan (1970 –), Ph. D. Lecturer at Xi'an Academy of Fine Arts. Research interests and specialties: new intermedium art. Magnum Opuses: *Digital Patterns*. Many essays are published such as "Follow the way of Gustav Klimt", "An Embodied View on the New Intermedium Revolution of Visual Design" and "New Intermedium is not New Media", etc. E – mail: johner@ 163. com.

Liu Ning (1970 –), Editorial Director at Radio and Television Xi'an. Research interests and specialties: cultural history and news communication. He has presided over and participated in the production of "Chang'an Bodhi", "Liu Qing in Huangfu Village" and many other documentaries. Magnum opuses: *Arbitration Story*. Many essays are published such as "Helen Snow's News Spirit", "Facing Challenge of Audience Rating, Reconstructing Value of Local Media", etc. E – mail: losona2008@ 163. com.

七纵八横

在传统中发展创新的美国剪纸艺术

——美国剪纸社团的运作与剪纸活动启示

何红一[*]

【摘　要】　本文运用文化学理论梳理美国剪纸社团——美国剪纸家协会的发展运作规律，归纳美国剪纸艺术家的剪纸创作及美国剪纸艺术的特点，总结其中的有益启示，为中国剪纸艺术的繁荣与发展、中美剪纸文化的交流、中国剪纸艺术走向世界提供有效的参考和借鉴。

【关键词】　美国剪纸艺术　美国剪纸家协会　运作规律　启示

与世界其他国家和民族的剪纸艺术一样，美国的剪纸艺术有自己的非政府组织机构——美国剪纸家协会和众多的热爱剪纸的艺术家、收藏家和研究者，美国剪纸家协会聚集了众多的美国剪纸艺术家和剪纸艺术爱好者，以这些剪纸艺术家和剪纸爱好者为主导的群众性剪纸活动，推动着美国剪纸艺术的发展。

---

[*] 何红一（1954～），中南民族大学教授，研究方向为民间文学与民俗艺术，代表性成果有《中国南方民族民间剪纸研究》《中华长江文化大系——长江流域的民间工艺美术》《南方民间剪纸在中国剪纸史上的特殊贡献》等，电子邮箱：he_hongyi@163.com。

一 美国剪纸家协会的宗旨及运作简况

美国剪纸家协会（Guild of American Papercutters）成立于 1988 年 2 月 23 日，总部设在宾夕法尼亚州的索莫赛特。虽然成立只有 29 年时间，但协会发展迅速，是一个生机勃勃、富有创造活力的美国民间社团。美国剪纸家协会的宗旨是了解会员的艺术创作，帮助会员提高剪纸技艺，并不断提升剪纸艺术水准。该协会也为剪纸艺术家提供了一个艺术交流的平台，鼓励艺术家更多地了解剪纸艺术的历史，继承艺术传统，发展美国当代剪纸艺术。美国剪纸家协会会标如图 1 所示。

图 1 美国剪纸家协会会标

作为一个自由开放的民间非政府组织，美国剪纸家协会有会员 350 人，以美国籍会员为主，也吸收部分非美国籍的外国会员加入。该协会的境外会员来自加拿大、墨西哥、澳大利亚、英国、以色列、芬兰、瑞士、德国、荷兰以及中国等 15 个国家，是一个少有的文化色彩纷呈的世界性民间艺术团体。中国南京的剪纸艺术家范朴与笔者都是美国剪纸家协会的境外会员。会员有定期缴纳会费的义务（年会费境内为 50 美元，境外为 100 美元），每个会员可得到全年的会刊《第一剪》（FIRST CUT）。《第一剪》为季刊，一年出四册，是协会自己的刊物。协会依靠刊物交流经验、传递信息。会刊上发表会员的剪纸心得、作品，交流剪纸技艺和相关信息，其中也有不少与中国剪纸同行交流的内容，如美国剪纸家协会成员出席在中国举办的第三届、第五届国际剪纸节。中国剪纸艺术家、学者陈竟和段改芳参加2008年美国剪纸年会的消息以及美国剪纸家协会会员爱丽丝·马赛克（Alice Helen Masek）所写的访问中国剪纸艺术家并与之交流的文章《南京访问范朴》，会刊上也有相关报道。此外，协会还办有自己的网站，许多信息在网上分享，协会的活动与通知也是通过网络来传递的。

作为非营利组织，美国剪纸家协会没有政府的任何财力支持。协会的活动经费主要靠社会和会员的捐助、会员缴纳会费和会员义卖等活动所获款项与提成的支持。协会实行义务服务制，除了一位维持日常活动运转的工作人员拿工资外，从会长到会员全部都义务为协会工作，不拿一分钱报酬。协会刊物《第一剪》的编辑全部是会员在业余时间义务完成的。每年的年会，除了少数特邀嘉宾外，所有参会的会员都要缴纳住宿费和参会费。协会还通过举办展览、出书、授课、举办讲座等筹集部分活动经费。

美国剪纸家协会以艺会友，每年召开一次年会。每次年会都以交流技艺为主，会员之间因剪纸联系，少有复杂的人际纷争。年会除了分组交流剪艺外，还会举办各种剪纸展览。南京剪纸艺术家范朴女士于2004年10月17~21日参加了在美国加州召开的美国剪纸家协会年会（GAP COLLECTION 2004）。她对笔者介绍参会情况说：会议安排紧凑、务实、高效，共安排有9场剪纸讲座，主要有介绍不同国家剪纸的特点和剪纸技艺的交流等内容，形式活泼欢快，与会者获益匪浅。

中国南京大学民俗艺术研究中心陈竟教授和山西省群艺馆段改芳研究员于2008年应邀出席过在美国宾夕法尼亚州兰卡斯特举办的美国剪纸家协会年会。由于适逢美国剪纸家协会成立20周年盛典，来自中国、英国、波兰、德国、以色列等国的近百名剪纸家和学者出席此次纪念活动。会议隆重而盛大，中国剪纸艺术家、学者在会上受到美国同行的热情接待，中美之间的剪纸文化交流活动也开展得轻松愉快。

美国剪纸家协会除了举办全国性的年会外，小范围的聚会与活动也不间断。笔者曾在美国华盛顿地区参加过一次区域性聚会，与会者有十余人，在当时美国剪纸家协会秘书长玛丽·海伦（Marie Helene Grabman）家中聚会。会议议程有传达协会的工作安排、参观玛丽·海伦的家庭剪纸作坊兼博物馆、自由交流等。由于笔者来自中国，会议特意安排本人做了一次中国剪纸介绍。笔者向美国同行系统地介绍了中国剪纸的历史、工具和表现手法，并通过自己创作的一套剪纸《中国少数民族女性头饰》，展示中国剪纸与中国少数民族民俗的关系。美国剪友对剪纸背后丰厚的中国文化产生了浓厚兴趣，听了一次，意犹未尽，自由提问环节和剪艺交流环节气氛也很热烈。这种小型的会议一般都不拘泥于形式，而讲究解决实际问题的效果。

二　美国剪纸艺术家及其作品

（一）爱丽丝·马赛克

爱丽丝·马赛克出生于一个有着手工艺传统的德裔美国家庭，其曾祖母、祖母都会剪纸。爱丽丝不仅保留着母亲留下的小剪刀，还保留着曾祖母、祖母的照片和她们的剪纸小品。爱丽丝的父亲是一位心灵手巧的木匠，她家中还留有父亲亲手制作的拼花小桌。长辈的手工爱好及手工拼花的木艺技巧，给爱丽丝以深刻的影响。

爱丽丝·马赛克于2000年加入美国剪纸家协会，从此一发而不可收，一口气创作了300余幅剪纸作品（如图2所示），是一位多产的剪纸艺术家。她擅长制作大型作品，通常在中厅地上铺设大纸，用一支由加长的木棍特制而成的铅笔起稿，颇具大师风范。她的最大作品长17米、宽9米，大气磅礴，气势恢宏，背后暗含宏大的哲学命题与宗教主题。为了支持她的创作，她的丈夫迈克在自家房子上扩建了一层阁楼，作为爱丽丝的剪纸工作间。工作间里到处堆放着剪纸材料、成品与半成品，是爱丽丝富有创意生活的一个组成部分。

爱丽丝·马赛克女士兴趣广泛，喜欢旅游、跳舞、弹钢琴，甚至作曲。她热爱生活，乐于助人，又善于把自己的生活激情和热爱生活的态

图 2　美国剪纸艺术家爱丽丝·马赛克和她的作品

度用剪纸的方式表达出来。一次，我们在她家拜访时，谈到高兴处她就情不自禁地唱了起来：剪纸把我们的心连接在一起，我们在这和谐的气氛中分享着爱与剪的艺术……大家都为她对剪纸的激情所感动。

她的剪纸作品不仅题材与形式宏大，而且参与性很强。很多时候往往是她先设计好思路，然后率领众人一道即兴完成。每一名参与者都有足够的再创造空间，并从中分享合作的乐趣。例如，她的作品《愈合》由参加者每人剪一片树叶，贴在一棵事先剪成的大树上，树叶上面写满各人未了的心愿，借以象征精神上的愈合；另一幅作品《团契》（如图3所示），为结拜之意，一个手拉手的群体，围绕在太极圆心的周围，象征着"四海之内皆兄弟"。这幅作品由6~93岁各年龄段的人们参与合作，仅一天时间便完成。颜色来自大自然，艳丽、饱满、生机盎然，被称为"大自然的礼物"。

（二）玛丽·海伦

玛丽·海伦为现任美国剪纸家协会主席（如图4所示），从小师从自己的祖母学习剪纸，又有年轻时在底特律大学学习传媒以及之后从事电视媒体的工作经历，这些知识和经历对她后来的剪纸艺术创作有很大的影响。

图3　美国剪纸艺术家爱丽丝·马赛克的作品《团契》

图4　作者与美国剪纸家协会以色列籍会员叶欧（Yael Hoz）
在美国剪纸家协会会长玛丽·海伦（中）家中

玛丽·海伦擅长设计，并善于将欧洲传统的剪纸艺术与美国的现代艺术结合，形成自己的剪纸艺术风格。她的作品非常精细，完成时间少则几个小时，多则整年。由于剪纸艺术上的成就，她曾经被邀请参加瑞士国家博物馆举办的剪纸展示活动。1991年，她被评为全美200名最佳民间工艺美术家；1999年被邀请为白宫蓝屋圣诞树设计剪纸饰物，其饰物连同圣诞树被永久收藏。玛丽·海伦也多次参加美国的各种展览活动，并荣获美国多个州的巡回艺术展大奖。

玛丽·海伦也是一位异常勤奋、极富创作激情的剪纸艺术家。她把自家的地下室当作家庭剪纸博物馆兼作坊，剪纸交流和创作都在这里进行，剪纸的装裱也在此由自己动手完成。她所用的工具和材料都很特殊，细小入微的手术剪以及微型放大镜是她的常用工具。故她的剪纸创作与中国北方剪纸类似，只用剪刀剪出，但风格上则精细得多。细部的剪制要置于微型放大镜下才能完成；在用纸方面，她的剪纸用纸也不同于中国北方的剪纸，她习惯采用一种质地挺括的黑色印刷纸张，剪出的作品坚挺、硬朗，质感突出。

（三）比特瑞斯·科伦

比特瑞斯·科伦（Beatrice Coron）为法裔美国人，出生于法国，但先后在中国台湾、墨西哥、埃及、美国等不同国家和地区生活和居住。对世界不同地域文化的了解和体悟，使比特瑞斯·科伦的创作取材广泛，视野开阔。比特瑞斯·科伦的剪纸综合了法国人的浪漫和美国人的想象，其作品在美国和法国获得过多项奖项，并被两国多家博物馆收藏。

比特瑞斯·科伦居住在纽约闹市中心的一块宁静的绿洲——中央公园附近的一所公寓中，放眼望去，纽约都市风光尽收眼底。这里也是主人约见艺友、聚会交流的艺术沙龙。朋友们在这里不仅可以看到主人充满都市文化气息的剪纸创作，还可以观赏她收藏的来自不同国度的剪纸艺术家的作品。

比特瑞斯·科伦创作的剪纸中，有不少取自作者自己熟悉的都市题材。她善于用黑白块面的对比和虚实关系来表现自己对都市生活的理解，擅长将自己的剪纸服务于文化教育事业。她经常在外讲座，也活跃于各大博物馆，把剪纸制作成折叠图书形式，以启发儿童的思维。她曾应邀参加2009年纽约艺术设计博物馆"刀和纸的艺术展"，其参展作品《天堂·地狱》（114cm×500cm），展示了生死两重世界的统一性，表达了自己对生命的思考。值得一提的是，这幅作品是在位于纽约曼哈顿的纽约艺术设计博物馆五楼的工作间——一个开放式的作坊里完成的。笔者亲眼见证了作者的制作过程（如图5所示）：作者用了两周时间一刀一刀地刻制作品，所有制作过程都对观众开放，观众可以自由提问并与作者互动。其制作过程还被拍成录像，以供展览时随作品播放。

图5 本文作者在比特瑞斯·科伦位于纽约艺术设计博物馆的工作室对其进行采访

2009~2010年圣诞节期间，比特瑞斯·科伦应邀出席中国香港上水广场购物商城举办的剪艺活动，她别出心裁设计的杜邦纸（Tyvek）礼服裙，由中国女星穿出，艳惊四座。2011年，她身披一件用杜邦纸剪出的斗篷登上TED Talks舞台，用睿智的语言和富于哲理的剪纸作品讲述自己与剪纸之间的故事，让曾被人视为"雕虫小技"的不起眼的剪纸手工艺登上世界讲坛，赢得了世界的关注。比特瑞斯·科伦还是一位将剪纸用于公共环境艺术装饰的高手，在美国一些图书馆、地铁、公寓楼前等公共场所，都可以见到她的剪纸装饰作品（如图6所示）。

图6 美国剪纸艺术家比特瑞斯·科伦的剪纸作品张贴在纽约地铁车厢内

三　美国剪纸艺术为我们带来的启示

中国虽然是世界剪纸发源地，是拥有千年以上历史的剪纸大国，而且各民族民间剪纸百花齐放，异彩纷呈，佳作无数，在世界剪纸文化交流中，中国剪纸做出了重大贡献，但是世界剪纸百花园品类众多，不同的国度和民族的剪纸也各有特点，值得我们总结与借鉴。笔者认为美国剪纸艺术的特点与长处有如下几点。

（一）风格多样，兼收并蓄

美国早期剪纸主流倾向于欧美洲风格，既神秘又写实。现代剪纸则兼收并蓄，风格多样。由于最早的美国移民来自欧洲，所以早期美国剪纸保留了欧洲剪影和写实传统。又由于美国土著印第安文化的影响，所以在剪纸上也不乏神秘奇谲的一面。美国剪纸还富于幽默感和趣味性，这一点与美国人乐观、开朗的文化天性不无关系，由此构成美国艺术的一贯风格。

美国剪纸的现代发展趋势是越来越多地表现出兼收并蓄的多样化取向，就像美国人一样具有丰富性与多样性。人从四方来，物自天下聚；广纳百川，有容乃大。各种风格和艺术理念的相遇必然会碰撞出迷人的艺术火花。人文优势使美国剪纸家协会迅速成长，成为世界上年轻而颇有创作活力的剪纸艺术团体。

（二）善于学习，创意无限

美国剪纸艺术历史不长，但是善于学习、灵活创新的科学态度使这门艺术在短期内有了跨越性的发展。

美国人的学习是一种创造性的学习。笔者有在美国大学及民间团体教授剪纸的经历。每次教剪纸时，都深切感受到学生们的灵活性与创造性。他们总会举一反三。比如，教美国大学生立体"春"字的剪法，他们会剪出树形的"春"、屋形的"春"、花形的"春"，甚至还能创造性地发挥，剪出其他简易对称的中文字来。在美国剪纸家爱丽丝·马赛克大气磅礴的作品中，你会惊喜地发现她对太极图和神鸟凤凰等中国元素的灵活运用。

剪纸艺术家居比是一个出生于印度的聪慧青年，1993年在中国北京接触到中国剪纸后，就与这门传统艺术结下不解之缘；1994年移民美国后走上了自学成才之路，开启了研究传统剪纸的创新之路。她在美国宾州费城开办了自己的剪纸艺术工作室，广泛吸收中国、日本、德国、瑞士传统剪纸之长，逐渐形成了自己独特的艺术风格。她的作品曾多次参加美国各地的展示活动并获得许多奖项。2002年，她应邀为白宫圣诞树设计剪纸饰物，受到总统夫人劳拉的接见和赞扬。现在，她仍在宾州从事剪纸创作和室内建筑设计风水部分的咨询工作。居比开设有自己的剪纸网站，剪纸做得很专业，在剪纸装潢上特别有创意。例如，她用多层玻璃和卡纸固定剪纸，使平面的剪纸装入框内后产生投影效果，从而产生很强的立体感。

美国剪纸同行史迪文（Steve Woodbury）与美国剪纸家协会以色列籍会员叶欧（Yael Hoz）在对剪纸信息的收集与剪纸研究上也非常专业，尽心尽力，体现了他们对剪纸事业的执着追求。

图7 本文作者与美国剪纸同行史迪文就共同感兴趣的中美剪纸文化史进行交流

美国剪纸同行尊重个性化创作。会员们在一起相互学习、交流技艺是常有之事。平时在会刊上也时时刊登剪纸技法的讲座。其过程讲述得非常具体详细,这一点毫不保守。同行之间互相尊重,严守诚信,从不抄袭,版权保护意识很强,包括对作品拍照、转用都要事先征得作者的同意。在公开出版物中引用他人的剪纸作品,不仅会注明出处,而且会事先征求原作者的同意。

(三) 善于经营,务实为本

在美国为数不多的传统节日中,艺术产品消费往往充当着经济消费的重要角色,其中也不乏对中国剪纸艺术的借鉴。美国贺曼公司开发的镂空贺卡、美国情人节剪纸拉花装饰和万圣节骷髅头拉花装饰,都是利用中国剪纸镂空雕刻原理开发的产品。它们遍布节日市场的各个角落,成为节日期间的热销商品。

美国剪纸家协会也会定期举办会员剪纸作品拍卖,居比、玛丽·海伦的剪纸价格不菲。会员们还经常聚会,边展卖剪纸,边交流技艺,每次花销不菲。但是大家都不以赚钱为终极目的,不过度看重金钱。有了收益都会自觉回馈社会,投入一些用于社会慈善事业。

会员比特瑞斯·科伦是职业艺术家,她擅长将剪纸用于现代环境装饰,承接环保艺术装饰业务。她曾为纽约地铁做过大型剪纸墙饰,纽约地铁N车和W车的车厢,也都曾用她的剪纸作品作为宣传画。这些环保艺术设计提升了剪纸的现代价值,也为她自己带来一定的经济收益。她认养了一位来自中国贵州的苗族孤儿,定期负担小女孩的学习与日常生活费,表现了这位美国剪纸艺术家的社会公益心和博大的爱心。

谈到美国剪纸和美中剪纸文化交流前景时,美国剪纸家协会会长玛丽·海伦说:剪纸这项传统艺术在全世界都面临着如何传承和发展的问题。看到作为非物质文化遗产的中国剪纸得到了政府的大力支持,中国的剪纸艺术家积极在博物馆举办剪纸展览,在学校教孩子们这门艺术,使这门传统艺术焕发出活力。中国的剪纸研究者也在这方面做了很有意义的推动工作。我们也希望美国能像中国那样,鼓励孩子们学习剪纸艺术。中美剪纸艺术家应该保持经常性的交流，为使这门艺术得到继承发展做出努力！

American Paper – Cutting Art： Creativity within Traditions： The Operation and Enlightenment of American Paper – Cutting Organizations and Activities

He Hongyi

Abstract： This paper applies cultural theories to examine the development and operation rules of Guild of American Papercutters, summarizing the creations by American paper – cutting artists and the characteristics of American paper – cutting art, so as to find out useful enlightenment to contribute to the prosperity and development of Chinese paper – cutting art, to the cultural exchanges between China and the United States, and to provide effective reference for the overseas promotion of Chinese paper – cutting art.

Keywords： American Paper – cutting Art； Guild of American Papercutters； Operation Rules； Enlightenment

About the Author： He Hongyi（1954 – ）, Professor in South – Central University for Nationalities. Research interests and specialties： folk literature and folk art. Magnum opuses： *A Survey of Folk Paper Cutting in Southern China*, *Chinese Yangtze River Culture Series*： *Folk Craftwork in the Yangtze River Basin*. Academic Essays： "Special Contributions of Folk Paper Cutting in Southern China to the History of Chinese Paper Cutting". E – mail： he_ hongyi@ 163. com.

从神圣到世俗：观音形象的变性历程探究*

娄　宇　谢立君**

【摘　要】 本文依据佛教经典、观音文化和历代观音造像，从历史学、宗教学、哲学、美学、艺术学、美术学等多学科的角度出发，对观音形象变性历程进行研究。从古印度到中国，观音的神圣性逐渐减弱，世俗性不断加强，其变性历程是观音信仰逐渐深入民心的过程，是中外文化不断融合的历史见证，也是佛教中国化的一个缩影，更是佛教造像艺术在中国的必然归宿。

【关键词】 神圣　世俗　观音形象　造像艺术　变性历程

观音变性是一个复杂而又漫长的过程，大致经历了从古印度到佛教东渐时期的男相观音到魏晋南北朝时期的男相观音，并初显女性观音的时期，经过隋唐时期由女性观音的概念物化为女相观音或中性观音造型这样一个过渡，到五代与宋元明清时，观音形象彻底定型为女性，女性观音造像遍及中国甚至整个东南亚。观音形象从男性到中性再到女性的

---

* 本文为华中师范大学中央高校基本科研业务费专项资金项目（CCNU15A06112）研究成果。
** 娄宇（1964～），华中师范大学美术学院教授，研究方向为中西艺术比较，著有《中外建筑史》《美术鉴赏与批评》《视界：湖北现当代美术研究》《论文人画"逸格"境层的创构与审美追求》《观念与文献：当代艺术创作的双翼》等，电子邮箱：602263722@qq.com；
谢立君（1981～），华中师范大学美术学院2012级硕士生。

演变过程，折射出观音造像艺术从古印度到佛教东渐再到宋元明清各个阶段的风格演变：古印度贵霜时期观音的冷峻朴素和希腊罗马风韵→佛教东渐初期的犍陀罗遗风→魏晋南北朝时期的秀骨清像，隋唐时期的丰颊肥体→宋、元、明、清时期的人间情调。

一 观音形象从男性到中性再到女性的演变

在古印度贵霜时期佛教造像中，观音形象呈男性之态。其性别在佛教经籍中有记载，如《法华经·观世音菩萨普门品第二十五》云："……善男子，若有无量百千万亿众生，受诸苦恼，闻是观世音菩萨……"《华严经》云："勇猛丈夫观自在，为利众生住此山……"《悲华经·诸菩萨本受记品第四》云："善男子，汝观天人及三恶道一切众生，生大悲心……，善男子，今当字汝，为观世音……"由此可知观音原型为男性。

佛教在两汉之际沿陆路（丝绸之路）和海路传至中国，随之观音信仰也传至中国，佛教造像开始兴盛。到魏晋南北朝时期，佛教盛行，如唐朝诗人杜牧《江南春》云："南朝四百八十寺，多少楼台烟雨中。"（张长青，2014：555）由此得知，南朝时寺庙遍及全国，造像逐渐增多，观音造像当然也不例外。而魏晋时的观音造像深受古印度犍陀罗造像艺术风格的影响，留其遗风，作善男子相，圣洁静穆、体态洒脱，突出了佛教慈悲为怀的内核精神和超凡脱俗的佛国境界。秀骨清相是魏晋时期的美学风格，其在观音造像上的体现说明佛教逐渐走向本土化。

隋唐时期是观音变性的重要转折期，也是观音形象由男性变为女性的过渡期，即中性时期。自魏晋入隋唐，观音造像逐渐脱离了魏晋时期刚健雄伟、秀骨清相的风格，呈现为略显风姿绰约的典型的女性形象，正所谓源于人间又高于人间，高于人间又不脱离人间。如水月观音头戴宝冠、璎珞严身、体态洒脱、恬静优雅，白居易赞曰："净绿水上，虚白光中。一睹其相，万缘皆空。弟子居易，誓心皈依。生生劫劫，长为我师。"（白居易，1988：2647）总之，唐代观音造像大体上保留了男性体态，但面容倾向于女性化，具有女性的风貌，有些造像若去掉嘴角的两撇小胡须，就像一位十足的贵族女性。总体而言，隋唐时观音造像逐渐告别神圣和圣洁，慢慢世俗化，兼具宗教的神圣性和人间的世俗性。

宋代观音造像的性别特征：除保留童胸外，其他几乎完全呈女相之态，美丽端庄、温文尔雅、慈眉善目、和蔼可亲，具有与宋代女子一般的亲切感、真实感和世俗感，较之于唐代观音造像少了几份神圣性，增添了些许世俗性。例如，自在观音自然悠闲、温婉秀美、长发披肩、体态婀娜，散发着一种闲然自在的魅力。因此，观音造像艺术经由唐、宋两代的演变，基本上脱离了古印度犍陀罗造像风格的影响，成为符合中国民众审美情趣的一种艺术风格。

到明清两代，观音造像在承袭宋元造像艺术的基础上，进一步走向程式化和世俗化。渡海观音、送子观音、鱼篮观音等观音造像艺术，全然脱离了神圣性，彻底地走向了世俗性，并融于世人的生活中。她们赋予了世人更多的审美愉悦，赋予了民众更多的人间情趣。例如，送子观音温柔敦厚、含情脉脉、慈眉善目，俨然一位慈祥的母亲的形象；又如，鱼篮观音布衣赤脚、自然悠闲，身边放置一个鱼篮，也是一位世间美女的形象。

综上所述，观音造像在中国经历了从神圣到世俗的一段漫长过程，这体现在古印度贵霜时期和魏晋南北朝时期充满神圣性的观音造像上、隋唐时期神圣性与世俗性两者兼备的观音造像上、宋元明清时期彻底世俗化的观音造像上。至此，观音文化、观音信仰和观音造像艺术彻底扎根于中国民众的心中。

二　从印度到中国：观音造像艺术的风格演变

（一）古印度贵霜时期观音造像艺术的风格演变

古印度贵霜王朝时期（公元前1世纪～公元3世纪），是佛教造像艺术的萌芽期，起初古印度人对菩萨的造型处于朦胧阶段，还没有一个完整的、清晰的、明确的创作模式，因此不同的菩萨在造像的服饰和手印上十分相似，只能从局部细节处识别。

1. 秣菟罗观音造型：冷峻朴素

在秣菟罗的佛教造像（如图1所示）中，观音特征为：头发隆起、发髻天冠、戴有王冠、中有化佛、面容肌瘦、鼻梁高直、身着长袍、服配装饰、衣褶繁杂、线条粗犷、冷峻庄严、高贵深沉，颇具王者风采，右手施无畏印，一副苦行僧的姿态。其造像风格深受本土文化影响，受古希腊影响较弱。研究表明佛教造像中施无畏印手势是受安息[①]雕像的影响，施无畏印右手上举置于胸前，手指自然并拢，掌心朝外。这一手印表示佛陀度众生之愿望，能令众生安心并无所畏惧。佛教手印在造像上的应用被赋予了宗教的特殊功能与意义，同时神圣性和世俗性两者兼备，其目的在于向众生传达佛相说教的功能，当然还有造像艺术在美学上的意义。

图1 观音立像 秣菟罗 古印度

观音造像独有的特征是发髻天冠和冠上饰有一结跏趺坐的化佛像，《佛说观无量寿经》云："次亦应现观世音菩萨，……顶上毗楞伽摩尼妙宝以为天冠。其中冠中有一化佛，……观世音菩萨面如阎浮檀金，眉间毫相备七宝色，流出八万四千种光明，一一光明，有无量无数百千化佛，

---

① 帕提亚帝国（波斯语：اشکانی امپراتوری、Emperâturi Ashkâniân，公元前247~前224年）又名阿萨息斯王朝或安息帝国，是亚洲西部伊朗高原地区古典时期的奴隶制王国。

一一化佛，……变现自在，满十方界。"（疆良舍耶，1990：343）"天冠中有一化佛"的特征，成为识别观音形象最突出的标志，也是鉴别观音造像的原则之一。"言观音头上天冠中有一化佛，势至头上有宝瓶，以此为别。"（智顗，1990：193）对于佛菩萨而言，高冠象征着高贵、庄严、神性，但对佛教徒来说，是苦修的象征，因为在佛教典籍中发髻寓意苦修精神。

发髻天冠和化佛两者兼备才是真正意义上的观音形象，后来化佛成为观音形象的独特标志，象征着观音上求佛道、下化众生的使命。在造像中，观音最初是作为佛的胁侍菩萨（一佛二菩萨三位一体）出现。后来，人们对观音的认识逐渐深入，观音造像从群像中独立出来，作为单独的一尊佛为世人所供奉。由此得知，秣菟罗的观音造像有两种表现形式：一种是作为一佛二菩萨的群像出现，另一种是作为独尊佛菩萨出现。纵观历史，后者更受到世人欢迎，为佛教东渐后的中国历朝所传承和发展。

2. 犍陀罗观音造型：希腊风韵

在秣菟罗时代，观音造像就作为独尊神而独立出来且受到民众的极大欢迎，这为犍陀罗观音造像打下了坚实的基础，早期犍陀罗观音坐像（如图2所示）特征为：右手施无畏印，左手拈一莲花，结跏坐于莲花台上。作为独尊意义上的神，起初我们只能靠头上饰有的化佛像来辨别。3世纪前后，化佛已成为观音造像中独一无二的最显著的标志，并一直延续至今。观音造型的模式确立和固定下来后，莲花和施无畏印在后来的佛教造像中被广泛使用。当时的工匠师不但对佛的外部结构有精心构思，而且注重对佛教精神在佛像塑造中的表现。在犍陀罗佛教造像中，古印度雕刻家对观音慈悲救世的内在精神特质的表达相当深刻，令众生更能全方位感受到这一点。

观音造像是贵霜王朝时期的产物，从观音造像的萌芽期始，化佛、发髻冠和莲花三物象便成为古今中外观音造型的共同特征。形态上，作站立势、肌肉结实、身躯强健、袒露上肩、下着长裙，披帛衣、系腰带，饰物较多、富贵华丽；造型上，波浪发型、长方形脸、眼睛细长、深目

图 2　观音坐像　犍陀罗　古印度　馆藏不详

高鼻，衣纹皱褶较密、线条清晰，显然深受古希腊雕刻风格的影响，具有西方人的特征。

（二）佛教东渐后中国历代观音造像艺术的风格演变

学术界比较一致的说法是，佛教自东汉明帝永平十年（67 年）传入中国后，观音信仰及观音造像也随之传入中国，并迅速在民间广泛传播，特别是经过魏晋南北朝民族文化大融合，再经过唐代佛教中国化，最终在唐宋年间，观音成为一位妇孺皆知、家喻户晓的人间救世主。

1. 佛教东渐初期观音造型：犍陀罗遗风

两汉之际，佛教造像保留了犍陀罗风格，观音造像显男相。张彦远《历代名画记》记载："汉明帝梦金人长大，顶有光明，以问群臣。或曰：'西方有神名曰佛，长丈六，黄金色。'帝乃使蔡愔取天竺国优瑱王画《释迦倚像》，命工人图于南宫清凉台及显节陵上。以形制古朴，未足瞻敬。"（张彦远，1963：125）其大意是最初传入中国的佛教造像，是模仿古印度造像风格，和当时中国人的审美观念不太吻合，因此不太被中国民众推崇。例如，敦煌莫高窟千佛洞里的观音形象，嘴上依然留有两撇小胡子，保持男儿身；又如，陕西省三原县出土的菩萨立像（如图3所示），菩萨之状貌通常保留印度犍陀罗风格——体型彪悍、头戴冠冕、面目颇凶、身披长衣、袒露腹部、衣纹流畅、右手施无畏印、左手掌心朝上，明显可以看出是一尊男性观音立像，让众生有一种敬畏心理。由玄奘所译《十一面观世音神咒经》中面目颇凶的观音形象可以断定，佛教东渐之初的观音造像具有典型的犍陀罗风格。

图3　菩萨立像　铜造镀金　3世纪末　33.3厘米
陕西省三原县出土、日本藤井有邻馆藏

2. 魏晋南北朝时期观音造型：秀骨清像

公元494年，北魏孝文帝迁都洛阳，一改鲜卑旧制：改汉姓，说汉话，穿汉服，与汉人通婚。从统治阶级到民间，礼仪、服饰一律汉化，造型艺术也以中原的"秀骨清像"为主导。

随着佛教信仰逐渐深入民心，男相观音在魏晋南北朝时的形象发生了改变，从刚猛彪悍变为清瘦秀丽、身材修长、长颈削肩、嘴角上翘、饰有胡须、不露肌肤、衣裙飘逸，衣服不再是斜披式，以宽大披巾遮肩。在部分绘画和雕塑作品中，观音显男身女相或非男非女相，若去掉胡须，则略显女性特征，尽管不太显著，但女性化的趋势已显露出来。

魏晋时期，玄学①兴起，士人崇尚老庄哲学，美学风格为"秀骨清相"，从而形成了魏晋士人在审美上表现出来的"魏晋风度"，此时民族文化大融合，其美学风格影响到佛教造像的艺术风格，如顾恺之笔下的维摩诘像（如图4所示），据张彦远《历代名画记》卷二载："顾生首创维摩诘像，清羸示病之容，隐几忘言之状。"（张彦远，1963：28）其审美特征为：轮廓分明、长颈削肩、肌肤白净、眉目清秀、风姿绰约。有意思的是，男人女性化虽然在东汉末年就已经开始，但在魏晋时达到令人惊讶的程度，如风姿俊秀的嵇康，面如傅粉的何晏，如春月柳的王恭等。更重要的是，他们代表了当时以"清谈""思辨"为时髦的玄学名士的审美观和人生观，从中也可以清晰地看到老庄的美学思想，即以柔静绰约为美。

图4 维摩诘像 东晋 顾恺之 南京古刹瓦官寺

魏晋南北朝时期，佛教汉化，在佛教艺术逐渐汉化的大潮下，带有印度、西域风格的观音造像与汉民族文化的特色大融合，使观音的性别发生了很大的变化，在造像上出现了由男性渐变为中性的发展趋势，而观音造像的中性化趋势则又奠定了观音造像女性化的基础，其总体特征

---

① 玄学，研究幽深玄远问题的学说，产生于魏晋，崇尚老庄，又称新道家，是对《周易》、《老子》和《庄子》的研究和解说，代表人物有何晏、王弼、阮籍、嵇康、向秀等。

为高贵静穆、轮廓鲜明、姿态优雅,显示了观音超凡脱俗的神圣性和慈悲入世的世俗性。如洛阳龙门石窟北魏时期的杨柳观音立像(如图5所示),被世人誉为"最美丽的观音",头部虽损,面目不清,但十分传神。其特征为:呈"S"造型、亭亭玉立、体态婀娜、宽衣博带、庄重温雅,右手拂杨柳、左手持净瓶。尽管我们从面部无法判断此尊观音造像是否具有女性特征,但从腰间到臀部,可以清晰地看到那种女性的性感柔美,这说明观音造像在北魏时期已经开始了由男性向女性转变的趋势,其形象也由原来的丰润健硕变为秀骨清像。

图5 杨柳观音立像 石雕 北魏 洛阳龙门石窟

北周时期佛教造像产生了新的形象:中原式的秀骨清像与西域式的半圆脸型两者合一,产生了"面短而艳"的风格;精神上,潇洒飘逸和淳朴清静互相结合,产生了温婉娴静的面貌。观音略显女性形象在《北齐书·徐之才传》中即有"婷婷而立"的"美妇人"之说。(马书田,2006:20)美国波士顿美术馆藏有北周持莲观音立像(如图6所示):"北周遗物,……最精者莫如现藏波士顿及明尼阿波利斯(Mineappollis)二躯,……其中尤以波士顿为精,菩萨为观音,立莲花上,四狮子蹲座四隅拱卫。菩萨左执莲蓬,右手下垂,持物已毁。衣褶流畅,全身环珮极多。肩上袈裟,自两旁下垂,飘及于地。宝冠亦以珠环作饰,顶有小佛像。……秀媚之中，隐有刚强之表示，由艺术之眼光视之，远在齐像之上矣。"（梁思成，1997：88）这正是在北周武帝灭佛后，在当时国都长安发展出的一种新的造像风格和样式，上承北魏、下启隋唐，意义重大，影响深远。

图6 观音立像 石雕 北周 美国波士顿美术馆藏

观音造像中性化的发展趋势并不是偶然，符合中国传统文化和佛教经典，兼具两性美德，以更好地向众生传达观音作为宗教崇拜偶像的神圣气质。按照中国人的传统文化观念和审美心理，观音造像兼备两性特征能较好地贴近男信众和女信众，最重要的是能更好地显现其"慈悲救世"的职责。观音造像的中性特征也更符合中国人"向善、求美"的审美追求。我们可以发现，在众多佛像中，最吸引眼球、最令人向往的还是那些美丽动人的中性形象的观音造像。

3. 隋唐时期观音造型：丰颊肥体

北周、隋代佛教造像风格虽一脉相承，但不再具有北魏时的秀骨清像、风度翩翩、潇洒飘逸之特征，隋代佛教造像的特征为躯体修长、形体丰满、神态宁静、衣饰简洁，具备现实中人物的气质，这已预示唐代佛教造像的发展趋势，即追求时代风貌和表现人物精神两者的统一。到了唐代，儒、释、道三足鼎立，一些佛门高僧、弟子为了进一步使佛教中国化，撰写观音传，改造观音形象，便有了"观音娘娘"之称呼。

隋代短暂，无论是壁画还是石窟造像，观音形象已显示出其主旋律，即慈悲的精神特质。但其佛像造像处于北周到唐代的过渡阶段，体态由面短而艳变为圆润厚重，衣饰由朴拙简练逐渐变为华美富贵，线条由厚重质感变为细致飘逸，性别由略显女性变为完全的中性，精神特质由神圣性高于世俗性变为神圣性和世俗性独立而又完整的统一。例如，莫高窟第420窟中隋代彩塑观音（如图7所示）体魄健壮、轮廓分明、面部秀丽、眉棱高长、眼睛凝视、鼻梁清晰、嘴露微笑、阔肩细腰，右手施无畏印，左手置于腰部，掌心朝上。这一刚柔相济的造型代表了观音从北周的面短而艳向盛唐的丰满妩媚过渡，是典型的中性观音形象。

图7 观音立像 彩塑 隋代 莫高窟第420窟

"佛教造像要求表现三十二端严，八十种妙好，追求相貌庄严，因而形成了自己独特的美学观念。艺术家把庄严、慈祥两种因素巧妙地融合在一起,……庄严而不可畏,慈祥而不可冒犯。唐代观音造像之所以激动人心,……创造了寓慈祥于庄严的佛教造像典型。"(金维诺,2002:3)例如,现藏于美国明尼阿波利斯艺术中心的隋代观音菩萨立像(如图8所示)体态修长、丰满圆润、宝髻高耸、头戴王冠、莲花饰之、脸容丰满、慈眉善目、温和可亲、衣褶流畅、飘带滑落垂至莲台,右手握净瓶、左手执莲蓬、腰部偏小、腹部前突、双足并立、踏于莲台,在仰俯对接的二莲台下承一刻有文字的方形台,服饰、胸饰等部均镶嵌精巧华贵的珠帘璎珞饰物,侧看呈弯曲姿态。整个雕像以颈、腰、脚为支点,体现了女性腰肢招展的柔美,其雕工精美、神情逼真、刻画细腻,给人一种轻松愉快的美感享受。据考证,这种招展的立姿始于隋初,隋之前,菩萨立像大多平直;隋之后,造型注重身姿曲线,在唐代则进一步刻画腰肢、屈膝的曲线美。总之,隋代观音造像既有北周"面短而艳"的美学风格,又融入女性腰肢招展的特征,起到承上启下的作用。

图8 观音立像 石雕 隋代 美国明尼阿波利斯艺术中心藏

唐代国家昌盛，在政治、经济、文化、外交等方面取得了很高的成就，佛教自汉末传入中国后，在唐代发展到鼎盛，佛教信仰和佛教艺术普及，各阶层对佛教产生了多元化的信仰，在诸多佛菩萨中，以观音信仰最为典型。"不只是信仰《法华经》观世音，还信仰净土教的观世音，……相对于对前代的释迦、弥勒此土佛、菩萨的信仰，对以阿弥陀佛为中心的彼土佛、菩萨的信仰成为新势力而勃兴，以致形成了压倒之势。"（塚本善隆，1969：593）观音信仰开始朝民间发展，观音造像丰满妩媚、美丽端庄、重额宽眉、潇洒飘逸。由于女信众增加等原因，女相观音成为主流，即使是有须的男相观音，其身姿优美和表情妩媚都已十分女性化。以敦煌莫高窟第45窟唐代的观音塑像（如图9所示）为例，对唐代观音造像的总体特征做说明：初唐时观音造像在隋代观音造像的风格上进一步发展，无论是男性观音还是无性观音，都已显示出女性特征，将丰颊肥体的造像美学风格体现得淋漓尽致。其特征大概可以概括为：发髻高耸、头戴皇冠、圆润丰满、容貌秀丽、慈眉善目、胸佩璎珞、细腰窄臀、姿态自由，虽然为男相，体略呈"S"形，充满阴柔之美。唐代朱景玄在《唐朝名画录》之"神品下七人"中谈道："尉迟乙僧者，吐火罗国人。贞观初其国王以丹青奇妙，荐之阙下；又云：其国尚有兄甲僧，未见其画踪也。乙僧今慈恩寺塔前功德，又凹凸花面中间千手眼太悲精妙之状，不可名焉。"（朱景玄，1985：9）例如，四川广元千佛崖盛唐时的持莲观音立像（如图10所示）仪态端庄、容貌圆满、天冠璎珞、敷彩稼艳。

在浙江普陀山法雨寺西清凉岗山岙处的杨枝庵内，有一通石碑，高2.5米，宽1.2米，上刻有观音立像（如图11所示），相传为唐初宫廷画家阎立本所绘，世称"杨枝观音"，其特征为：站立姿势、头戴天冠、椎髻发型、珠簪金钗、珍宝步摇、身着天衣、袒胸露颈、项佩璎珞、腕戴玉镯、佩绶披肩、外罩半臂、风带绕臂、飞扬飘动、下穿长裙、外围蔽膝、彩缕琏玉、足踩莲花，左手轻托净瓶，右手舒拂杨枝，雍容华贵、慈祥端庄。好一派盛唐气象！此画素色白描、不施渲染，以高古游丝描勾线，在佩绶风带和珠翠衣褶上表现出明暗相间、阴阳交错之感。运笔

图9　观音立像　彩塑　唐代　敦煌莫高窟第45窟

图10　持莲观音立像　唐代　四川广元千佛崖

行云流水、一气贯通，虽画一人，但章法严谨、形象生动、仪态端庄，似有灵动之感。面容姣俏端丽、深沉含蓄、高深莫测。若说达·芬奇在西方造了一个最伟大而又神秘的微笑，给人以丰富联想的话，那么阁公

图11 观音立像 石刻高2.5米、宽1.2米 唐 阎立本 浙江普陀山

笔下观音的微笑犹如天外来风，清凉而又沁人心脾，一睹而终生难忘。整个碑刻技艺精湛、刀法流畅、细腻华滋、精妙绝伦，也是我们目前所知最早以单幅绘画形式描绘观音造像的拓本，我们从普陀山"杨枝观音"这幅拓片中所刻画的那种至善至美的观音形象可以推断出，在阎立本之前，已略显女性的观音菩萨已在民间深入人心，从观音造像演变的时间来看，不可能从阎立本开始就画女性观音像，也不可能表现出如此完美的意境。可以推断，端庄秀丽的女性观音造像源远流长，并非在短时间内嬗变而成。

有关古代佛教造像的论述，张彦远《历代名画记》第五卷云："其后北齐曹仲达、梁朝张僧繇、唐朝吴道玄、周昉，各有损益。圣贤盼蠁，有足动人；璎珞天衣，创意各异。至今刻画之家，列其模范，曰曹、曰张、曰吴、曰周，斯万古不易矣。"（张彦远，1963：125）其意是佛教造像到唐代已全面成熟，并形成曹家样、张家样、吴家样、周家样四大佛教造像样式。

水月观音又称水吉祥观音，水和月在佛教正典中是"隐喻"，在观音造像中，水月观音最具中国审美意象。《华严经》云："观察五蕴皆如幻事，界如青蛇，处如空聚。一切诸法，如幻，如焰，如响，如空花，如光影，如浮泡，如水中月，……如梦所见。"（实叉难陀，1990：307）相传水月观音形式为晚唐仕女画家周昉所创，最早载于张彦远所著《历代名画记》中，记录了周昉曾为长安胜光寺塔东南院画水月观音像，但其作品现已无迹可考。《历代名画记》卷十云："……初效张萱画，后则小异，颇极风姿。全法衣冠，不近闾里，衣裳劲简，彩色柔丽，菩萨端严，妙创水月之体。"（张彦远，1963：201）周昉出身贵族，是宫廷仕女画家，他笔下的仕女丰颊肥体、设色明丽、刚柔相济，而佛教造像也具有相同的美学风格，水月观音在造像上也是遵循唐代的美学风格。现存最早的水月观音（如图12所示）见于唐末五代时的敦煌壁画中，她左手随意提起，右手旁放一插柳枝的净水瓶，头后有一圆光，身前是一圆月，满月怀抱中的菩萨，又配以竹叶作衬托，意境幽静深邃。画家将写实、想象与装饰融为一体，整幅画以石绿、墨绿为主，景色寥廓、色彩丰富、线条流畅、形态逼真。这种样式在西夏晚期流行甚广并日臻成熟。

图12　水月观音　绢本设色　唐末五代943年　巴黎基美博物馆藏

4. 宋元明清时期观音造型：人间情调

古印度、魏晋南北朝和隋唐时期观音造像有着神圣而崇高的地位，并由神圣逐渐走向世俗。宋以后，佛教成为中国文化的一部分并融入其中，形成宋明理学，开始盛行，思想的禁锢似乎在观音造像上有更多的反映。随着市民阶层的审美趣味发生变化，而佛教又彻底中国化，观音形象进一步走向世俗化，最终嬗变为人间女子形象。唐以后，男性观音速减，女相观音迅增，其特征为：面容消瘦、双肩削瘦、体态婀娜、稳重高雅、极少裸露。

宋代观音造像在艺术上达到一个新的不可逾越的高峰。最典型的例子是重庆大足区境内唐末宋初时期开凿的宗教摩崖石刻，其观音造像妩媚多姿。北宋年间开凿的大足石刻北山第125号龛的媚态观音立像（如图13所示），高达1米，由于朝代久远，出现轻微风化的痕迹。其形象特征为：正面站立、侧身微转、斜倚姿态、柔丽娇美、轻盈婀娜、楚楚动人、头戴皇冠、慈眉善目、鼻梁高挺、圆润秀美、会心微笑、神情泰然、璎珞华饰、袒露双臂、身披飘带、天衣飞扬，两手交于腹前，左手抚腕、右手拈珠、双足赤裸、足踏莲台。这尊观音造像身后是椭圆形的背光，其背光极像月亮，有水月观音的意境，面带羞涩、含情脉脉、格外动人，宛若一位美丽而又追求浪漫爱情的妙龄女子，被人们誉为"媚态观音"。这尊观音造像既没有北魏观音造像的神圣和风度，也没有盛唐观音造像的健硕和气势，而是极具女性气质并妩媚多姿，这就是宋代观音造像的艺术风格。下面以数珠手观音造像（如图14所示）为例做详细解析，以一窥宋朝观音造像的美学特征。

堪与水月观音媲美的是紫竹观音，据记载，石窟造像中的紫竹观音最早出现于北宋年间。四川安岳石窟北宋的紫竹观音（如图15所示），有"跷脚观音""风流观音""水月观音"之称。宋人雕凿了一位自由舒展并倚坐在莲花台上的少女，头戴皇冠、慈眉低目、俯视众生、袒胸露臂、身披短袖、裙带飘拂、身缠璎珞，下穿套裙、褶纹飘逸、双脚赤裸，左脚踏莲花，右脚翘起踩在坐台上，安逸妩媚至极。雕像色彩艳丽、神情悠闲、神态逼真、姿态随意、风姿绰约、端庄秀美，背靠浮雕紫竹，右手执柳枝净瓶。显然，我们可以感受到，在这尊观音造像中，世俗气质从崇高的神圣性中溢出，体现了宋代佛教造像的审美追求。既有少女的妩媚，又具女神的高贵，神圣性和世俗性两者兼备，将现实主义和浪

图 13　媚态观音　石雕　北宋　大足石刻北山第 125 号龛

伴随着上身微转,头部稍微前倾,这一姿态使观音更加温和。

面庞较唐代清秀,眉柳樱唇重颔的形象完全中国化,南宋流行清瘦为美,观音的面孔显得更加纤美。

密集的璎珞下一般有一层内衣。

即使是女性化了的菩萨,其胸部也依然是童胸。

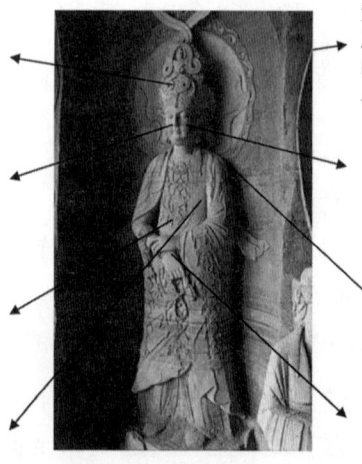

宝冠造型华丽,层层高耸,加上飞舞的飘带,给人以向上飞升的神圣感。

表情宁静、柔和,没有矜持和狂躁,具有媚态观音之神韵。

双肩较唐代清瘦,体态婀娜,身体裸露部分较唐代少。

图 14　数珠手观音　石雕

漫主义的手法表现得淋漓尽致。1984 年英籍著名女作家韩素英参观后对其极为赞赏,称之为"东方维纳斯",闻名海内外,不愧为北山佛教造

从神圣到世俗：观音形象的变性历程探究　263

像中的杰出之作。

图 15　紫竹观音坐像　彩塑 石雕 高 3 米 北宋 四川安岳石窟

又如大足石门山第 6 窟正壁雕刻的西方华严三圣像①（如图 16 所示），三圣像立于后壁，左右两壁共有十尊石刻观音立像，对称排列、雕刻精湛、惟妙惟肖、保存完好。十尊观音立像通高皆为 1.68 米，各持法器、头戴皇冠、慈眉善目、耳垂珠环、发丝披肩、天衣飘扬、楚楚动人。左壁观音穿对襟式天衣，衣褶流畅、飞扬飘动、姿态端庄；右壁观音穿圆领式长袍，简洁朴实、风姿绰约、仪态优美。

南宋观音造像传承了北宋造像尚意的审美风格，更接近现实生活，更富有人间情调。例如，麦积山石窟第 165 窟南宋的泥塑观音（如图 17 所示），头顶方巾、柳叶眉毛、丹凤眼睛、微闭俯视、柔和鼻梁、樱桃小口、鸭蛋脸型、面含微笑、神情安详、脖子修长、两肩柔和、袒露胸

---

①　华严三圣：毗卢遮那佛为中尊，普贤、文殊二菩萨为左右之胁侍。

图 16　西方华严三圣像和十观音相　雕刻　北宋　大足石门山第 6 窟

襟、民间服饰、内穿小衣、外着长衫、亭亭玉立、十指纤细，两手重叠于腹前，右手在上，掌心向上，作禅定印，衣纹简洁流畅，衣褶凹凸有致，体躯比例合度，体态婀娜动人，容貌端庄秀美，神态生动真实，神情慈悲祥和，简直是一位人间美丽的青春女子。即使胸部平坦，也不会让人联想到男性的特征，因为整个造像充满肉感，一举脱去宗教神圣性和崇高性的色彩，世俗趣味极强，既富有现实个性，又具备时代风格，把宋代的简约之风表现得淋漓尽致，不愧为佛教造像标本。

南宋观音造像除了石窟造像外，最著名的是瓷器造像。如景德镇窑青白釉①观音坐像（如图 18 所示），其特征为：发髻高挽、头戴花冠、中有化佛、面相丰腴、宽额广颐、慈眉善目、神情安详、面容素白、直鼻小嘴、脸含微笑、秀丽柔美、胸佩璎珞、塑造精细，披通肩大衣，双手结禅定印，双足赤裸，倚坐在坐台上。整个造像施青白釉，釉质滑润、胎质细洁、釉色青莹、光泽清澈、轻巧挺拔，釉面有"冰裂纹"②，不像

---

① 青白釉，俗称影青釉，是一种釉色介于青、白之间的瓷器，是北宋年间由景德镇当地工匠制作的。
② 冰裂纹又称开片原，是一种古老的汉族陶瓷烧制工艺，因其纹片如冰破裂，裂片层叠，有立体感而得名。冰裂纹制作工艺异常复杂，于南宋灭亡后失传。

图 17　观音立像 泥塑 南宋 麦积山石窟第 165 窟左壁

一般的佛教造像那样绚丽多彩，外表朴素美观，表现了佛学中的"无色无相"哲学，实属景德镇窑上乘之品。

辽金时期是中国历史上一个战乱频繁、民族冲突和交流频仍的时期。这一时期观音造像的最大突破，是在各地区都出现了密教式样的造像。与宋并存的几个少数民族政权，如回鹘、高昌、辽、西夏、金、大理等，更是留下了大量密教观音造像。此时的观音既不是魏晋时期的秀骨清像，也不是隋唐时期的丰颊肥体，亦不是宋时期的清秀纤美，而是具有唐宋影响的遗迹，同时又具有北方民族的脸部和身体特征，写实性较强，具有浓厚的人间烟火气息。这时期石雕衰落，木雕突起，尤其以木雕观音最为出色。如藏于美国大都会博物馆的辽代观自在像（如图 19 所示），其特征为：螺式发型、头顶肉髻、头戴高冠、面颊圆润、眉毛修长、两眼微闭、鼻挺唇薄、宽肩阔胸、项挂璎珞、帔帛绕肘、下身着裙、线条流畅、飘洒自然、躯体壮硕。

元代战争频繁，佛教衰落。由于佛教历史悠久，已深入人心，并付

图 18　观音坐像　青白釉　南宋　景德镇窑

图 19　观自在像　木雕　辽　美国大都会博物馆藏

诸生活实践，中国传统文化是一种务实的文化，佛教东渐后必定走向务实、世俗，那么中国人的信仰也直接与现实生活息息相关。元政府提倡宗教信仰多元化，促使民间观音信仰彻底世俗化和程式化，所以各社会阶层的审美需要相对于前朝发生了变化，观音造像在艺术风格上也发生了改变，表现为由神圣的虔诚膜拜转成世俗的情感娱乐。这样，观音造像艺术出现了新的风格，即神圣膜拜、慈祥亲切和审美愉悦交织在一起，神圣和世俗两者兼备，在形象塑造、题材选择上深受民间元曲艺术的影响，追求戏剧化的效果。这一时期出现了大量的送子观音、水月观音、渡海观音、自在观音、童子拜观音等观音形象。如山西省博物馆藏的元代观音菩萨坐像（如图20所示），塑造上，刻画细腻、形态逼真，追求气氛渲染；形象上，体态婀娜、轻盈羞涩，宛如民间妇女；表现上，注重意趣、追求神似，体现时代风格。

图20　观音坐像　泥塑贴金　元　山西省博物馆藏

　　明清两代，我们发现许多观音形象成为墙上修饰、案头摆设或工艺装饰，观音造像的材料和形式极其多样，很少以大型石窟雕塑和大型寺庙壁画形式出现，而是出现了大量民间制造的适宜民间信仰的小石雕、玉雕、年画、剪纸等。这几个朝代造像中的观音大多衣着简单朴素，如同出家的尼姑，形象多为中年妇女，审美风格主要是沉静、安详、清秀。由于观音造像多样化，朝着程式化方向发展，较之前代变化微小，唯独更加世俗化，而不再宣传宗教信仰的威严和圣洁，进一步淡化了宗教的神圣性和崇高感，赋予了民众更多的审美愉悦和世俗情趣。

明代，观音造像进一步迎合民众的审美需求，承袭了宋元观音造像的审美风格，在题材选择和式样表达上更加多样化，表现出强烈的时代特征；形象上更注重于写实和细节刻画，艺术本质是追求真善美的境界，清纯的青春少女、风华的成熟女性和民众审美感受的愉悦性吻合，这表明观音造像已彻底走向世俗化。如明代德化窑的白釉观音坐像（如图 21 所示），为世俗化的典型之作，其特征：未戴宝冠，发髻后梳，在脑后一分为二，绾结垂于肩部，额头宽大、双目微闭、柔鼻小嘴、凝神禅思、庄严传神、身饰璎珞、披肩大衣、下着宽裙、衣褶流畅、刻画细腻、舒适自然、比例匀称、仪态稳重、制作精美，半跏坐坐姿，右手执如意，左手抚膝，通体施白釉，背后刻有"何朝宗[①]印"。

山西省平遥县双林寺的明代渡海观音坐像（如图 22 所示），属渡海观音造像艺术中的精品。工匠师把渡海观音塑造成一位追求理想和浪漫的民间少妇，头戴高冠、慈眉善目、目视前方、气宇非凡、樱桃小嘴、温润如玉、身披飘带、右手按膝、姿态优雅、纯净高雅，渡海观音在赭石色的莲瓣上舒适地坐着，凝视着众生，下为浅绿色的海水，海上有 16 位罗汉与观音相伴，共同普度众生。静态的观音、动荡的海水和护卫的罗汉融为一体，更显情景交融、主次分明，突出了观音的娇美与庄严。这是一尊集圆雕与浮雕为一体的渡海观音塑像，内容丰富，不啻为一件艺术杰作，令人叹为观止。

清代，观音信仰继续盛行，各种翡翠、玉石、木雕、陶瓷等材质的观音造像频繁出现。清代佛教造像吸纳了不同的材质、技术、风格和元素及工匠。汉、蒙、藏艺术在此交汇、融合，模糊了宫廷内外、

[①] 何朝宗，明代福建德化窑名匠，工于雕瓷，以雕如来、弥陀、观音、达摩像等最为杰出。

图 21 观音坐像 白釉 明 德化窑 北京故宫博物院藏

图 22 渡海观音坐像 彩塑 明代 山西省平遥县双林寺

大漠南北、汉藏两地的区别和差异,走向统一。如清代的翡翠玉雕观音立像(如图 23 所示),站姿优雅、造型端庄、体态柔美、祥和静谧,沿袭古韵,采用立体雕法、雕琢细腻、技艺精湛,视觉效果卓然。

到了近现代,观音信仰和观音造像更加普及,几乎家家都有观音小

图 23　观音立像 高 27 厘米 翡翠 玉雕 清代

雕像。从材质上看，用寿山石雕刻而成的观音十分受欢迎，成为人们最喜爱的装饰物和护身符。如民国时的弘一加持寿山石观音坐像（如图 24 所示）背刻铭文："丁丑佛诞日弘一开光。"观音形态逼真、头戴王冠、面容丰润、慈眉善目、倚坐姿态，右手拿一莲瓣，左手放于膝盖上，雕刻细腻精湛，晶莹剔透、光泽耀眼，视觉效果强烈。由此可知，近现代的观音形象越来越世俗化，除了保平安和求发财外，基本上失去了宗教信仰和哲学上的含义。

小　结

通过上述列举的大量观音造像作品对从印度到中国历代观音造像艺术风格的嬗变做具体的阐述，我们可以清晰地发现，观音女性化的过程其实伴随着佛教中国化的过程，女性观音的产生经历了一个由神圣到世俗，以古印度男性观音为起点，以隋唐中性观音为中介，到宋元明清彻底世俗化、女性化的漫长历史发展过程，其变性是佛教东渐后民族文化

图 24　弘一加持观音坐像　玉雕　寿山石　民国 26.5 厘米 ×15 厘米

大融合、传统中国人的生殖崇拜和观音信仰的内在精神特质等诸多因素综合作用的结果，至此观音彻底成为中国人的佛教崇拜偶像，并深入世人之心。

参考文献

[1]〔日〕塚本善隆：《支那佛教史研究》，清水弘文堂，1996。

[2]（南朝·宋）畺良舍耶：《佛说观无量经》，《大正藏》第 12 册，台湾：佛陀教育基金会出版部，1990。

[3]（唐）白居易：《白居易集笺校》，朱金城笺校，上海古籍出版社，1988。

[4]（唐）实叉难陀：《华严经》，《大正藏》第 10 册，台湾：佛陀教育基金会出版部，1990。

[5]（唐）张彦远：《历代名画记》，俞剑华注释，上海人民美术出版社，1963。

[6]（唐）朱景玄：《唐朝名画录》，温肇桐注，四川美术出版社，1985。

[7]（唐）智顗：《佛说观无量经》，《大正藏》第 37 册，台湾：佛陀教育基金会出版部，1990。

[8]金维诺：《中国古代佛雕：佛造像样式与风格》，文物出版社，2002。

[9]梁思成：《中国雕塑史》，百花文艺出版社，1997。

［10］马书田：《全像观音》，江西美术出版社，2006。
［11］张长青：《中国古典诗词名篇文化鉴赏》，北京大学出版社，2014。

From Holiness to Secularization: A Study on the Process of the Change of Avalokitesvara Image

Lou Yu　Xie Lijun

Abstract: According to the Buddhist classics, the culture of Avalokitesvara and all the statues of Avalokitesvara in past dynasties, this article focuses on the transsexual process of the image of Avalokitesvara based on the history, religion, philosophy, aesthetics, art, art and other disciplines. From ancient India to China, the holiness of Avalokitesvara gradually weakened, while the secular feature continues to strengthen. The transsexual process reflects the process of Avalokitesvara going deep into people's minds, as well as witnesses the integration of Chinese and Western culture. This transsexual process is also a microcosm of Chinese Buddhism, which is the inevitable outcome of the Buddhist statue art in China.

Keywords: Holiness; Secularization; Avalokitesvara Image; Statue Art; Transsexual Process

About the Author: Lou Yu (1964 –), Professor at School of Fine Arts, Central China Normal University. Research interests and specialties: the comparison of Chinese and Western Art. Magnum opuses: *The Architecture History of Chinese*, *Art Appreciation and Criticism*, *Horizon: Hubei Contemporary Art Research*, *On the Layer's Creation and Aesthetic Pursuit of Literati painting 'Masterpiece' artistic conception*, and *Concept and Literature: The Wings of Contemporary Art*, etc. E – mail : 602263722@ qq. com.

Xie Lijun (1981 –), MA Graduate at School of Fine Arts, Central China Normal University.

天目、禅茶与侘寂[*]

——中国陶瓷对日本的跨文化影响

周　璇[**]

【摘　要】 天目作为中国茶文化历史上粉茶流行时期的重要茶盏釉色，随禅茶的发展和佛教天台宗对日本佛教的影响，随佛教文化由日本僧人一起携带进入日本，深刻影响了日本的茶道文化和审美，成为历代统治者和茶人心目中最珍贵的茶器之一，是日本茶道中侘寂美学的物化表达，在日本的朝代更替中传承着禅茶的精神。

【关键词】 天目　天目山　禅茶一味　侘寂

陶瓷中的"天目"虽然源自中国，但其称谓来自日本是毋庸置疑的。天目一词最早可以追溯至有明确记录的14世纪前半期（日本的镰仓时期），当时它作为饮茶器具——天目盏出现在《禅林小歌》《君台观左右帐记》《山上宗二记》等日本文献（叶文程、林忠干，2000：74、86、88）中。普遍认为，天目盏由在天目山修行的日本僧侣将黑釉茶盏带回日本并命名，目前，经史料考证其命名与元代天目山高僧中峰明本有直

---

[*] 本文为吉林省教育厅社科项目"吉林省缸窑陶艺新釉料研究"（1505220）成果。
[**] 周璇（1974~），东北师范大学美术学院雕塑系讲师。主要研究方向为陶瓷雕塑、现代陶艺、陶瓷釉料，著有《管中窥豹——从国立大学陶艺工作室看澳大利亚的现代陶艺教育》《浅谈中国当代陶艺教学中釉料配制和运用的缺失与偏差》，电子邮箱：122654638@qq.com。

接关系。在有史可考的14世纪前半期（日本的镰仓时期）入元求法的日本僧人有222人，明确记载到天目山参禅问法的有27人，这与日本历史文献中天目一词的出现时间也是相印证的。但对于天目命名的确切由来，则说法不一。之前的认知倾向于日本僧人由于在天目山禅修，因而将禅茶用的黑盏直呼"天目"。然而近年来的考古发现，天目山附近发掘出的一座宋元时期的窑址中有大量黑釉瓷器，并且此窑址距离天目寺遗址极近，因而天目的名称由来，是由于天目盏是天目山窑址烧造的茶盏还是天目山禅寺使用的建盏，尚不得而知。另外天目盏在日本出现之时，尚有其他黑釉类瓷器同时传入日本，天目这一名称尚未与其他黑釉类茶盏和瓷器（包括建盏）相混。当时的建盏就是极昂贵的黑釉瓷，而天目只是普通瓷器。直到16世纪末期，日本茶道侘茶的流行以及审美的变化才缩小了二者的价格距离，也使二者的概念模糊起来。天目与建盏分开称呼的情况虽然还有，却已慢慢混淆，比如建盏中的油滴、曜变、兔毫等已被称为油滴天目、曜变天目、兔毫天目，并且已经慢慢倾向于将黑釉瓷通称为天目。19世纪以后，日本茶道界将形制色彩类似的茶碗均称为天目。而日本陶瓷界在文献中将天目视为对中国黑釉类瓷器的统称，始于小山富士夫在《陶瓷大系》中以天目来通称黑瓷。而在中国，天目主要指的是以建窑系和仿建窑的各种以铁为发色剂，主色调以黑色、深蓝色、褐色等深色系为主，底色中富含多种色彩并随不同光线闪耀不同光泽、变化多端的釉色，最具代表性的如曜变天目、兔毫天目、油滴天目等，另外还包括将树叶图案烧入釉中的木叶天目。

天目在宋元时期的盛行与当时流行的粉茶有关。茶从最初需要煮饮的团茶发展到宋代变为搅拌饮用的粉茶（日本称为抹茶，如图1所示），后期则转为沏泡或煎煮的叶茶，茶具的形制、釉色、触感等也因应茶的需要而改变。宋代流行的粉茶是先将茶叶在小石磨中研磨成细粉，然后冲入沸水中以竹制的特制工具竹筅加以搅拌而成。宋代，上至文人权贵，下至普通百姓，皆喜好斗茶，并且茶色以白为贵，宋徽宗专门撰写了《大观茶论》以记述制茶、点茶、品茶的细节。苏东坡有大量描述此盛况的诗文传世,其中的一首《水调歌头》描绘了从采茶、制茶、点茶直至品茶的场景和感受:"已过几番雨,前夜一声雷。枪旗争展,建溪春色占先魁。採取枝头雀舌,带露和烟捣碎,炼作紫金堆。碾破香无限,飞起绿尘埃。汲新泉,烹活火,试将来,放下兔毫瓯子,滋味舌头回。唤醒青州从事,战退睡魔百万,梦不到阳台。两腋清风起,我欲上蓬莱。"(邹同庆、王宗堂,2002:962)这首词记述了粉茶的制作过程和点茶的经过以及饮茶的趣味,并且写明所用点茶器具为天目盏里的兔毫盏。就当时的审美趣味来看,以接近黑色的深蓝、深褐的稍显厚重的茶盏盛放白色茶汤,最为相得益彰。此外,黑瓷的烧造成本远低于白瓷,普通百姓僧侣都可以使用,因而两宋时期成为我国历史上黑釉瓷器烧造的极盛时期。在已发现的宋瓷窑址中,超过 1/3 的瓷窑烧造黑瓷。因而宋元时期,饮茶斗茶之风盛行,上至皇亲贵胄,下至贩夫走卒,甚至寺院僧侣也深受影响。宋代皇帝信奉道教,因而这一时期道教兴盛,佛教的南宗禅在此间的发展过程中也吸收了很多道教的思想,使禅修不仅成为日常修行的重要组成部分,而且使其慢慢在当时的文人士大夫中流行起来。禅宗将禅与茶相结合,制定出了一整套详尽的禅院茶礼和清规,定期举行禅茶仪式,并将法事、日常生活与禅茶相结合,作为修行的重要组成部分。而在茶礼中点茶所用的茶具,便是以这些天目茶盏为主。日本茶道界奉为神器的"天目盏",也就随宋元时期日本的求法僧人,与禅茶的思想和修行的方式一同流转至日本。

禅的思想与日本的文化和审美有着极其重要的关系。柳田圣山在《禅与日本文化》一书中,提及日本禅是由僧人道元于 13 世纪传到日本的曹洞宗的禅学理论发展起来的,并指出:"自古以来,日本总是急急忙忙学习中国文明,具有把中国看作是纯粹的,极度理想化的倾向。比实际的中国,更加中国化,这就形成了日本的禅。"(柳田圣山,1991:72)言下之意,日本的禅是在学习和传扬中国禅的思想的过程之中产生的。柳田圣山认为,日本的建筑、庭园、工艺、能乐、茶道、俳句等都是由于禅的触发而发展起来的,而禅对日本人宗教意识的渗透形成了日本人的内心深处的孤独的自己,进而开出了日本的文化之花,亦即禅与日本国民个性的结合促进了日本文化的发展和繁荣。但他也指出,日本的禅宗"为了尽量中国化,一方面经过了与中国禅不同的纯化过程,结果发挥了日本人的创造性,另一方面不管如何想中国化,最终还是得不到中国化,日本人负有的那一部分,反而产生出中国所没有的东西。素称'幽'、'寂'这种'无'的文化,毫无疑问,恰恰是日本禅的特色"(柳田圣山,1991:72)。因而也可以说,"寂"正是禅日本化过程中产生的独特的日本美学概念和审美特质。前文提及的道元在回日本之时还带去了烧造陶瓷的工人,而禅茶和建筑技术则由另一位禅僧荣西传入日本。荣西归日后不仅广为传扬禅宗学说,被奉为日本临济禅宗的始祖,而且将从中国带回的茶种播种在日本九州。他所写的《吃茶养生记》,提出饮茶的功能主要为供茶敬佛、接待客人、提神醒神、禅修养生,并强调饮茶可以醒神、可以驱散困乏,有益于集中精神坐禅,并进一步推出"禅茶一味"之说,因而也被誉为日本的茶祖。在其之后寺院茶得以广泛出现,从而使禅和茶紧密联系起来,他认为禅即茶、茶即禅,二者是密不可分的,从他开始,日本的禅与禅茶成为精神与物质载体的合二为一的关系,他也将禅茶提升到了包含信仰和思考的超越物化的精神高度,不仅禅茶的礼仪得以传承和发扬,对茶器的审美和偏好也被继承下来。(冈仓天心、九鬼周造,2011:23)

及至室町时代,由于禅茶的广泛传播而在寺院之外出现了盛行于贵族和武士间的书院茶。这一时期的茶人禅僧村田珠光,师从一休和尚,在"禅茶一味"的基础上创造了"侘茶",改变了贵族茶和书院茶的高贵和矜持,建草庐为茶室,初步确立了茶庭的轮廓来举行"茶汤"仪式,创立了草庵茶,他也因此成为日本茶道真正意义上的创始者。其弟子武野绍鸥将草庵茶进一步深化,并从精神层面总结出具有禅味的"侘"的理念,使茶道具有了精神层面的独立理念,提炼出一种"侘"的美学。武野绍鸥还把它进一步发展为一种对日本茶道的基本认知,即简单的形式是对人类内在本质复杂性的投射。这也是日本文化在试图摆脱中国文化影响的过程中所发现的新的美学思想。

武野的弟子千利休在修禅的过程中不仅学到了"侘"的精神,而且进一步简化、改良了茶道具，增加了通往茶室的露地及其构造物，最终完成了茶庭的主要模式，使茶室的精神达到了"无"的境地，把茶道的侘茶美学推向一种极致：深刻的简单与寂静。简单到极致，但能通过简单装饰和布置来创造各种意象或意境，并提出茶道四规——和、敬、清、寂，确立了日本茶道的风格和审美倾向。千利休也因为将侘茶和草庵茶最终完善而被尊为日本茶圣。在日本茶道的这一历史发展脉络中，也可以明显看出侘茶的核心是"寂"。至此，以"寂"为核心的禅茶最终于15世纪中期到16世纪发展成一种独立的、世俗化的、礼仪化的日本茶道。其后，茶道成为日本文化的重要组成部分，也成为日本与其他国家迥异的文化符号。

在此，有必要对侘寂和寂的概念和来源加以说明。在大西克礼所著的《日本风雅》一书的中译本代译序中，王向远对"寂"这一概念进行了阐述和归纳，提出茶道中"寂"常常写作"侘"，而"侘"和"侘"在日语中的发音都是わびさび——Wabi-Sabi，因而在翻译时多译为侘寂（大西克礼，2012：3、4）。此即中文将"寂"或"侘寂"译为"侘寂"的由来，这也意味着就日语本身来说，三者的含义本来是一个概念，只是翻译的时候发生了变化或者误解。王向远根据大西克礼对寂的论述，总结出"寂"的含义，包括声、色、心三个方面，即寂声、寂色、寂心。其中"寂色"正是日本茶道所追求的总体色调，松尾芭蕉也在其俳论中用过"寂色"一词，认为"寂"实际上是一种视觉上的色调和感受，即具有审美价值的"陈旧之色"，对应的典型色彩为古色、水墨色、烟熏色、复古色、发黑的暗黄色；同时，也强调"寂"之美与苏东坡提倡的"外枯而中膏、似澹而实美"相符合。也就是说，侘寂之美要在枯淡中见玄奇，在古旧中含意趣，这也正是天目釉色的特质。如曜变天目，底色是泛烟灰色的深蓝，非常沉静、复古，而其上所出现的曜斑，却如同群星闪烁，并且曜变天目实物是会随光线变化和光照角度的变化而变换的。如同在小小的一方茶盏中看到暗夜的天空和宇宙，非常契合侘茶关于寂和禅的审美意味的追求，也是茶道中承载禅茶一味以及侘寂美学思想的物质载体，这也正是天目在日本茶道中被视为无上珍品的缘故。从"寂色"对色彩和质感的美的描述来看，其概念与禅茶初始传入日本的宋元时期，中国禅茶对茶盏的审美几乎是一致的，并且这种审美倾向也进一步影响了日本的美学观。而实际上在中国本土，粉茶时期之后，随着饮茶方式的变化，对茶器的形制、色彩的偏好已经大异其趣，明清时期的中国陶瓷已经进入彩瓷和彩绘瓷繁盛的时代。而日本对禅茶思想和寂色的追求不仅未曾减弱，甚至更加追求极致，这也进一步验证了柳田圣山所论述的日本对中国文化的坚持比中国还要中国的观点。而且，明清时期中国有相当长的时间实行闭关锁国的政策，因而日本人很难如唐宋时期一样频繁往来于中日之间，双方的文化交流也远不及之前兴盛，这也导致了日本对中国文化的学习的迟滞，相应的，中国的彩瓷和彩绘瓷对日本茶道、美学以及陶瓷艺术的影响也远不及宋元时期。而且，日本直到17世纪中期以后才知道中国从明朝起已经不再流行粉茶，而是改为煎茶，饮茶所使用的瓷器也已不再以白瓷为主了。

日本美学三大概念是侘寂、物哀与幽玄，其中侘寂受中国禅宗文化影响至深。侘寂所指向的审美对象初视感觉消极、古旧、磨损、简素、黯淡，充满经过岁月洗练的古雅、俭朴、收敛与贫乏的意象；细察却是精练、枯高、极致的表现，更重要的是达到从人的主观心境和精神世界中生发出"闲寂""空寂""淡泊""清净"等"寂心"的精神状态，亦即从物到心的独立和自在的审美自由的状态。这些意念和状态都是通过禅茶来体味的，禅修则是茶道修行者获得丰富精神生命的途径，而追随禅茶仪式而来的茶道也使日常生活充满诗学倾向，并催生出对自然的、日常的生活细节的美的鉴赏能力，从而发展提炼成为日本化的美的基础。侘是在简单淳朴的日常生活中享受闲乐，在贫乏的物质生活中悠然望天；寂则是在清寂的生命里触摸禅意。侘寂即日本传统艺术中借由艺术的手段营造出安闲雅致的情境，去掉所有不必要的外在的物质负担，发现和把握事物的内涵，消减过度物质的本体，但不减生活的美和诗意。从这点上来说，侘寂之美也隐含着海德格尔"诗意的栖居"的精神理想。而这种对美和诗意的追求，使"茶道大师们秉承这样的信念，只有将艺术融合贯穿于生活，真正的艺术鉴赏才有可能"。因为在宗教的世界中，

"未来在我们的身后,而在艺术世界中,现世就是永恒",茶道大师们修的是"美至上主义的禅"(冈仓天心、九鬼周造,2011:78),也是现实事物的禅,不仅强调精神上的理念的升华,更强调美本身对于现实事物的附着和显现,这一点和中国本土禅宗的禅是有所不同的。从对于现世的关注来看,毋宁说同时具有道家在充满烦忧的世界中找到美的心境,这与禅茶传入日本时,正值佛道相互借鉴与融合的历史阶段相关。Leonard Koren 在 Wabi-Sabi 一书中将侘寂的本质概括为:削减到本质,但不要剥离它的韵,保持干净纯洁但不要剥夺生命力。这也就意味着不仅要显露出事物本身素朴纯净之美,更要与时间赋予其中的诗意进行融合,而侘寂最终追求的是超越外在和时间的美,因而古旧与豪华、沧桑与鲜活要在同一件事物中完美统一。(Koren,1994:46)

此外,以侘寂为核心的日本"茶道的理念还建筑在生活中的小事蕴含伟大的禅理这一理论之上"。(冈仓天心、九鬼周造,2011:37)这也就很能理解为何从禅茶发展而来的茶道尊崇的是尘世琐事中的极致之美,因而历代茶人对于与茶道相关的各种道具以及载体——茶舍、茶器、花道等等,以极致的雕琢和思虑来表现有心的无心。天目之所以至今在茶道中仍被日本茶人尊为神器,在于两点。其一,天目与禅茶一体的审美结构,是与禅茶概念本身在日本文化系统中建立伊始就已天然存在的,也就是说,天目在一定意义上是禅茶本身不可分割的重要组成部分,其后对茶盏的审美或多或少都会受其影响。其二,天目本身具备作为审美对象的特质。天目的釉色虽然均以铁发色,但是每一个茶盏都是独一无二的,其色彩和肌理的独特变化非人刻意为之,亦即包含无常之美。而且,天目的色彩和光泽随光线而千变万化,这对于陶瓷技术和文化远远落后于中国的日本来说,如同玄幻一般的存在。因而在他们的审美世界之中,天目作为日常用物,却具有隐含天地宇宙之美的魅力,亦即天目本身具备撼动人心之美。其三,粉茶在日本茶道中被尊为"茶中之茶",直至今日依然有着超卓的地位,作为色彩、质感、器型最适合衬托粉茶的茶盏,天目在茶道中备受尊崇也就顺理成章了。在日本的传统茶道仪式中,在饮茶完成后还要观赏茶具,日本的茶圣千利休即使在被赐死之前，也要在禅茶仪式中完成宾客对茶具的欣赏和赞叹这一步骤，然后再慨然就死。充分体现了日本茶道中，对茶具小物之美的诗意化的崇敬和审美。而对于从生活中的小事或者小物中体味禅理，冈仓天心认为，"生活即是行为，我们无意识的行为正是我们最隐秘的思想的持续展露"，"人类并无伟大的东西可以隐藏，因此总在微小处表现自己"，并提出"日常琐事暗含的种族精神与其哲学和诗歌的至高精神一致"，也就是日常琐事和小物中蕴含着对大道和禅理的参悟（冈仓天心、九鬼周造，2011：37）。

自天目与禅茶在宋元时期作为一种极具影响力的文化标志进入日本伊始，佛道影响下的禅宗思想渗透日本文化和审美的各个领域，禅宗寻求摒弃外在的诸种实相，直达实物内在本质的超验的顿悟，影响了日本历史、文化、宗教、艺术、审美等各领域的价值观。结合日本本身的国民性格和特质，以及力图更纯粹地学习中国文化，同时又在试图保持自己国民性格特征的矛盾与调和之中形成了侘寂的审美概念，天目与禅茶也成为地域文化、茶文化、中日文化交流和影响的承载与象征。

参考文献

[1]〔日〕柳田圣山：《禅与日本文化》，何平、伊凡译，南京：译林出版社，1991。
[2] Koren, Leonard: *Wabi-Sabi*, Berkeley: Stone Bridge Press, 1994。
[3]〔日〕冈仓天心、九鬼周造：《茶之书："粹"的构造》，江川澜、杨光译，上海人民出版社，2011。
[4]〔日〕大西克礼：《日本风雅》，王向远译，吉林出版集团有限责任公司，2012。
[5] 叶文程、林忠干：《建窑瓷鉴定与鉴赏》，江西美术出版社，2000。
[6] 邹同庆、王宗堂：《苏轼词编年校注》，中华书局，2002。

Tenmoku, Zen Tea and Wabi-Sabi: The Cross-Cultural Influence of Chinese Ceramics on Japan

Zhou Xuan

Abstract: Tenmoku was the most popular glazing color of tea bowls in

Chinese powder tea period. With the development of Zen Tea and the influence of Tiantai Sect of Buddhism towards Japanese Buddhism, Japanese monks introduced tea bowls with Tenmoku and Zen – tea ceremony to Japan, which deeply influenced Japanese tea ceremonial culture and aesthetics. Tea bowls with Tenmoku became one of the most precious tea sets in the mind of both past governors and tea lovers, which is not only expressing wabi – sabi in Japanese tea ceremony, but also inheriting Zen – tea spirit in the change of Japanese dynasties.

Keywords: Tenmoku; Tianmu Mountain; Zen Tea Blindly; Wabi – Sabi

About the Author: Zhou Xuan (1974 –), Lecturer at Sculpture Department, Fine Arts Academy of Northeast Normal University. Research interests and specialties: ceramic sculpture, modern ceramics, and ceramic glaze. Magnum opuses: *Observing Australian Ceramic Education based on ANU Ceramic Studio*, *The Lack and Deviation on the Courses of Glaze and Glazing in Contemporary Chinese Ceramic Education*. E – mail: 122654638@ qq. com.

论西方合唱文化之本源精神[*]

俞晓康[**]

【摘　要】 从当下中西合唱交流的现象出发追问西方合唱文化的本源精神，是一条澄明西方合唱之本源的路径，据于文献研究的西方合唱文化渊源考察，可知其本源精神实则为不妥协的抗力之平衡与融合。以此视角审视合唱活动中诸抗力形式的表现，就应该大力提倡蕴含关怀精神之抗力平衡的合唱创作论，应该将实现合唱者精神抗力的平衡与释放所唤起的主体间性关系作为合唱创作之基础。

【关键词】 西方合唱　文化渊源　本源精神　抗力　平衡　融合

引　言

笔者分别于 2015 年 2 月与 6 月两次赴美，第一次是在盐湖城参加全美合唱指挥协会（American Choral Directors Association，ACDA）年会，与会期间观摩了来自美国乃至世界各地的众多优秀合唱团的表演，并与当地教会、大学合唱团有短暂的交流；第二次是 6~9 月在普林斯顿西敏

---

[*] 本文为 2014 宁波市级课题 "高校 MOOC 艺术基础与应用类课程建设研究" 成果。
[**] 俞晓康（1979~），浙江纺织服装学院音乐系讲师，湖北大学文艺美学 2016 级博士研究生，研究方向为音乐美学，编著教材《服装表演编导》，科研课题 "表演艺术人才培养模式创新" 获 2015 宁波市教学成果二等奖，电子邮箱：462697054@qq.com。

合唱学院（Westminster Choir College）进修合唱指挥课程，深入体验了美国合唱活动、教育与教学，接受了以西敏学院 Jordan 博士和 Muller 博士为代表的，包括 Graden、Bruffy、Chamberlain、George、Horstmann、Carrington 在内的众多西方优秀合唱指挥的指导。笔者将自身体验与西方合唱文献研究结合，试图对以美国为代表的西方合唱从本源上做一诠释，冀此尝试向内聚焦于西方合唱的渊源并深入其精神内核，把握西方合唱纷繁现象下的内驱力，并最终指向当代中国合唱的创作论。

近几年国内对西方或美国合唱，无论在形式上，如技术、技法、技巧等方面的借鉴，还是在体系上，如科学性、严谨性、规范性、系统化等方面的介绍，抑或是在外部学科嫁接上，如解剖学、物理声学与心理学等方面的探讨，均已有许多成功的论述，这些论述已经很大比例地转化为国内合唱舞台上和排练中的实际。鉴于对上述现象的清晰认识，所以本文并不以描述或介绍上述诸项为主要意图，而是尝试从西方合唱渊源中探讨西方合唱的本源精神，其研究旨趣在于揭示行为掩蔽下的内驱力，借此反思中国合唱的实践与精神，旨在为中国当下的合唱活动提供理论支持与理性思考。

一　从现象到目的之间

即使对 20 世纪世界经济文化做出最粗浅的回顾，也不难得出结论，即 20 世纪至今，西方文化在世界上一直处于强势和输出的态势。进入 21 世纪，尽管在全球化与新兴经济文化势力崛起的背景下，平等、对话与交流慢慢出现，尽管还有以斯宾格勒为代表的早在 20 世纪初就论及的"西方的没落"（斯宾格勒，2006：32）一类的论调，但迄今为止，西方文化的国际强势地位并未被根本动摇。当下在经济和文化领域的研究也将最终无法回避或绕开西方的研究体系、视角、方法和结论。如果上述能够得到普遍认同，结合中国音乐学的研究实际，我们必须承认西方音乐实践和研究的强势现象在中国音乐学研究中同样普遍。而对于合唱这种源自西方的带有西方宗教、历史、社会和文化背景的音乐形式，则仰视感尤甚。

美国自 20 世纪后半叶全面确立了全球经济和文化上的领先地位，世界范围内各领域的研究成果不经由美国而赢得广泛认可的概率变得很低。奥斯卡与格莱美作为美国国内奖项，却享有世界声誉；祖宾·梅塔的印度裔绝无法成就其世界地位。艺术学科上的实践和理论，如同人文或科学的其他学科一样，只有登上美国的舞台或借助于美国的学术界才能走向世界（高建平，2014：5），考察一下20世纪源自欧洲的分析哲学、格式塔学派、符号学以及法兰克福学派的繁荣历程，再回顾一下百老汇音乐剧、爵士乐、大都会歌剧院、卡耐基音乐厅和纽约爱乐乐团，就能确定这种说法的可靠性。即使模糊欧洲合唱与美国合唱的风格取舍或优劣判断，中国的合唱实践和研究领域也至少面临下列事实：世界范围内西方合唱的强势地位，西方合唱中美国合唱无法忽视的重要地位。

随着近几年中国开放程度的提升，合唱活动中的中美"交流"逐渐频繁而丰富。近几届美国合唱指挥协会大会上中国代表团日益壮大的身影，中国优秀合唱团的国际亮相，国内众多合唱指挥赴美访学、交流、进修，美国合唱团赴中国巡回演出，美国合唱指挥协会赴中国讲学与学术交流，这些活动在国内合唱界已经屡见不鲜。但只要仔细审视一下这些活动的内容和过程，就能清晰地看到一种趋势：这种"交流"实则并非交互的流动，而大多是自上而下的单向流动。美国合唱界对中国的合唱经验除了在文本和题材（如改编合唱《茉莉花》等）上有极少的涉猎外，几乎没有探索欲，反观中国合唱界，其对美国的合唱经验则是充满了求知渴望。

这种普遍的现象是合理的。基于对美国合唱的先进性地位的承认，认识到自身的差距并有缩小这种差距的意图，中国合唱界为之付出了大量艰辛的努力。这类现象背后的心态是焦虑甚至是沮丧的，源于现状和愿景之间的落差。它一方面使我们进步，另一面也警示我们不要走向它危险的反面。在这种心态下，获得一些西方的合唱曲目、习得一些外国的排练技法、接近某种西方的演唱风格都是值得称道的，我们确实在很多层面做出了大量轮廓性的模仿和借鉴。但在急于临摹的同时，有很多问题还没来得及思考：我们如何确定我们把握了合唱的本质和规律？我们在这种路径下是否要立志使中国合唱有朝一日成为美国合唱的翻版？

我们是否应立志于比美国合唱更宗教、更爵士或更先锋？或者我们应该让中国合唱用西方审美标准来演绎中国作品，无论是汉民族或少数民族的？总之，我们到底要把握住西方合唱的哪些方面，或将之进行到何种程度后才能与美国或西方合唱界共同宣布：我们结束了单向流动而真正进入交流了呢？这是关乎目的和方法的思考。

二　从合唱渊源到本源精神

要满意地回答这些问题，首先还是要回到合唱本身。当今中国合唱界对合唱所抱有的固有观念，可以从下面合唱概念的定义中得到证明。合唱（Chorus）是一种音乐表现手法、声乐演唱形式，由两组以上歌唱者各按本组声部演唱同一乐曲，分同声（男声、女生或童声）、混声（男女生混合）两类；又根据声部多寡再分为二部合唱、四部合唱等。常见为女高音、女低音、男高音、男低音的混声四部合唱；纯粹由人声演唱的，称为无伴奏合唱。（朱立元，2014：684）无伴奏合唱是一种不用乐器伴奏充分发挥人声特性的合唱，拉丁语称"A Cappella"，意为"按教堂风格"，本意指教堂中参拜圣者的地方，后转指圣咏团所在地或圣咏团本身。（朱立元，2014：684）

这里要指出，用上述与当下中国合唱观念高度一致的定义来规定合唱，并进一步判断某种集体歌唱形式是否属于合唱，或直白明示合唱的宗教属性，是不合理的。这种不合理首先在于它用合唱某段时期的具体形式与特征来规定一般的合唱本身，割裂了合唱发展的历史流动性，其在词源学[①]上无迹可循，也缺乏历史观与全局观；更大的破坏性在于，

---

① 英文"chorus"来自拉丁文，原意指合唱舞蹈的结合形式。拉丁文词源为希腊文"khoros"，原指古希腊悲喜剧中的合唱队或合唱。英文"chorus"作为名词的解释为：①独唱歌曲中组（group）唱加入的部分；②人群同时发声；③人群集合齐声歌唱；④一队演员在古典希腊戏剧中集体说话或歌唱的评论或注释性行为；⑤一起表演的舞者或歌者团队。"chorus"作为动词，有两个意思：①齐声发声；②在合唱中歌唱。英文中另一词"choir"，更偏重歌唱地点为宗教场所与歌唱的宗教属性。从词源上考察，西文中的"khoros、chorus、choir"并无多声部的规定，且包括集体性舞蹈表演，也包括齐声朗诵。此内容不属本文研究范围，故不在文中赘述。

它完全遮蔽了西方合唱自身，在这样狭隘的概念下，去考察西方合唱的本源精神几乎是无法完成的。通过这种手术刀式的切割，得出的是局限于近现代视野内的、对合唱活动本身的断章取义的定义。在单声部齐唱是否属于"合唱"还尚存争论时，它就试图将古希腊合唱及中世纪早期的宗教合唱舍弃，这近乎否认了在古代很长一段时期存在着的合唱的早期形式，严重背离了"chorus"一词的本意。立足于此结论之上的观点就更加偏颇，合唱的起源仅仅上溯到9世纪出现的奥尔加农，之前的合唱被草草贴上一个"单声部"的标签，被丢弃进布满尘埃的黑暗角落。又因为中世纪奥尔加农的二声部演唱是西方的宗教音乐实践，因此合唱这种艺术形式来源于西方宗教就可证实——中世纪西方合唱是为基督教服务的，早期西方合唱音乐就是基督教音乐，所以最终得出了今天西方的合唱究其根源是来自基督教合唱这个粗糙的结论。此外，基于上述结论，中国古代的合唱被一笔勾销了，中国的《诗经》以及古已有之的歌舞形式不可能是合唱，中国的合唱只有百年历史，第一首合唱曲仅上溯到李叔同创作的《春游》（1913年）等。（任秀蕾，2010：12）对于上文中的描述，今天中国的合唱界几乎已成共识。

　　本文将截取西方合唱历史中的两个特殊时间段——古希腊与中世纪，用两段时期内的合唱现象来考察合唱渊源。对这两段时间的选择不是任意的，之所以特殊，是因为在前者中发现的合唱现象举托出西方合唱艺术水准在起源时期的高峰，这个时期笔者称之为西方合唱的婴孩时期；后者中孕育了今天西方合唱的雏形，是合唱发展的关键转型期，转型完成之后新的合唱形式沿用至今，依然不断迸发出鲜活的生命力。对这两段时期的现象考察所得之结论，本文均将其视为西方合唱的本源精神。这样就能够避免仅仅在考察中世纪这一转型期的合唱现象时所携带的偏颇，同时旨在表明一种姿态，即古希腊的合唱也必须是西方合唱整体中一个不可割离的部分。

　　（一）古希腊合唱

　　有关合唱的记载其实远早于基督教的创始时间，合唱早在公元前6

世纪就已发展成型并出现在古希腊的悲剧中（沈旋等，1999：5），而且古希腊城邦中的合唱不仅是舞台艺术中不可分割的部分，而且在日常生活中也很普遍。在古希腊民间祭祀活动中，"男孩子组成歌舞队聚集在一块儿……为这些歌舞队编写的歌曲就称为'合唱颂歌'①，其意思是：以歌伴舞——抒情诗多有此类歌舞"（利奇德，2000：179），可见，合唱在古希腊时期与古代中国一样，是载歌载舞的。在《诗学》中，亚里士多德就认为"应当把歌队看作是演员中的一份子"（亚里士多德，2010：132），"唱段和言语亦是悲剧的部分"（亚里士多德，2010：63）。亚氏在论及悲剧中的合唱时又好像是在故意开玩笑，他解释了"言语是格律文的合成"，但说到合唱他说，"至于唱段的潜力，我想不说大家也知道"。笔者认为，虽然亚氏的表述很模糊，但这段文字至少暗示了两层含义：第一，合唱是希腊城邦艺术生活中的常见形式，无须多说；第二，合唱的作用（潜力）对古希腊民众来说是一个常识性的共识。但这也留下了一个问题：合唱在古希腊悲剧中的作用到底是什么？这个问题的答案，在2000年后席勒的《论悲剧中合唱队的运用》（1803）一文中可以找到。席勒说："诗（悲剧）的两种要素，理性的东西和感性的东西，不内在地结合起来发生作用，那么它们就必定并列地发生作用，……当天平不完全处于中点上的时候，这时平衡只能通过两个秤盘的摇摆来建立，而现在合唱队在悲剧中就在实现这种平衡。"（席勒，1996：350）他进一步解释说，合唱队的作用在于把"反思同情节分开"，这时，"悲剧诗就纯洁了"，由于这种分离，反思本身成为"诗"，具有了"诗的力量"。他还有一个生动的比拟，即合唱队的作用"就好像一种富有美和魅力的衣褶改变了服装的平庸简陋一样"。事实上，席勒此文的目的意在反对当时已成惯常的、因合唱破坏了戏剧节奏而把合唱从悲剧中排除出去的做法，他主张应该像古希腊时期的悲剧那样，充分让合唱队发挥其价值。

在古希腊悲剧表演中，观众人数往往在万人以上，为了清晰传达的

---

① 合唱颂歌（hyporchemata [复]）：古希腊歌颂日神阿波罗和酒神狄俄尼索斯的合唱歌曲。

需要，合唱队不是个体，而是个一般的概念，这个概念通过一个群体来体现。这个群体除了一起歌唱以外，还要用高声朗诵、夸张服饰与妆容甚至面具、大幅度的肢体语言与舞蹈作为舞台呈现的手段。它一方面具有强大的群体性的感性力量，另一方面又具有提炼、评判剧中人物与行动的理性力量。作为舞台表演的一个插入性组成部分，合唱队代表作者或作者对象化的神性的理性判断发出集体的声音，它游离于情节之外，又存在于整体之中，体现为一种类似歌咏旁白的形式。它以一种参与者与他者的双重身份在场，形式上从内部评价悲剧人物的行为，精神上站在悲剧外部，形而上地教化民众将其沉溺于情节的、感性的情绪与情感升华到更为高等级的理性判断。从形式上讲，它是中断情节进程的存在，但在亚氏与席勒看来，正是这种中断"汲取了生活的伟大成果和说明了智慧的理论"，让悲剧摆脱了狭隘的情节范围，"让我们超脱于题材之上"。

单声部合唱艺术，早在古希腊时期，就不是一种悲剧时代的顺应化产物，有别于后来歌剧中合唱，它并非旨在推动剧情的发展。它坚定地站在悲剧剧情的对立面，与情节构成不相融合的"并列的"关系，它因情节而起，却不服从依附于后者；它是悲剧的部分，却游离于剧情之外。它与情节之间形成了一种张力与抗力，并最终使悲剧——如席勒所言——在理性与感性的"秤盘"间实现"平衡"。

综上，首先，合唱并非产生于9世纪的奥尔加农，单声部合唱作为合唱艺术的早期形式，远在古希腊时期就在悲剧表演中占据崇高地位；其次，在合唱的婴孩时代——古希腊时期，合唱存在的价值在于与悲剧情节构成抗力平衡。所以，合唱与生俱来具有抗力精神。

（二）中世纪合唱

1. 嬗变

进入中世纪，合唱告别自身的婴孩时代，脱胎换骨，多声部合唱产生。但多声部从单声部中孕育的过程是充满疑问的，很多人放弃对这个问题的独立思考与考证，满足于改良主义进化论的解释，还有人甚至推测说是由歌唱中的跑调现象引起的，因为音不准出现了二声部（张彬，

2005），这无视从古希腊、古罗马到中世纪大量出现的专业音乐学校建制的现象，特别是忽视了中世纪的男声唱诗班作为庄严的赞美主的载体矗立于历史上合唱艺术的高峰这一事实。那么为何会出现二声部奥尔加农，其出现在何地？这些不仅是发生学问题，它们对探寻合唱本源精神具有重大意义。这里先抛掷结论：多声部合唱的产生，严格说不是源于宗教，或者更加准确地表述为不是来自基督教，尽管它与基督教有很大的关联。事实上，它来自基督教的反面，产生于对基督教的抗力。

从古希腊、拜占庭、古罗马直至中世纪早期，声乐音乐一直都是单声部的，有齐唱也有独唱。有趣的是，这种单声部音乐被当代的西方音乐学家描述为来自东方——现在的埃及、叙利亚、以色列、巴勒斯坦文明圈。直至7~9世纪，西方文献中才首次出现对"和声"的表述："意指不同乐音同时发响的声音"。（朗，2001：85）这一时期的文献尚属模糊，确凿的证据来自9世纪后半期一篇名为《音乐手册》的文献中的谱例，被称为"奥尔加农"——在给定的礼仪旋律下方四度形成新的旋律，音与音为一一对应关系。也有人说这条附加旋律不是用来歌唱而是供管风琴演奏用的，因为可以看到"organ"这一词根。不管如何解释，上述的文献和谱例都出自英格兰——一个远离欧洲大陆的岛——这是确定无疑的。多声部音乐并非来自宗教的核心辐射区——罗马或法兰西，而是来自西北面的芬兰[①]或大陆外的岛国。这是一个颇具讽刺意味的发现。事实上，正是前期格里高利圣咏的强制性导致了这一现象发生，如果格里高利圣咏的定旋律（Cantus firmus）被允许融合各地的民歌旋律，也许就会在欧洲各地出现多样化的单声部格里高利圣咏，然而这是教会所不允许的。对于西面和北面的民族，面对这种来自东南方的不熟悉的音乐语言，对抗是其本能的反应。于是在给定的圣咏中，"结合自身的音乐趣味，创立一种能够更好地满足自身需要的音乐语言"（朗，2001：84），成了一种必然。结论是："复调[②]的发展归功于北方或西北文化中

[①] 芬兰在这一时期也有多声部演唱形式的文献记载。
[②] 这里的复调在原文中特指多声部音乐，与后期的对位复调有别。

通俗音乐中所显示的心理和民族驱动力。"（朗，2001：84）这种驱动力和定旋律产生了矛盾，而多声部是一个释放或调和这种矛盾的渠道。所以说，当代传统定义中的多声部合唱概念实际上来自基督教音乐的反面，或者更进一步，来自对基督教既定规则的反抗。自此，多声部合唱在抗力中诞生了。

2. 音色

我们暂时先把上述结论搁置起来，转而审视一下中世纪西方合唱中的宗教音色。笔者在《合唱音色的审美与批判思维》一文中曾着重论述了西方合唱音色的问题，这种宗教音色对非西方文化人群而言是一种新奇陌生的音色，主要表现在高度的一致感、通透感和融合感。中国合唱要实现这样的音色恐怕有着许多先天缺陷。首先，我们要学习对我们这个民族而言非常陌生的发声技法，然后我们要在熟悉或更加陌生的语言上（拉丁、意、法、德、英）运用这种技法。如果我们承认音色是一种合唱的重要表现质料并承认荣格的集体无意识论，则我们将面临更大的挑战，即根除本民族数千年音色审美习惯的集体意识，进而用以西方宗教音色为基础的合唱音色的集体意识替换之。这实际上是非常荒谬的。从文化和历史的角度看，这种临摹性的尝试纵然可以使自身接近或几乎等同于摹本，但始终无法替代摹本。然而，即便是接近或等同于摹本的临摹，其结果与意义也都是很值得怀疑的。

另外，我们孜孜不倦崇尚的西方合唱的音色，它的根源到底是什么呢？如果我们识别了它的根源，我们还是否应该对其恋恋不舍呢？

将目光移回585年。格里高利一世担任罗马主教时，社会上流行优美的歌唱，人们喜好美妙的嗓音。但嗓音的美妙对基督教教会而言是一个巨大的困扰，它会使人们忽略咏唱的内容而沉迷于音乐本身，因此教会音乐是抑制器乐发展的，唯一可用的管风琴和里尔琴是用来给咏唱伴奏的，沉迷于音乐美而忽视赞美词的内容是堕落的表现。（朗，2001：36）早期的教父们由于意识到美妙歌喉的感官吸引力因而规劝人们远离职业歌手，他们甚至断言：沉溺于这种视觉和听觉享乐的人无异于通奸。奥古斯丁在《忏悔录》中有一段这样的描述：

> 回想我恢复信仰的初期，听到圣堂中的歌声多少次感动得落泪。现在，又觉得激动我的不是歌唱，而是所唱的词（即当歌词配以清彻与和谐的旋律时），我便认识到了这种建制的巨大作用。于是，我在快感的危险和具有良好后果的经验之间真是不知如何取舍，我虽则不作定论，但更倾向于赞成教会的歌唱习惯，让人听了悦耳的音乐，使柔软的心灵发出虔诚的情感。但如遇音乐感动我心甚于歌曲内容时，我承认我在犯罪，应受惩罚，这时我是宁愿不听音乐的。（《忏悔录》10）（朗，2001：27）

至此，我们已经能看到矛盾：人性中本能的音乐审美和宗教功能的矛盾。基督教骨血中的基因决定了其不能抛弃这种矛盾的载体——合唱音乐，转而寻求其他艺术形式的帮助，因为根据上帝的示意：

> 除了我以外，你不可有别的神。不可为自己雕刻偶像，也不可作什么形象，仿佛上天、下地，和地底下水中的百物；不可跪拜那些像，也不可事奉它，因为我耶和华你的上帝是忌邪的上帝，恨我的，我必追讨他的罪，……不可妄称耶和华你上帝的名，因为妄称耶和华名的，耶和华必不以他为无罪。（《出埃及记》20：3~7）（朱立元，2009：31）

上帝将一切形式的形象制作一笔勾销，物质层面上的上帝崇拜全不可用了，于是绘画、雕塑、建筑甚至象征化的图腾都被抛弃，而合唱成了唯一的上帝认可的崇拜形式，

> 当用诗章、颂词、灵歌彼此对说，口唱心和地赞美主。（《新约·以弗所书》5：19）

因为音乐和上帝在无形的层面上契合了。"在上帝中，没有组成部分，因此，它不是一个躯体，因为躯体总有若干部分。上帝是他自己的本质，否则，他就不是单一的，而要为本质与存在所合成了。"（罗素，1963：578）但合唱音乐作为唯一的基督教崇拜工具，又偏偏天生是一个

矛盾载体——它常常将人们指向音乐美而让人忘记了咏唱的原意,于是教会只有给合唱音乐套上枷锁,基督教合唱的音色规则就是这个枷锁的一个重要组成部分,《圣本尼迪克清规》就要求教堂唱诗班咏唱诗篇应该"就像只有一个人,任何歌手不得唱得比其他人更快或更响",旨在去除嗓音中的人性和个性,用作神性显现的质料。至于真正挣脱这副桎梏,将西方合唱音色呈现为我们今天所听见的丰富形态,已经是数百或一千年以后的事情了。

中国人理解西方历史特别是"黑暗的中世纪"历史有难度。我们很容易结合自身的历史经验,带着单向的、高压的、阴冷的、高度集权的、全面控制的倾向来理解中世纪,这不符合历史。即使在中世纪,宗教枷锁看似占据上风,实则根基里暗潮涌动。中世纪生活本身就是"奥尔加农性"的,始终贯穿着宗教性与世俗性的互为关系。中世纪宗教音乐的规定性是有对象、有针对性的规定性,规定严格却软绵,针对的对象是层出不穷的、欢腾的、被教会视为"同疯癫病人没有区别"的世俗音乐,而后者在教会的排斥与打压下却依旧生机盎然。世俗婚礼上有"热闹的队伍,敲着钟,唱着欢快的歌曲"(布姆克,2006:265)的记载,这种"欢快歌曲"的音色中想必没有"庄严与肃穆"的属性。类似景象在中世纪遗留下来的许多文学和画作中都可以得到验证和说明。如中世纪诗作《利皮弗洛里乌姆》中就有这样的描述:"宴会结束了,那帮流浪艺人又开始上演他们的拿手好戏。每个人都拿出看家的本领,想方设法讨大家欢心。有的歌手用美妙的嗓音取悦听众;有的唱起英雄好汉的故事。有的弹拨各式弦乐,得心应手;有的搬弄莱厄琴,挥洒自如,奏出甜美的声音。笛声悠扬,似从千孔流泻,变幻无穷……"(布姆克,2006:278),这样嘈杂的狂欢盛宴想来也没有圣咏中"空灵的天国神性"。有规则的地方就一定同时存在反叛,反叛愈甚,规则愈严,无反叛的规则没有制定的必要。综合上文论述,可以假设一种情况,那就是西方的宗教合唱音色自规建之初就伴随着西方人自身对规则的叛逆,如果我们闻及中世纪的抒情诗、打诨歌、吟唱诗人和游吟诗人,那么这种假设并非虚妄的猜测。

结论是，西方合唱的形式与合唱的音色都是矛盾的结果，或是作为矛盾的一方（希腊合唱），或是矛盾双方抗力的调和（奥尔加农），或是一方对另一方的压制并伴随着另一方的抗力（音色）。矛盾的一面是"阿波罗日神"，另一面是"狄奥尼索斯酒神"，有时具体体现为情节与反思，有时则体现为基督教会势力与世俗的、本民族的音乐审美取向。因此，在整体经验上将西方合唱视作一种心悦诚服的、归顺性的、单一宗教性审美的统一形式的进化或沿袭，是一种粗略的、散漫的、不负责任的态度。这种态度故意撇去悲剧对合唱的排斥，忽略教会对多声部合唱的敌视，无视迪朗杜称多声部为"混乱的音乐"，也无视罗杰·培根"多声演唱的愚蠢快感"的批评；这种态度无法看清那要求在历史中被还原的合唱，也无力解释文艺复兴时期的艺术现象，也无益于认识今天西方合唱音乐的纷繁复杂，更无助于我们把握西方合唱的本源精神；这种态度不"真"不"善"，它是有害的，它所到之处只有遮天蔽日的森林，没有光照斑驳的"林中空地"。西方人是有宗教信仰的，但表达信仰的形式和质料始终无法统一，否则就不会有"道化肉身"之争，更不会有驶向美洲的那艘"五月花"号。

三　从创作论反思合唱本源精神

从历史文化整体上考察，中国没有类似西方近两千年的宗教文化，儒家文化和宗族观念虽深入中国人的日常行为，但它并不等同于西方的宗教信仰，儒家文化、佛教和道教更没有将音乐推崇为唯一的信仰表达工具，因此音乐从来就不是中国人日常生活中重要的、不可或缺的组成部分。无论我们抱有多么大的热情和野心，企图急功近利地将汉民族的音乐土壤培育至西方音乐文化土壤般肥沃，都是一件值得怀疑的事情。有合唱参与的古希腊悲剧与排斥器乐的早期基督教会使合唱在西方所有音乐形式中获得最悠久和最持续的传承，于是在传统上向西方合唱靠拢，最后实现平行或超越的路径不仅困难重重，而且是值得怀疑的。

上文已经论述，西方合唱自身是一个复杂的对立矛盾体，是规定与颠覆的复合体，是矛盾抗力的产物。它不是表现为颠覆者将规定者踩在脚下，也不是规定者镇压了颠覆者，而是两者同时存在于一个时空中，不是你死我活，也不是合二为一，而是保持抗力和引力的平衡。异质的，常常是相互敌对的因素与力量不得不相互和解，最终服务于普遍一致的教化或宗教崇拜之目的。所以，不妥协的差异化抗力平衡与融合就是合唱的起源精神。如果说单声部中的合唱与情节、二声部中定旋律和附加声部是两种抗力的表征，那么四声部或更多声部则是更多抗力的集合，从这个角度上来考察合唱，那么合唱活动自诞生之初沿袭至今的本源精神没有发生过变化。而在创作论中，这种抗力布局无论是在一度创作还是在二度创作中都是值得注意的，通过音乐文本分析和演绎将这种抗力展现出来，无论是用汉民族的方式还是盎格鲁—撒克逊的方式，都呈现为一种听觉音响，这才是合唱工作的任务。要警惕将西方合唱作为蓝本的倾向，要如同多声部合唱诞生之初那样，将西方的合唱优势和本民族的歌唱传统用合唱调和起来去实现不妥协抗力之平衡与融合，而不是使中国合唱在西方审美的标准上超越美国或欧洲合唱，这才是契合合唱本源精神的合唱活动。

回到音色，将这种中世纪西方人自身视作矛盾一方的宗教规定音色视为合唱的声音材质审美的唯一标杆同样是一种危险的倾向。中国的音乐接受者们未必喜爱并愉悦于这样的质料，美国合唱团也在音色的维度上不断实现自身的突破，因此音色的标杆不在"目的"而在"方法"，不在于融合之目的，即某一效果——宗教效果或其他效果，而在于以何种方式融合，即"怎么"融合。"怎么"虽是方法却不在于方法的规定性，如同中世纪教会对音色的规定性一样。它在于实现人们的抗力间平衡这一规律性，规律性下的效果必然与规定性相反，它是非同一的。

如果将合唱活动表述为消去个性、隐藏自我而融入集体，这是牺牲小我成就大我的集体主义意识形态对合唱的杜撰，美其名曰培养集体主义精神，实际上是用规定意志压制或替换合唱成员的意志，这和中世纪的神性规定如出一辙。个体应当关怀身边的人群，表现为寒暄问好或施以援手；独唱者应当与伴奏相互关怀，这种关怀是音乐上的关怀，表现为对唱与奏的速度、力度、气口等因素不断调节使之平衡；合唱者应当与周边的人群和指挥相互关怀，这是一个将自身的声场与周边的声场进行一个主动平衡的过程，是一个将自身平稳安置在关系中的过程，即一个"主体间性"的过程、一个音响"互文性"的过程，而不是一个将自身隐去的过程，这种"主体间性"最终呈现的是个人抗力的集体平衡，而不能描述为个体隐去个性而用一种超越性的"本体"替代之——这种新的"本体"性情必然是对象化的另一个个人、集团或所谓权威的性情。这将产生两种不同的结果。这可以将合唱最终解释为一种人文的关怀活动而不是一种神性的或类似权威性的强制力的约束活动。合唱的温暖正是来自这种关怀精神，在团员、声部、团队和指挥诸多主体之间形成关怀精神下的抗力平衡，是音色平衡的即相融性的规律性内核，无论这种平衡在这部作品中表现为20度的锐角还是在另一部作品中表现为80度的钝角，抑或为暖色调或冷色调。合唱团团员或合唱指挥更应在意营造人与人之间的精神关怀并由此发散出的作品中的音色的抗力平衡，使之成为相融度的保证。如果说在今天，西方合唱的宗教传承中有一些最为人称道的内容，那也许就是基督教的普遍关怀精神在合唱中的体现，但这种人文精神已经成为人类文明社会的道德伦理共识，并不只有在西方宗教中才能拾得。

合唱的诸因素在集合中实现一种相互的抗力关系，其表现形式是物质性的，我们可以在音乐文本中发现这种抗力关系的纠缠和变化，也可以用主观听觉或客观物理手段测量声音材料的响度或波形、速度或均衡，进而从外部控制声效来传达这种抗力布局。其表现驱动和意图却是意向性的，即先实现这种抗力关系的内部世界（驱动和意图），同时实现内部世界的外化（表现）。从结构上考量，它呈现为一种意图实现的满足进而进入循环，所以集体中的主体性间精神世界的联系对整体精神性的传达至关重要，更进一步，它也成为合唱内部"诗意栖居"的审美"缘在"的保证。

合唱活动和所有古老的集体性活动一样，其创作过程的愉悦性来自个体动能和集体运动之间的平衡和互为关系的游戏趣味，个体抗力的平衡的集合同时又决定了集体运动的方向和性质。消除或遮蔽这种个体性，集体性则无从体现了，这种关系的趣味也就消失了。这和一名画家挥毫在画室里或作曲家冥思于钢琴前的愉悦是完全不同的，这种愉悦的本源是以内心中自身诸多与歌唱有关的方面平衡于他人而起，而不是由预先设置的超越性的先验标准并使自身无限接近这一标准而起。音高与节奏、速度与力度的游戏唤起其物理听觉、动觉层的愉悦[1]，心理应力的平衡与释放唤起其心灵的精神层的愉悦。[2] 将达成目标的努力和煎熬用释放自身并约束自身的平衡自由状态来代替，这和社会关系中个体自由理想世界的状态遥相呼应，成为合唱内部世界游戏愉悦感的源头。缩小其范围来说，这是一支合唱团健康存在的本源；将合唱活动作为一个整体来说，这是合唱蓬勃生命力之所在；从哲学的人的本质的自由来看，这是对人"此在的存在"的终极关怀。将注视合唱活动的眼光从其外部目标移向合唱内指关系的自身，并不是单方面强调合唱的无目的性，而是将这目的由合唱出发并最终回归合唱本身的完整的"一个经验"，是"一个经验"与愉悦的"存在的同一性"。"enjoy"（投入并享受其中）而不是外部的超越性目标达成或使其成为品质高下之争的工具，是西方合唱界最频繁提及的话语，也是尤其值得我们关注、效仿、学习的本源精神的核心。

结　语

综上所述，从西方合唱渊源中不妥协的抗力、平衡、融合的起源精神出发，将实现合唱主体间性的精神抗力的平衡与释放而唤起的愉悦感作为合唱活动普遍的基础性本源精神，并以此为统摄，构建合唱的形式

---

[1] 经验上，合唱参与者与指挥、受众不同，其在过程中根本无法从整体上获得物理听觉层的完整感受，因此参与者在这一愉悦层的获得程度会大打折扣。
[2] 这并非二元论，身体听觉、动觉层的愉悦与精神层的愉悦事实上是作为一个关系的完整性而存在的。

与理念、体系与方法，借鉴吸收其他学科的养料，兼具科学性与严谨性，最终建设中国合唱理论与实践的大厦。

参考文献

［1］〔德〕约阿希姆·布姆克：《宫廷文化：中世纪盛期的文学与社会》，何珊等译，读书·生活·新知三联书店，2006。

［2］〔美〕保罗·亨利·朗：《西方文明中的音乐》，顾连理等译，贵州人民出版社，2001。

［3］〔德〕利奇德：《古希腊风化史》，杜之、常鸣译，辽宁教育出版社，2000。

［4］〔英〕罗素：《西方哲学史》上卷，何兆武、李约瑟译，商务印书馆，1963。

［5］〔德〕斯宾格勒：《西方的没落》，吴琼译，三联书店，2006。

［6］〔德〕席勒：《秀美与尊严》，张玉能译，文化艺术出版社，1996。

［7］〔古希腊〕亚里士多德：《诗学》，陈忠梅译注，商务印书馆，2010。

［8］高建平：《西方美学的当代历程》，安徽教育出版社，2014。

［9］任秀蕾：《20世纪中国合唱创作思维研究》，博士学位论文，中央音乐学院，2010。

［10］沈旋等：《西方音乐史简编》，上海音乐学院出版社，1999。

［11］朱立元主编《西方美学思想史》上卷，上海人民出版社，2009。

［12］朱立元主编《美学大辞典》，上海辞书出版社，2014。

The Original Spirit of Western Chorus Culture
Yu Xiaokang

Abstract: To pursue the original spirit of western chorus culture from the present phenomenon of cultural communications between Chinese and Western choral music, is a path to clarify the origin of western chorus. From the investigation of the cultural origin of western chorus based on the literature, it can be known that the original spirit of western chorus is the balance and integration of uncompromising resistance. Through examining the expressions of various forms of resistance in choral activities, some conclusions can be drawn that the theory of chorus creation implying caring spirit based on the balanced resistance should be vigorously promoted, and that the achievement of inter-subjective relationship evoked from the balance and release of the spiritual resistance of the choral individualities should be counted as the foundation of chorus creation.

Keywords: Western Chorus; Cultural Origin; Original Spirit; Resistance; Balance; Integration

About the Author: Yu Xiaokang (1979 -), Lecturer of Department of Music in Zhejiang Fashion Institute, Ph. D. Candidate of School of Chinese Language and Literature in Hubei University. Research interests and specialties: aesthetics of music. Magnum opuses: *The Director of Fashion Show* published by China Textile Press in 2012. Research achievement: a scientific research project "The Innovation of Talents Training Pattern of Performing Arts" which was awarded the second prize in "Teaching Achievements Competition of Ningbo City 2015". E-mail: 462697054@qq.com.

图书在版编目(CIP)数据

文化发展论丛.2017年.第2卷/江畅主编.--北京:社会科学文献出版社,2017.10
 ISBN 978-7-5201-1267-3

Ⅰ.①文… Ⅱ.①江… Ⅲ.①文化发展-世界-文集 Ⅳ.①G11-53

中国版本图书馆CIP数据核字(2017)第202368号

文化发展论丛 2017年第2卷

主　　编／江　畅

出 版 人／谢寿光
项目统筹／周　琼
责任编辑／周　琼　李帅磊　肖世伟

出　　版／社会科学文献出版社·社会政法分社（010）59367156
　　　　　　地址:北京市北三环中路甲29号院华龙大厦　邮编:100029
　　　　　　网址:www.ssap.com.cn
发　　行／市场营销中心（010）59367081　59367018
印　　装／三河市尚艺印装有限公司

规　　格／开　本:787mm×1092mm　1/16
　　　　　　印　张:19.75　字　数:282千字
版　　次／2017年10月第1版　2017年10月第1次印刷
书　　号／ISBN 978-7-5201-1267-3
定　　价／98.00元

本书如有印装质量问题,请与读者服务中心(010-59367028)联系

▲ 版权所有 翻印必究